Auditoria Financeira: do Controlo Interno ao Controlo Externo Independente

ILÍDIO TOMÁS LOPES

Auditoria Financeira: do Controlo Interno ao Controlo Externo Independente

2.ª Edição

2022

ALMEDINA

TÍTULO ORIGINAL
Auditoria Financeira: do Controlo Interno ao Controlo Externo Independente

AUTOR
Ilídio Tomás Lopes

EDIÇÕES ALMEDINA, S. A.
Rua Fernandes Tomás, 76-80
3000-167 COIMBRA
Tel.: 239 851 904 • Fax: 239 851 901
www.almedina.net • editora@almedina.net

CAPA
FBA

PAGINAÇÃO
Aresta Criativa – Artes Gráficas

IMPRESSÃO E ACABAMENTO
????????
Setembro de 2022

DEPÓSITO LEGAL
????????

ALMEDINA | GRUPOALMEDINA

Biblioteca Nacional de Portugal – Catalogação na Publicação

LOPES, Ilídio Tomás, 1966-

Auditoria financeira: do controlo interno ao controlo
externo independente. – 2ª ed. – (Contabilidade)
ISBN 978-989-40-0573-5
CDU 657

"Adoramos a perfeição, porque não a podemos ter;
repugná-la-íamos se a tivéssemos.
O perfeito é o desumano porque o humano é imperfeito."
(Fernando Pessoa, 1888-1935)

ÍNDICE

ÍNDICE DE FIGURAS E TABELAS

Tabelas

SIGLAS E ACRÓNIMOS

AFT – Ativos Fixos Tangíveis
AI – Ativos Intangíveis
AICPA – *American Institute of Certified Public Accountants*
AML – *Anti-Money Laundering*
BCE – Banco Central Europeu
BdP – Banco de Portugal
CI – Controlo Interno
CIRC – Código do Imposto sobre o Rendimento das Pessoas Coletivas
CIRS – Código do Imposto sobre o Rendimento das Pessoas Singulares
CIS – Código do Imposto do Selo
CIVMC – Custo dos Inventários Vendidos e das Matérias Consumidas
CLC – Certificação Legal de Contas
CMVM – Comissão de Mercado de Valores Mobiliários
CSC – Código das Sociedades Comerciais
CVM – Código dos Valores Mobiliários
DF – Demonstrações Financeiras
EBITDA – *Earnings Before Interests, Taxes, Depreciation and Amortization*
EIP – Entidades de Interesse Público
EOROC – Estatuto da Ordem dos Revisores Oficiais de Contas
FIFO – *First-In; First-Out*
IAASB – *International Auditing and Assurance Standards Board*
IAPN – Recomendações de Práticas Internacionais de Auditoria

IAS – *International Accounting Standard*
ICSF – Instituições de Crédito e Sociedades Financeiras
IFAC – *International Federation of Accountants*
IFRIC – *International Financial and Reporting Interpretation Committee*
IFRS – *International Financial and Reporting Standard*
IIA – *The Institute of Internal Auditors*
IMI – Imposto Municipal sobre Imóveis
IMT – Imposto Municipal sobre Transmissões Onerosas de Imóveis
INTOSAI – *International Organization of Supreme Audit Institutions*
IRC – Imposto sobre o Rendimento das Pessoas Coletivas
IRS – Imposto sobre o Rendimento das Pessoas Singulares
ISA – *International Standard on Auditing*
ISAE – Normas Internacionais de Trabalhos de Garantia de Fiabilidade
ISQC – Normas Internacionais de Controlo de Qualidade
ISRE – Normas Internacionais de Trabalhos de Revisão
ISRS – Normas Internacionais de Serviços Relacionados
IUC – Imposto Único de Circulação
IVA – Imposto sobre o Valor Acrescentado
KAM – *Key Audit Matters*
OROC – Ordem dos Revisores Oficiais de Contas
MEP – Método da Equivalência Patrimonial
MRA – Matéria Relevante de Auditoria
PI – Propriedade de Investimento
POCMS – Plano Oficial de Contabilidade do Ministério da Saúde
RA – Risco de Auditoria
RCBE – Registo Central do Beneficiário Efetivo
RCI – Relatório de Controlo Interno
RD – Risco de Deteção
RDM – Risco de Distorção Material
RGICSF – Regime Geral das Instituições de Crédito e Sociedades Financeiras
RITI – Regime IVA nas Transações Intracomunitárias
ROC – Revisor Oficial de Contas

RPBCFT	– Relatório de Prevenção do Branqueamento de Capitais e do Financiamento do Terrorismo
SCI	– Sistema de Controlo Interno
SNC	– Sistema de Normalização Contabilística
SNC-AP	– Sistema de Normalização Contabilística para Administrações Públicas
UE	– União Europeia
UIF	– Unidade de Informação Financeira

PREFÁCIO

A obra que temos na mão é muito interessante, pegando, desde logo, no título, da organização da empresa para seguir até à auditoria. A transmissão da sentença da página pré-texto é preciosa – só mesmo dita ou ditada por Fernando Pessoa ganha verdade, não é fácil entender naquilo que é obvio. É um alerta importante quando se fala de risco – é deste que trata a obra, como fica sublinhado no decurso da obra.

A simples perceção do risco é uma tarefa decisiva no desenvolvimento do trabalho de auditoria e isso implica julgamento, uma capacidade que tem de, por vezes arduamente, ser adquirida, treinada, pelo auditor.

O essencial do trabalho deste é julgamento, que implica observações, inquéritos, comparações, atitudes de desconfiança e ceticismo, intrusão, mexer nas coisas, por vezes sujar as mãos – e tudo isto num ambiente requerido de paz, de colaboração, exigido pela salutar governação.

São dez os capítulos, o último dedicado, em cerca de 100 páginas ao estudo de 28 casos práticos, por onde perpassa a matéria distribuída pelas mais de duzentas antecedentes. No primeiro capítulo ("Enquadramento da Auditoria", um pouco mais de vinte páginas) assinala-se a diferença entre a auditoria interna e a auditoria externa e a sua expressão nas "linhas de defesa" descritas quinze páginas mais à frente, usando, sobretudo, o contexto do setor financeiro, e descrevem-se os principais conceitos e objetivos da auditoria, a ligação à gestão e, muito brevemente, para que serve o revisor oficial de contas.

Nas quarenta páginas seguintes, o Capítulo 2 dedica-se à comunicação do resultado do trabalho, descrevendo os instrumentos e as funções de expressão da opinião e o seu conteúdo. Contêm interessantes exemplos as parcelas referentes à comunicação de matérias relevantes de auditoria e a comunicação de outras matérias. Contém-se no Capítulo 3 a distinção entre controlo interno e sistema de controlo interno, bem como as suas ligações ao governo da sociedade e ao risco em auditoria e, com ênfase, a gestão de riscos no setor financeiro. O trabalho essencial de planeamento da auditoria é objeto do Capítulo 4, onde é descrito, igualmente, a obtenção da prova. São temos primordiais a materialidade, os papéis de trabalho e a amostragem.

A fraude, o erro, a apropriação indevida de ativos e algumas notícias sobre fraudes internacionais merecem estudo num pequeno capítulo, o 5, antes de entrar nas matérias referentes aos ciclos económicos e financeiros. É assim que nos Capítulos 6, 7 e 8 encontramos, respetivamente, a auditoria ao Ciclo Operacional, ao Ciclo do Investimento e ao Ciclo do Financiamento, em cada um se apresentando os principais dados de teor contabilístico e fiscal, de que emanam as consequências em termos de verificação de contas, incluindo as referências ao controlo interno.

Por fim, no Capítulo 9 estão abrangidos trabalhos relativos a assuntos específicos, sempre com muito interesse. Foram ali escolhidos os temas de impostos (correntes e diferidos), os saldos de abertura, o relato por segmentos, a informação financeira prospetiva, os controlos em empresas de serviços e a informação financeira pró-forma contida em prospetos.

A obra é um excelente trabalho de localização da auditoria no quadro do governo das sociedades e de descrição dos trabalhos e dos pontos nevrálgicos que importa conhecer, tanto pelos profissionais, como pelos gestores, como pela academia.

José Rodrigues de Jesus
Bastonário da Ordem dos Revisores Oficiais de Contas.

NOTA INTRODUTÓRIA

Nas últimas décadas, com especial incidência a partir dos anos 80 do século XX, a transformação ocorrida nos negócios, resultado da crescente globalização das economias e dos progressos ocorridos nas tecnologias de informação e comunicação, traduziu-se no emergir de novos paradigmas sociais, mais especificamente na esfera económico-financeira. O desenvolvimento de novos modelos de negócio, os quais são caracterizados por uma maior sofisticação, complexidade e amplitude, associado igualmente à quebra e banalização dos mais elementares valores éticos e deontológicos, fazem-nos hoje repensar a própria arquitetura dos mecanismos de controlo e das regras de conduta organizacionais que inibem de forma furtiva os mais basilares valores sociais. É no paradoxo da transparência e progresso, em convergência com a procura gradual de criação de valor individual e coletivo, que a auditoria, num elementar princípio de rigor e justiça, procura incutir credibilidade e sentido nessas também elementares condutas individuais e coletivas. Trata-se, por isso, de aumentar o nível de confiança do público em geral e dos utilizadores da informação em particular.

Porém, continuam e certamente continuarão a estar bem vincados, na nossa memória, os múltiplos escândalos económico-financeiros que têm marcado as mais diversas economias e geografias. São contextos económica e financeiramente disruptivos, resultantes da violação, de forma dolosa ou negligente, de elementares deveres profissionais e de conduta ética. Fruto de tudo isso, assistimos hoje à queda de impérios que, indiscutivelmente, outrora tiveram o seu tempo e o seu espaço na criação de valor e supostamente na construção de uma sociedade estruturalmente mais rica. Chegados aqui, talvez possamos associar a complexidade e a sofisticação à disrupção objetiva e à necessidade de estreitar os mecanismos de controlo e consequente apreciação, ainda que assente numa base de julgamento profissional, de condutas e omissões.

O mundo depara-se hoje com novos e complexos desafios, fundamentalmente associados à gestão e preservação da informação individual e coletiva. A ameaça das designadas "*big techs*" talvez seja o principal desafio à transacionalidade e ao controlo, afirmando-se como um catalisador da política monetária intercontinental, da transferência a custos residuais, eventualmente desregulada, de dados e informação. É neste espectro de aparente anarquia desregulada que se espera que o poder político e a regulação possam intervir de forma oportuna e incisiva.

A obra encontra-se estruturada em dez capítulos, seguindo na sua génese as normas internacionais de auditoria (ISA – *International Standard on Auditing*). Os dez capítulos procuram, de forma gradual, conduzir o utilizador num percurso dedutivo, ou seja, entroncar na validação particular a partir de um conjunto de asserções gerais. Assim, no Capítulo 1 abordar-se-á o enquadramento da auditoria, incluindo a sua abrangência e amplitude, bem como os aspetos regulamentares e normativos subjacentes ao exercício da profissão.

O Capítulo 2 norteia a problemática da tipologia da opinião e a consequente tipologia de relatórios a emitir pelo auditor. Procura abordar a sua responsabilidade na formação de uma opinião sobre as demonstrações financeiras, assim como a sua responsabilidade na comunicação de matérias relevantes de auditoria, ou outras matérias, em diálogo oportuno e transparente com os encarregados da governação.

O capítulo seguinte (Capítulo 3) é dedicado à temática do controlo interno e da avaliação do risco, enquanto pilares fundamentais ao nível preventivo, detetivo e corretivo. É neste contexto que o conhecimento da entidade auditada e do seu ambiente de controlo, incluindo os seus sistemas de controlo interno e contabilístico, são procedimentos fundamentais ao nível da avaliação do risco de distorção material.

Ao longo do Capítulo 4, o utilizador desta obra é impelido para a compreensão do processo de planeamento em auditoria, nas suas principais vertentes e asserções (Estratégia global da auditoria; Plano de Auditoria; Direção, Supervisão e Revisão; Documentação), bem como para os mecanismos de obtenção de prova, garantindo a sua adequação e suficiência. Ainda que assumindo uma natureza muito particular, não deixámos de abordar a natureza específica da temática da fraude, em especial na responsabilidade e nos comportamentos imputáveis ao auditor sempre que, no âmbito da identificação do risco de distorção material, é confrontado com a evidência da existência de fraude. É essa especificidade temática que será enquadrada e desenvolvida no Capítulo 5.

Os três capítulos seguintes são fundamentalmente de aplicação prática da auditoria aos diversos ciclos de transações (Capítulo 6 – Ciclo Operacional; Capítulo 7 – Ciclo do Investimento; Capítulo 8 – Ciclo do Financiamento), numa perspetiva puramente substantiva. Trata-se, por isso, de capítulos nos quais o objetivo é a implementação de procedimentos conducentes à mitigação do risco de deteção e consequentemente à mitigação do risco de auditoria. A simbiose entre a contabilidade e a auditoria encontram ao longo destes capítulos a sua essência e pertinência.

O Capítulo 9 é dedicado aos trabalhos específicos de auditoria, nomeadamente auditorias ou revisões que incidam sobre informação prospetiva, sobre entidades de risco inerente específico e/ou setorial, informação financeira pró-forma, ou trabalhos com finalidade especial. Concluiremos este capítulo com uma análise crítica ao papel que a auditoria, *lato sensu*, poderá e deverá assumir na credibilização dos agentes económicos e dos órgãos de governação.

O último capítulo (Capítulo 10) é exclusivamente dedicado à aplicação prática, sempre que tal se mostre relevante face aos objetivos da obra, dos conteúdos abordados ao longo dos nove capítulos anteriores. Consideramos que este capítulo traduz uma adequada ligação entre a teoria e a prática, ainda que estejamos conscientes de que os casos apresentados têm objetivos puramente académicos.

O caminho percorrido ao longo destes dez capítulos procura levar o utilizador diversificado a explorar tanto os aspetos gerais como os aspetos particulares da auditoria, seja numa perspetiva doutrinal seja numa perspetiva técnica. Por se tratar de um domínio simbioticamente complexo, quer na especificidade quer na amplitude, requer do profissional da auditoria uma ímpar capacidade de julgamento, isenção e independência, na avaliação e nas recomendações a efetuar aos órgãos de governação, sempre numa premissa de criação de valor, privilegiando em todos os momentos a transparência e a consolidação normativo-legal.

Ilídio Tomás Lopes
Setembro de 2019

NOTA À 2.ª EDIÇÃO

A oportunidade de lançar uma nova edição da obra *Auditoria Financeira: Do Controlo Interno ao Controlo Externo Independente* poderá ser entendida como um símbolo da sua maturidade e importância, para a estruturação do pensamento de todos aqueles que, no contexto académico ou profissional, procuram apreender e aplicar o seu julgamento profissional, na senda de incutir mais credibilidade à informação que é disponibilizada pelas organizações a utilizadores diversificados e cada vez mais diferenciados. O caminho já percorrido incute-nos a noção de continuarmos a contribuir para o conhecimento e para a estruturação desse pensamento, tanto em matérias de auditoria como em temáticas incluídas em domínios científicos conexos.

Mantendo a sua estrutura inicial de base, foram acrescentados a esta nova edição alguns conteúdos complementares, fundamentalmente de natureza prática. A utilização da obra no contexto académico incutiu-nos, com maior acuidade, a responsabilidade de proporcionar mais e melhor ilustração prática de algumas temáticas específicas, mas também de proporcionar uma análise integrada de algumas situações, ainda que conscientes de que as mesmas representam apenas analogias da realidade, perseguindo objetivos puramente académicos.

Tal como reiteradamente afirmamos, uma obra é sempre um trabalho inacabado, como se a mesma possuísse vida própria. A sua utilização e difusão serão sempre o expoente máximo da sua consolidação e sentido de utilidade. Caberá aos seus utilizadores, e só a eles, a responsabilidade de gradualmente continuarmos a acrescentar-lhe valor, na expectativa de que possamos sempre alcançar novos públicos, talvez até em novas geografias. O meu compromisso, enquanto autor, será sempre o de acreditar na utilidade da obra e estar disponível para enfrentar eventuais novos desafios que o futuro ainda possa reservar.

Capítulo 1
Enquadramento da Auditoria

1.1. CONCEITO E OBJETIVOS DA AUDITORIA

A *Auditoria* é entendida, no seu enquadramento económico e de acordo com o Dicionário da Língua Portuguesa (Porto Editora, 2010), como "*fiscalização da contabilidade e da gestão de uma empresa ou de um organismo. Diagnóstico que visa analisar a gestão e a situação financeira de uma empresa ou organismo.*" O termo *Auditor*, derivado do latim *auditōre* ("*o que ouve*"), surge intrinsecamente associado à legalidade dos atos, à interpretação das leis, à análise das contas e normativos da organização, com o intuito de identificar potenciais distorções, independentemente da sua intencionalidade primária. Trata-se de um processo sistemático cujo objetivo é a procura e avaliação de evidências, relativamente às asserções subjacentes às ações económicas e eventos, estabelecendo um grau de correspondência entre aquelas asserções e os critérios normativo-legais, comunicando, de forma atempada e estruturada, os resultados obtidos aos diversos utilizadores (Eiliefsen *et al.*, 2013).

Pela sua abrangência e amplitude, a auditoria tem o seu campo de ação na simbiose de múltiplos domínios do conhecimento, dos quais se destacam, pela sua relevância e pertinência, a contabilidade e as finanças e as ciências jurídicas (Figura 1.1.). A genérica certificação da legalidade dos atos e eventos, em cumprimento das diversas leis e demais normativos, assume neste contexto aplicabilidade e pertinência.

Historicamente, a auditoria surge associada à ação inspetiva e, por isso, à sua natureza fundamentalmente detetiva. Encontrava-se embebida na sua génese a identificação da ilicitude dos atos e a consequente ação punitiva. Porém, ao longo das últimas décadas, a globalização dos mercados e o aumento ocorrido na complexidade dos negócios, entre

Figura 1.1. – Enquadramento da auditoria

os quais a virtualização dos processos e o desenvolvimento dos negócios de base eletrónica, fez emergir novos paradigmas, entre os quais o redirecionamento da auditoria para uma perspetiva preventiva, secundarizando as suas orientações detetiva e corretiva. Ao centrar-se primariamente na análise de risco, tal como desenvolvido e ilustrado ao longo dos próximos capítulos, a auditoria procura estabelecer uma adequada e apropriada garantia de que os atos e eventos foram desencadeados e assumidos, tendo por base as leis e normativos que lhes estão subjacentes. As sucessivas alterações ao nível do governo societário são bastante elucidativas, ainda que sejam uma clara consequência, sobre a necessidade de mitigar o risco e de implementar mecanismos de controlo interno e externo capazes de equilibrar o campo de ação dos diversos agentes, num quadro de claros conflitos de interesses e assimetria de informação.

As últimas décadas foram bastante ilustrativas da necessidade de implementar, de forma atempada e incisiva, mecanismos de mitigação do risco cuja atual complexidade e sofisticação já não são compatíveis com as exigências de há quatro ou cinco décadas. No plano externo, recordemo-nos dos casos *Enron*, *Worldcom*, *Parmalat*, *Lehman Brothers*, entre outros. No plano interno, com especial incidência no setor financeiro, ainda continuam bem presentes na nossa memória, e nos atuais efeitos daí decorrentes, o caso *Banco Espírito Santo* (BES), o caso *Banco*

Português de Negócios (BPN), o caso *Banco Privado Português* (BPP), entre outros. Foram casos como estes que constituíram verdadeiros sinais de alerta que se traduziram na implementação gradual de novos e mais sofisticados mecanismos de controlo, que fizeram emergir na prática novos modelos de governo societário, impelindo os organismos de controlo e de supervisão a reavaliarem as suas condutas e omissões, mitigando os conflitos de agência e pautando a sua ação pela clara gestão da assimetria da informação (Figura 1.2.). É este processo dinâmico de gestão da informação que coloca aos diversos agentes (proprietários, órgãos e gestão, entre outros) um desafio sistemático, no qual a função de *Auditor/Revisor*[1] assume um papel preponderante.

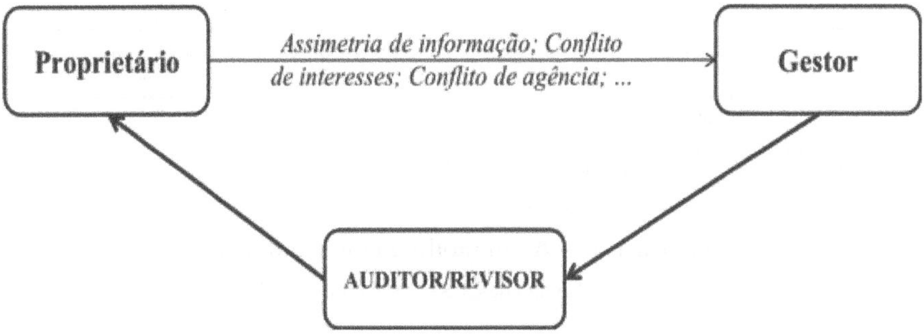

Figura 1.2. – A mitigação dos conflitos de agência

Assim, o Auditor/Revisor surge como um mediador dos conflitos de interesses, mitigando os efeitos decorrentes da assimetria de informação, agindo como garantia da avaliação externa e independente, relativamente aos atos praticados pela gestão. Ainda que este enquadramento possa assumir, nesta fase, uma natureza simplista e deveras redutora, induz-nos desde já para o facto de a complexidade

[1] Ao longo desta obra, exceto nos casos devidamente assinalados, utilizaremos os termos "*Auditor*" e "*Revisor/Revisor Oficial de Contas*" de forma indiferenciada. Contudo, salienta-se desde já que os termos "*Revisor*" ou "*Revisor Oficial de Contas*" são os que se enquadram na Lei n.º 140/2015, de 7 de setembro, a qual posteriormente enquadraremos e desenvolveremos.

e sofisticação da gestão exigir uma avaliação independente por parte dos diversos órgãos/agentes de controlo.

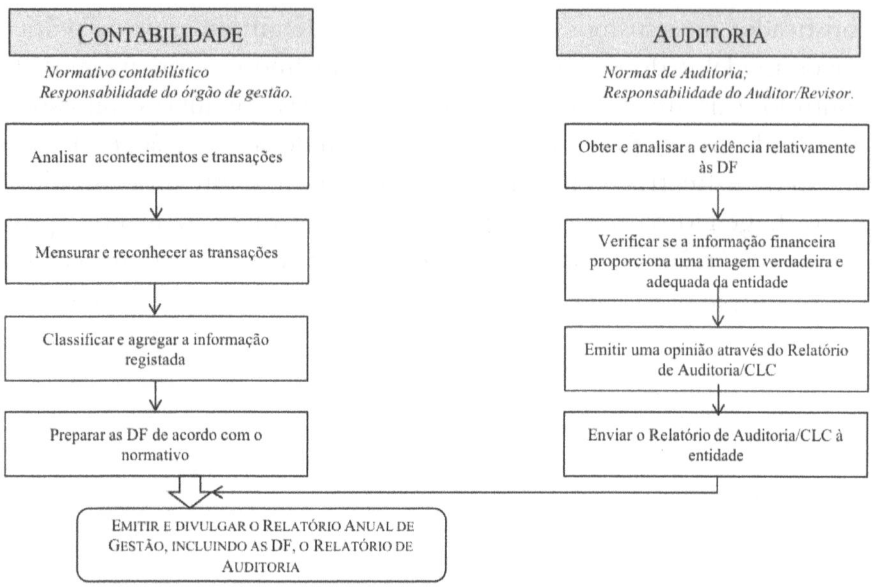

Figura 1.3. – A contabilidade e a auditoria

Fonte: Adaptado de Cosserat e Rodda (2009).

Tal como ilustrado na Figura 1.3., os domínios da contabilidade e da auditoria são diferenciados nos seus objetivos e processos de ação, mas complementares nos seus propósitos e âmbitos de atuação. A implementação de um sistema contabilístico é uma responsabilidade do órgão de gestão e assenta no normativo contabilístico aplicável (e.g. IFRS, SNC, etc.). Traduz-se na análise, mensuração e reconhecimento de transações, incluindo a divulgação de informação, conducentes à preparação das demonstrações financeiras de acordo com o referencial normativo aplicável. Essas demonstrações financeiras[2] (*lato sensu*

---

[2] *Demonstração da Posição Financeira/Balanço:* evidencia a posição financeira da entidade em determinado momento. Nela se especificam os seus ativos, passivos e capital próprio. Esta última massa patrimonial representa o interesse residual sobre os ativos da entidade; *Demonstração do Rendimento Integral, demonstração dos resultados, demonstração*

designadas por Reporte Empresarial) resultam da classificação e agregação da informação registada e têm como objetivo proporcionar uma imagem adequada e verdadeira da posição financeira em determinado momento (Balanço/Demonstração da Posição Financeira), do desempenho das suas operações (Demonstração do Rendimento Integral/ /Demonstração dos Resultados/Demonstração do Outro Rendimento Integral) e das alterações ocorridas nessa posição financeira (Demonstração dos Fluxos de Caixa) durante o período económico. Por outro lado, a auditoria é uma responsabilidade do auditor/revisor, regendo-se pelo normativo de auditoria aplicável, regra geral, as *International Standard on Auditing* (ISA) emanadas do *International Auditing and Assurance Standards Board* (IAASB). Tem como objetivo obter e analisar a evidência relativamente às demonstrações financeiras, verificando se a informação financeira proporciona uma imagem verdadeira e adequada da entidade. Traduz-se, regra geral, na emissão de uma opinião por um profissional externo e independente, plasmada no Relatório de Auditoria[3], o qual é enviado à entidade auditada para inclusão no

---

do outro rendimento integral: evidencia o desempenho da entidade num determinado período. São detalhados nesta demonstração financeira os gastos (genericamente associados às diminuições nos benefícios económicos do período ou ao deperecimento de ativos) e os rendimentos (análoga e genericamente associados a aumentos nos benefícios económicos do período); *Demonstração das alterações no capital próprio*: refletem o aumento ou a redução dos ativos líquidos durante determinado período. Estas alterações evidenciam igualmente o resultado integral, entendido este como a agregação direta do resultado líquido do período com as restantes variações nos capitais próprios não diretamente associadas aos detentores do capital num facto patrimonial em que agem como tal; *Demonstração dos fluxos de caixa*: evidencia as alterações históricas de caixa e seus equivalentes, identificando os fluxos de caixa (entradas e saídas) do período provenientes de atividades operacionais, de investimento e de financiamento; *Notas/Anexo*: divulgações de natureza diversa, apresentadas de forma sistemática e com referenciação cruzada, têm como principal objetivo assegurar as características da informação financeira, em particular a característica da compreensibilidade.

[3] Referir-nos-emos a partir deste ponto, e de forma indiferenciada, ao *Relatório de Auditoria* e à *Certificação Legal de Contas* (CLC). Sem prejuízo de contextualizações específicas apresentadas ao longo desta obra, a opinião referida neste contexto enquadra-se no âmbito das seguintes ISA: 700; 701; 705 e 706. Quaisquer opiniões que resultem de trabalhos específicos, com outro grau de abrangência e com objetivos de finalidade especial, serão enquadrados e tratados no Capítulo 9 desta obra.

relatório anual de gestão e subsequente divulgação aos utilizadores da informação, sejam atuais ou potenciais.

Na sua vertente ontológica, a auditoria traduz-se na emissão de uma opinião por parte de um profissional independente (alheio à entidade ou ao serviço auditado) sobre o grau de conformidade com determinados referenciais, com o intuito de mitigar o risco de distorção (independentemente da sua profundidade) e consequentes impactos a diversos níveis, incluindo os níveis operacional e reputacional.

1.2. AUDITORIA INTERNA E AUDITORIA EXTERNA

A auditoria, no que se refere ao sujeito que a efetua, pode ser classificada em *Auditoria Externa* e *Auditoria Interna*[4]. A primeira é executada por profissionais externos[5] não subordinados à entidade auditada, sendo na maior parte dos casos auditorias de fonte legal ou de base contratual. A auditoria interna pode ser efetuada, ou não, por colaboradores da própria entidade, em grau de subordinação ao mais elevado nível da hierarquia (Departamento de Auditoria Interna; Departamento de Avaliação de Riscos; Comissão de Auditoria e Controlo Interno, etc.), assumindo uma natureza permanente[6].

A Auditoria Interna é considerada, *lato sensu*, uma função de controlo, assumindo especial relevância e obrigatoriedade em setores regulados, como, por exemplo, o setor financeiro. De acordo com o Regime Geral das Instituições de Crédito e Sociedades Financeiras (RGICSF), secundado pelos diversos avisos e instruções dos reguladores, são três as funções de controlo: Função de Auditoria Interna; Função de Gestão dos Riscos; Função de *Compliance*. Tal como ilustrado

---

[4] Várias são as classificações de auditoria. Porém, por não ser objeto desta obra a tipificação dos tipos de auditoria, remetemos o leitor para a obra de Morais e Martins (2007), na qual se efetua uma completa e adequada desagregação.

[5] Existem múltiplas sociedades de auditores/revisores, ainda que, do ponto de vista da implantação no mercado e até do ponto de vista reputacional, se atribua a designação de "Big4" às quatro maiores entidades de auditoria. À data atual integram o grupo das Big4 as seguintes sociedades: *KPMG, EY, Deloitte, PWC.*

[6] Normalmente realizadas de acordo com um plano previamente aprovado pelo órgão de fiscalização da entidade, em função de regras e critérios internamente definidos.

no ponto 1.4. deste capítulo, estas funções integram as diversas linhas de defesa do sistema financeiro, tendo como objetivo global a mitigação dos riscos, de forma sistemática e integrada.

A Auditoria Interna rege-se igualmente por estruturas normativas próprias, das quais se destacam as orientações emanadas do AICPA (*American Institute of Certified Public Accountants*), do IIA (*The Institute of Internal Auditors*), da IFAC (*International Federation of Accountants*), da INTOSAI (*International Organization of Supreme Audit Institutions*) e da UE (União Europeia). Enquadra-se no domínio da auditoria interna a avaliação do grau com que o sistema de controlo interno proporciona uma garantia razoável de que os objetivos da entidade se cumpriram, em observância com pressupostos de eficácia e eficiência. Proporciona uma ação mais preventiva do que detetiva, garantindo a monitorização das debilidades no tempo, colaborando, ainda que garantindo a independência formal e substancial, com a organização no processo dinâmico de mitigação dos riscos. Ainda que diferenciadas no seu objetivo, a auditoria interna e a auditoria externa convergem em diversos aspetos, tal como sinalizado por Morais e Martins (2007), nomeadamente na avaliação do risco e da materialidade, no facto de estabelecerem o controlo interno como o ponto de partida para a realização dos respetivos exames, no facto de sugerirem correções para as deficiências encontradas, na utilização das mesmas técnicas e no facto de a extensão dos trabalhos estar intrinsecamente associada à eficiência dos sistemas contabilísticos e de controlo interno existentes.

Tendo a presente obra uma orientação para a auditoria externa, em particular para a auditoria financeira sobre informação histórica, os próximos capítulos serão estruturados e desenvolvidos em função das normas internacionais de auditoria (ISA) emanadas do IAASB e adotadas em Portugal pela Ordem dos Revisores Oficiais de Contas (OROC).

1.3. O NORMATIVO DE AUDITORIA

A IFAC[7], organismo de interesse público fundado em 1977, contribui de forma sistemática para o desenvolvimento, adoção e implementação

[7] Mais informações sobre este organismo podem ser encontradas em www.ifac.org.

de normas de auditoria e garantia de fiabilidade de alta qualidade, fundamentalmente através do suporte proporcionado ao IAASB. No âmbito dos normativos emanados deste organismo, é de salientar a independência existente entre o mesmo e a IFAC, pelo que a produção normativa resulta de um processo rigoroso, cuja independência e neutralidade não devem ser, pelo menos neste contexto, colocadas em causa.

Apresenta-se, na Figura 1.4., a estrutura do normativo emanado do IAASB (Normas de Trabalho do IAASB), ainda que os nossos propósitos se cinjam às normas internacionais de auditoria sobre auditorias e revisões de informação financeira histórica. Importa salientar que: 1. As Normas Internacionais de Trabalhos de Revisão (ISRE) devem ser aplicadas na revisão de informação financeira histórica; 2. As Normas Internacionais de Outros Trabalhos de Garantia da Fiabilidade (ISAE) devem ser aplicadas em trabalhos de garantia de fiabilidade que não sejam auditoria ou revisão de informação financeira histórica; 3. As Normas Internacionais de Serviços Relacionados (ISRS) devem ser aplicadas a trabalhos de compilação, trabalhos para aplicar procedimentos

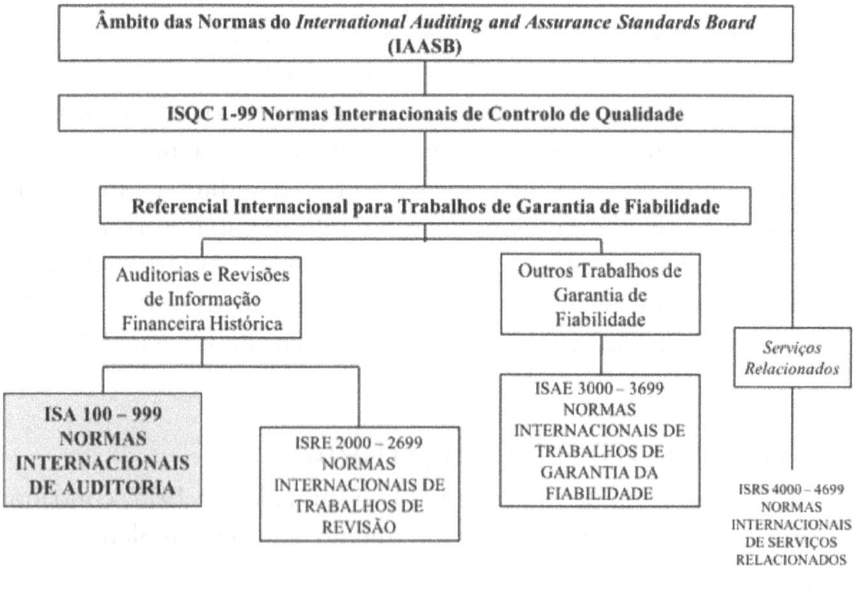

Figura 1.4. – Estrutura do normativo do IAASB

acordados a informação e outros trabalhos de serviços relacionados conforme especificado pelo IAASB; 4. As Normas Internacionais de Controlo de Qualidade (ISQC) devem ser aplicadas a todos os serviços abrangidos pelas Normas de Trabalho do IAASB (ISA, ISRE, ISAE e ISRS).

Pela sua relevância e pertinência teórico-prática ao longo da obra, enumeramos de seguida essas normas, com particular destaque para aquelas que servirão de base aos desenvolvimentos realizados ao longo dos próximos capítulos, ou seja, as *International Standard on Auditing* (ISA).

200 – 299 PRINCÍPIOS E RESPONSABILIDADES GERAIS

ISA 200	Objetivos Gerais do Auditor Independente e Condução de uma Auditoria de Acordo com as Normas Internacionais de Auditoria
ISA 210	Acordar os Termos de Trabalhos de Auditoria
ISA 220	Controlo de Qualidade para uma Auditoria de Demonstrações Financeiras
ISA 230	Documentação de Auditoria
ISA 240	As Responsabilidades do Auditor Relativas a Fraude numa Auditoria de Demonstrações Financeiras
ISA 250	Consideração de Leis e Regulamentos numa Auditoria de Demonstrações Financeiras
ISA 260	Comunicação com os Encarregados da Governação
ISA 265	Comunicar Deficiências no Controlo Interno aos Encarregados da Governação e à Gerência

300 – 499 AVALIAÇÃO DO RISCO E RESPOSTA AOS RISCOS AVALIADOS

ISA 300	Planear uma Auditoria de Demonstrações Financeiras
ISA 315	Identificar e Avaliar os Riscos de Distorção Material Através do Conhecimento da Entidade e do seu Ambiente
ISA 320	A Materialidade no Planeamento e na Execução de uma Auditoria

ISA 330	A Resposta do Auditor a Riscos Avaliados
ISA 402	Considerações de Auditoria Relativas a uma entidade que Utiliza uma Organização de Serviços
ISA 450	Avaliação de Distorções Identificadas durante a Auditoria

500 – 599 PROVA DE AUDITORIA

ISA 500	Prova de Auditoria
ISA 501	Prova de Auditoria – Considerações Específicas para itens Selecionados
ISA 505	Confirmações Externas
ISA 510	Trabalhos de Auditoria Iniciais – Saldos de Abertura
ISA 520	Procedimentos Analíticos
ISA 530	Amostragem de Auditoria
ISA 540	Auditar Estimativas Contabilísticas, Incluindo Estimativas Contabilísticas de Justo Valor e Respetivas Divulgações
ISA 550	Partes Relacionadas
ISA 560	Acontecimentos Subsequentes
ISA 570	Continuidade
ISA 580	Declarações Escritas

600 – 699 USAR O TRABALHO DE TERCEIROS

ISA 600	Considerações Especiais – Auditorias de Demonstrações Financeiras de Grupos (Incluindo o Trabalho dos Auditores de Componente)
ISA 610	Usar o Trabalho de Auditores Internos
ISA 620	Usar o Trabalho de um Perito do Auditor

700 – 799 CONCLUSÕES DE AUDITORIA E RELATO

ISA 700	Formar uma Opinião e Relatar sobre Demonstrações Financeiras

ISA 701	Comunicar Matérias Relevantes de Auditoria no Relatório do Auditor Independente
ISA 705	Modificações à Opinião no Relatório do Auditor Independente
ISA 706	Parágrafos de Ênfase e Parágrafos de Outras Matérias no Relatório do Auditor Independente
ISA 710	Informação Comparativa – Números Correspondentes e Demonstrações Financeiras Comparativas
ISA 720	As Responsabilidades do Auditor Relativas a Outra Informação

800 – 899 ÁREAS ESPECIALIZADAS

ISA 800	Prova de Auditoria
ISA 805	Prova de Auditoria – Considerações Específicas para itens Selecionados
ISA 810	Confirmações Externas

RECOMENDAÇÕES DE PRÁTICAS INTERNACIONAIS DE AUDITORIA

IAPN 1000	Considerações Especiais na Auditoria de Instrumentos Financeiros

As normas anteriormente identificadas constituem o quadro de referência aos trabalhos de auditoria sobre informação histórica, sendo adotadas em Portugal pela Ordem dos Revisores Oficiais de Contas. Estando inscritas no contexto de uma auditoria às demonstrações financeiras executadas por um auditor independente, devem ser adaptadas conforme necessário nas circunstâncias, como por exemplo à tipologia e dimensão das entidades auditadas e ao âmbito da auditoria/revisão.

Elencamos de seguida outras normas enquadradas no âmbito das auditorias e revisões sobre informação financeira histórica (ISRE), sobre trabalhos de garantia de fiabilidade que não sejam auditorias ou revisões de informação financeira histórica (ISAE) e normas internacionais de serviços relacionados (ISRS).

2000 – 2699	NORMAS INTERNACIONAIS DE TRABALHOS DE REVISÃO (ISRE)
ISRE 2400	Trabalhos para Rever Demonstrações Financeiras
ISRE 2410	Revisão de Informação Financeira Intercalar Efetuada pelo Auditor Independente da Entidade
3000 – 3699	NORMAS INTERNACIONAIS DE TRABALHOS DE GARANTIA DE FIABILIDADE (ISAE)
ISAE 3000	Trabalhos de Garantia de Fiabilidade que Não Sejam Auditorias ou Revisões da Informação Financeira Histórica
ISAE 3400	Exame de Informação Financeira Prospetiva
ISAE 3402	Relatórios de Garantia de Fiabilidade sobre Controlos numa Organização de Serviços
ISAE 3410	Trabalhos de Garantia de Fiabilidade sobre Declarações de Gases com Efeito de Estufa
ISAE 3420	Trabalhos de Garantia de Fiabilidade para Relatar sobre a Compilação de Informação Financeira Pró-forma Incluída em Prospetos
4000 – 4699	NORMAS INTERNACIONAIS DE SERVIÇOS RELACIONADOS (ISRS)
ISRS 4400	Trabalhos para Executar Procedimentos Acordados com Respeito a Informação Financeira
ISRS 4410	Trabalhos de Compilação

A Figura 1.5. procura evidenciar, em complemento do conteúdo ilustrado pela Figura 1.3., as responsabilidades do órgão de gestão e as responsabilidades do revisor/auditor. Atentas as responsabilidades específicas de cada um, sublinhamos a importância de cada um destes agentes (órgão de gestão *vs.* auditor externo independente) no processo

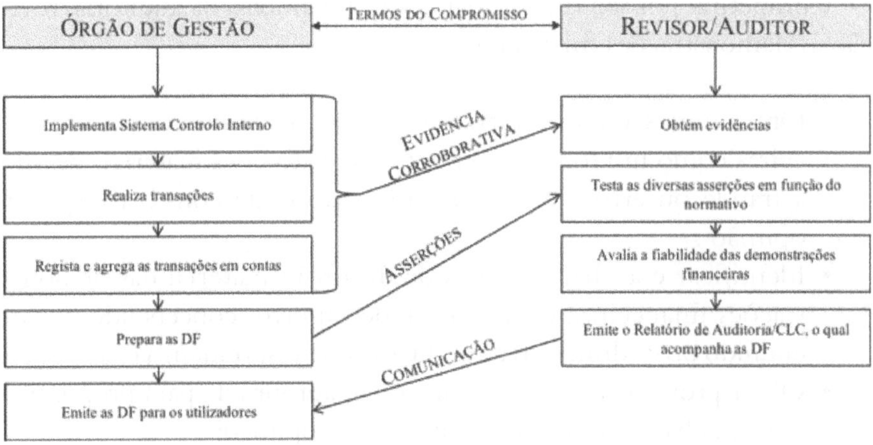

Figura 1.5. – As responsabilidades do órgão de gestão e do revisor/auditor

Fonte: Adaptado de Eilifsen *et al.* (2013).

de credibilização do relato financeiro e na garantia da qualidade da informação que é disponibilizada, numa base continuada, aos diversos utilizadores que integram o sistema de valor em que as organizações se inserem.

Decorrente do conteúdo da Figura 1.5., em conjugação com o âmbito genérico subjacente às ISA, poder-se-á inferir e concluir que o órgão de gestão é responsável por:

- Preparar as demonstrações financeiras, de acordo com o normativo contabilístico aplicável;
- Elaborar o relatório de gestão nos termos legais e regulamentares aplicáveis;
- Criar e manter um sistema de controlo interno adequado que permita a preparação de demonstrações financeiras isentas de distorção material devido a fraude ou a erro;
- Adotar políticas e critérios contabilísticos adequados nas circunstâncias;
- Avaliar a capacidade da organização de se manter em continuidade, divulgando, sempre que aplicável, as matérias que possam suscitar dúvidas significativas sobre o prolongamento das atividades.

Competirá, por seu turno, ao auditor, no âmbito da auditoria/revisão às demonstrações financeiras:

- Obter uma segurança razoável sobre se as demonstrações financeiras como um todo estão isentas de distorções materiais devido a fraude ou erro e emitir um relatório onde conste a respetiva opinião;
- Identificar e avaliar os riscos de distorção material das demonstrações financeiras, devido a fraude ou erro, concebendo e executando procedimentos de auditoria que respondam a esses riscos;
- Obter prova de auditoria suficiente e apropriada para proporcionar uma base razoável para emissão da opinião;
- Obter uma compreensão do controlo interno relevante para a auditoria com o objetivo de conceber procedimentos de auditoria que sejam apropriados nas circunstâncias, embora não para expressar uma opinião sobre a eficácia do controlo interno;
- Avaliar a adequação das políticas contabilísticas usadas e a razoabilidade das estimativas contabilísticas e respetivas divulgações feitas pelo órgão de gestão;
- Concluir sobre a apropriação do uso, pelo órgão de gestão, do pressuposto da continuidade e, com base na prova de auditoria obtida, se existe alguma incerteza material relacionada com acontecimentos ou condições que possam suscitar dúvidas significativas sobre a capacidade da entidade auditada de dar continuidade às suas atividades;
- Avaliar a apresentação, a estrutura e o conteúdo global das demonstrações financeiras, incluindo as divulgações, e se essas demonstrações financeiras representam as transações e acontecimentos subjacentes de forma a atingir uma apresentação apropriada;
- Comunicar aos encarregados da governação, entre outros assuntos, o âmbito e o calendário planeado de auditoria e as condições significativas da auditoria, incluindo qualquer deficiência significativa de controlo interno identificada durante a auditoria;
- Verificação da concordância da informação constante do relatório de gestão com as demonstrações financeiras.

As responsabilidades anteriormente elencadas apresentam, de forma transversal e agregada, o âmbito de atuação do órgão de gestão e do auditor/revisor, sublinhando-se, contudo, a desejável comunicação e interligação sistemática que deve existir entre as duas partes (Auditor *vs.* Auditado). Enquanto mecanismo de controlo externo, a auditoria às demonstrações financeiras, conduzida por profissional externo e independente, encontra-se globalmente regulamentada nos termos da legislação societária. É esse enquadramento regulamentar que abordaremos no ponto seguinte deste capítulo.

1.4. ÓRGÃOS DE GOVERNO SOCIETÁRIO

O Código de Governo Societário (IPCG, 2018) deve, de acordo com o seu princípio geral, *"promover e potenciar o desempenho das sociedades, bem como do mercado de capitais, e sedimentar a confiança dos investidores, dos trabalhadores e do público em geral na qualidade e transparência da administração e da fiscalização e no desenvolvimento sustentado das sociedades"*. Devem as sociedades instituir mecanismos que assegurem, de forma adequada e rigorosa, a produção, o tratamento e a atempada divulgação de informação aos diversos *stakeholders*, entre os quais os seus órgãos sociais, os seus acionistas, os investidores e demais utilizadores da informação, nomeadamente os analistas financeiros e o mercado em geral.

Neste contexto, estabelece o artigo 278.º do CSC que:

> "1 – A administração e a fiscalização da sociedade podem ser estruturadas segundo uma de três modalidades[8]:
>
> a) Conselho de administração e conselho fiscal;
> b) Conselho de administração, compreendendo uma comissão de auditoria, e ROC;
> c) Conselho de administração executivo, conselho geral e de supervisão e ROC.
>
> 2 – Nos casos previstos na lei, em vez de conselho de administração ou de conselho de administração executivo pode haver um só administrador e em vez de conselho fiscal pode haver um fiscal único.

[8] Redação dada pelo Decreto-Lei n.º 76-A/2006, de 29 de março.

3 – Nas sociedades que se estruturem segundo a modalidade prevista na alínea a) do n.º 1, é obrigatória, nos casos previstos na lei, a existência de um revisor oficial de contas que não seja membro do conselho fiscal.

4 – Nas sociedades que se estruturem segundo a modalidade prevista na alínea c) do n.º 1, é obrigatória, nos casos previstos na lei, a existência no conselho geral e de supervisão de uma comissão para as matérias financeiras.

5 – As sociedades com administrador único não podem seguir a modalidade prevista na alínea b) do n.º 1.

6 – Em qualquer momento pode o contrato ser alterado para a adoção de outra estrutura admitida pelos números anteriores."

Relativamente à obrigatoriedade de Certificação Legal de Contas (CLC), prevê o artigo 262.º do mesmo diploma que estão sujeitas as sociedades anónimas (S. A.), bem como as sociedades por quotas de responsabilidade limitada (LDA) do tipo SGPS (*holdings* puras). As demais empresas por quotas de responsabilidade limitada também deverão fazê-lo sempre que duas das três condições seguintes se encontrem preenchidas durante dois anos consecutivos:

- Volume de vendas anual superior a 3.000.000 euros;
- Valor total do Balanço acima de 1.500.000 euros;
- Número total de empregados excede 50.

No que concerne aos requisitos específicos para a revisão legal de contas das Entidades de Interesse Público (EIP), atente-se no estipulado no Regulamento (UE) n.º 537/2014 do Parlamento Europeu e do Conselho, de 16 de abril de 2014, transposto parcialmente para a ordem jurídica nacional através da Lei n.º 148/2015, de 9 de setembro[9]. Aquele

[9] Este diploma transpõe parcialmente para a ordem jurídica interna a Diretiva 2014/56/UE, do Parlamento Europeu e do Conselho, de 16 de abril de 2014, que altera a Diretiva 2006/43/CE relativa à revisão legal das contas anuais e consolidadas. Assegura igualmente a execução parcial, na ordem jurídica interna, do Regulamento (UE) n.º 537/2014, relativo aos requisitos específicos para a revisão legal de contas das entidades de interesse público e que revoga a Decisão n.º 2005/909/CE da

regulamento tem como objeto estabelecer requisitos para a realização da revisão legal de demonstrações financeiras anuais e consolidadas de EIP, regras relativas à organização e seleção dos revisores oficiais de contas e das sociedades de revisores oficiais de contas pelas EIP, destinadas a promover a sua independência e evitar conflitos de interesses, e regras relativas à supervisão do cumprimento desses requisitos pelos revisores oficiais de contas e sociedades de revisores oficiais de contas.

Assim, são consideradas EIP, e consequentemente sujeitas a CLC:

> "*a*) Os emitentes de valores mobiliários admitidos à negociação num mercado regulamentado;
> *b*) As instituições de crédito;
> c) As empresas de investimento;
> *d*) Os organismos de investimento coletivo sob forma contratual e societária, previstos no regime geral dos organismos de investimento coletivo, aprovado pela Lei n.º 16/2015, de 24 de fevereiro;
> *e*) As sociedades de capital de risco, as sociedades de investimento em capital de risco e os fundos de capital de risco, previstos no Regime Jurídico do Capital de Risco, Empreendedorismo Social e Investimento Especializado, aprovado pela Lei n.º 18/2015, de 4 de março;
> *f*) As sociedades de investimento alternativo especializado e os fundos de investimento alternativo especializado, previstos no Regime Jurídico do Capital de Risco, Empreendedorismo Social e Investimento Especializado, aprovado pela Lei n.º 18/2015, de 4 de março;
> *g*) As sociedades de titularização de créditos e os fundos de titularização de créditos;

Comissão. No seguimento do referido, o presente diploma procede à aprovação do Regime Jurídico da Supervisão e Auditoria e à alteração dos seguintes diplomas: – Estatutos da Comissão do Mercado e Valores Mobiliários, aprovados pelo Decreto-Lei n.º 5/2015, de 8 de janeiro; – Código dos Valores Mobiliários, aprovado pelo Decreto-Lei n.º 486/99, de 13 de setembro; e – Código das Sociedades Comerciais, aprovado pelo Decreto-Lei n.º 262/86, de 2 de setembro.

h) As empresas de seguros e de resseguros;

i) As sociedades gestoras de participações sociais, quando as participações detidas, direta ou indiretamente, lhes confiram a maioria dos direitos de voto nas instituições de crédito referidas na alínea *b*);

j) As sociedades gestoras de participações sociais no sector dos seguros e as sociedades gestoras de participação de seguros mistas;

k) Os fundos de pensões;

l) As empresas públicas que, durante dois anos consecutivos, apresentem um volume de negócios superior a 50 000 000 euros, ou um ativo líquido total superior a 300 000 000 euros"[10].

Relativamente à fiscalização das EIP, as mesmas devem adotar um dos modelos previstos no n.º 1 do artigo 278.º do CSC, sendo aplicável, no caso do modelo previsto na alínea a) do referido artigo, o disposto na alínea b) do n.º 1 do artigo 413.º do mesmo diploma, ou seja, a fiscalização fica a cargo de um conselho fiscal e de um revisor oficial de contas ou uma sociedade de revisores oficiais de contas que não seja membro daquele órgão. Neste âmbito, a fiscalização da sociedade nos termos anteriormente indicados é obrigatória em relação a sociedades que sejam emitentes de valores mobiliários admitidos à negociação em mercado regulamentado e a sociedades que, não sendo totalmente dominadas por outra sociedade que adote este modelo durante dois anos consecutivos, ultrapassem dois dos seguintes

[10] É de notar que esteve em consulta pública, até ao início de novembro de 2018, um anteprojeto de revisão do regime jurídico no qual se previa um novo enquadramento para as Entidades de Interesse Público. Nesse âmbito, seriam consideradas EIP: – Emitentes de valores mobiliários admitidos à negociação num mercado regulamentado situado ou a funcionar em Portugal; – Instituições de Crédito; – Empresas de Seguros; – Empresas cuja atividade principal consiste na aquisição de participações sociais com maioria de direitos de voto em instituições de crédito, sujeitas à supervisão do BdP; – Sociedades gestoras de participações no setor dos seguros e as sociedades gestoras de participação de seguros mistas; – Os fundos de pensões que financiam um regime especial de segurança social. Até ao momento, a Lei n.º 148/2015, de 9 de setembro, não observou quaisquer alterações.

limites: i) Total do balanço: 20.000.000 euros; ii) Volume de negócios liquido: 40.000.000 euros; iii) Número médio de empregados durante o período: 250. E facultativa, nos restantes casos.

As instituições de crédito e demais sociedades financeiras, além de enquadradas enquanto entidades de interesse público, estão obrigadas ao cumprimento das orientações emanadas dos organismos de regulação e supervisão, no caso financeiro Português, o Regime Geral das Instituições de Crédito e Sociedades Financeiras (RGICSF). Refira-se a título de exemplo o Aviso n.º 5/2008, do BdP, no qual se identificam três funções essenciais: 1. Função de gestão de riscos (Artigo 16.º); 2. Função de *"compliance"* (Artigo 17.º); 3. Função de auditoria interna (Artigo 22.º). A primeira, enquadrada na 2.ª linha de defesa, tem como responsabilidades fundamentais: 1. Assegurar a aplicação efetiva do sistema de gestão de riscos, através do acompanhamento contínuo da sua adequação e eficácia, bem como da adequação e da eficácia das medidas tomadas para corrigir eventuais deficiências desse sistema; 2. Prestar aconselhamento ao órgão de administração (1.ª linha de defesa) e elaborar e apresentar a este e ao órgão de fiscalização (por vezes considerado como integrante da 4.ª linha de defesa) um relatório, de periodicidade pelo menos anual, relativo à gestão de risco, sinalizando se foram tomadas as medidas adequadas para mitigar os riscos e corrigir as eventuais deficiências.

A função de *"compliance"* (2.ª linha de defesa), a qual tem de ser permanente e efetiva, tem como responsabilidade controlar o cumprimento das obrigações legais e dos deveres a que se encontram sujeitas. Mais especificamente, esta função é responsável por: 1. Acompanhamento e avaliação regular da adequação e da eficácia das medidas e procedimentos adotados para detetar qualquer risco de incumprimento das obrigações legais, bem como medidas para corrigir eventuais deficiências no âmbito do respetivo cumprimento; 2. Prestar aconselhamento aos órgãos de administração e de gestão, para efeitos de cumprimento das obrigações legais e dos deveres a que a instituição se encontra sujeita; 3. Acompanhar e avaliar os procedimentos de controlo interno em matéria de prevenção do branqueamento de capitais e do financiamento do terrorismo, bem como pela centralização da informação e respetiva comunicação às autoridades competentes; 4. Prestar de forma imediata ao órgão de administração informação sobre quaisquer indícios de violação das obrigações legais, de regras de conduta e de relacionamento com clientes ou demais deveres que impliquem a existência de ilícitos de natureza contraordenacional; 5. Manter um registo de incumprimentos e das medidas propostas e adotadas; 6. Elaborar e apresentar ao órgão de fiscalização um relatório, de periodicidade pelo menos anual, no qual se identifiquem os incumprimentos verificados e as medidas adotadas para corrigir eventuais deficiências.

Situada na 3.ª linha de defesa, a função de auditoria interna tem como principais responsabilidades: 1. Elaborar e manter atualizado um plano de auditoria para examinar e avaliar a adequação e a eficácia das diversas componentes do sistema de controlo interno, bem como do sistema de controlo interno como um todo; 2. Emitir recomendações baseadas nos resultados das avaliações realizadas e verificar a sua observância; 3. Elaborar e apresentar ao órgão de administração (1.ª linha de defesa) e ao órgão de fiscalização (4.ª linha de defesa) um relatório, de periodicidade pelo menos anual, sobre questões de auditoria, no qual se apresente uma síntese das principais deficiências detetadas nas

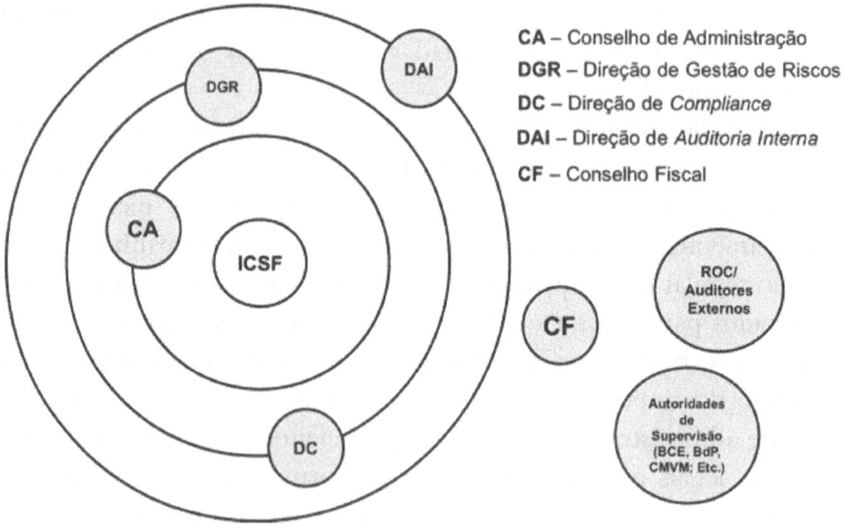

Figura 1.6. – As linhas de defesa do setor financeiro

ações de controlo, as quais, ainda que sejam tipificadas como não materiais quando isoladamente consideradas, possam evidenciar tendências de deterioração do sistema de controlo interno, além de se sinalizarem as recomendações que foram seguidas.

No âmbito do controlo externo, e tendo por base o enquadramento já efetuado, incluímos os auditores externos e o Revisor Oficial de Contas, bem como as autoridades de regulação e supervisão, das quais o Banco Central Europeu (BCE), o Banco de Portugal (BdP) e a Comissão de Mercado de Valores Mobiliários (CMVM) são exemplos ilustrativos.

1.5. A PROFISSÃO DE REVISOR OFICIAL DE CONTAS

O atual Estatuto da Ordem dos Revisores Oficiais de Contas (EOROC), que entrou em vigor no dia 1 de janeiro de 2016, foi aprovado pela Lei n.º 140/2015, de 7 de setembro, em conformidade com a Lei n.º 2/2013, de 10 de janeiro, que estabelece o regime jurídico da criação, organização e funcionamento das associações públicas profissionais. Pela sua importância neste contexto, sinalizamos as funções intrínsecas ao exercício da função de Revisor Oficial de Contas, nos termos dos artigos 41.º e seguintes do EOROC. Assim, constituem atos próprios e exclusivos dos ROC e das sociedades de revisores oficiais de contas os praticados no exercício das funções de interesse público, nomeadamente: 1. A auditoria às contas; 2. O exercício de quaisquer outras funções que por lei exijam a intervenção própria e autónoma de ROC sobre determinados factos patrimoniais de empresas ou de outras entidades.

Relativamente à atividade de auditoria às contas, a mesma integra os exames e outros serviços relacionados com as contas de empresas e de outras entidades efetuados de acordo com as normas de auditoria em vigor. Enquadram-se nestas atividades a revisão legal das contas (exercida no âmbito legal ou estatutário), a revisão voluntária das contas, exercida no âmbito de vinculação contratual, e os serviços relacionados com as contas, quando tenham uma finalidade ou um âmbito específicos ou limitados.

Além do ceticismo profissional exigido ao longo de todo o processo de revisão ou auditoria e do dever de independência, os revisores oficiais de contas estão igualmente sujeitos a outros deveres, dos quais se destacam o dever de elaboração e divulgação do relatório de transparência e o dever de comunicação ao órgão de fiscalização. Neste âmbito, os revisores oficiais de contas que realizem auditoria às contas de EIP devem, nos termos do artigo 63.º do EOROC:

- Confirmar anualmente por escrito ao conselho fiscal, à comissão de auditoria ou ao conselho geral e de supervisão, consoante o caso aplicável de modelo de governo societário, a sua independência relativamente à entidade examinada;
- Comunicar anualmente ao conselho fiscal, à comissão de auditoria ou ao conselho geral e de supervisão, consoante o caso, todos os serviços adicionais prestados à entidade examinada;
- Examinar com o conselho fiscal, a comissão de auditoria ou o conselho geral e de supervisão, atento o caso concreto, as ameaças à sua independência e as salvaguardas aplicadas para as atenuar, situação que deve ser documentada.

Sinalizamos ainda os deveres de informação às autoridades competentes pela supervisão da EIP quaisquer informações respeitantes a essa entidade e a outras incluídas no respetivo perímetro de consolidação de contas de que tenha tomado conhecimento durante essa revisão legal das contas e que possam implicar:

- Uma violação material das disposições legais, regulamentares e administrativas que estabelecem, nos casos e termos aplicáveis, as condições de autorização ou que regem de modo específico o exercício das atividades dessa EIP;
- Uma ameaça concreta ou uma dúvida concreta em relação à continuidade das operações da EIP;
- Uma escusa de opinião sobre as contas, a emissão de uma opinião adversa ou com reservas ou a impossibilidade de emissão de relatório (temática a abordar no Capítulo 2 desta obra).

Múltiplos são os aspetos que também careciam de sinalização no âmbito do EOROC e do seu subsequente impacto no desenvolvimento da profissão e na credibilidade reputacional da mesma. Referimo-nos, por exemplo, à organização do trabalho de revisão (artigo 75.º), ao prazo de conservação dos documentos e informações respeitantes à auditoria (artigo 76.º), às condições específicas para realização de revisão legal das contas de EIP (artigo 77.º), ao segredo profissional (artigo 84.º) e às incompatibilidades e impedimentos (artigos 88.º e seguintes). Pela sua transversalidade e pertinência no âmbito dos desenvolvimentos a realizar ao longo dos próximos capítulos, sinalizaremos aqueles tópicos sempre que tal se revele pertinente e devidamente enquadrado.

Capítulo 2
A Opinião em Auditoria e Relatórios de Auditoria

2.1. A CERTIFICAÇÃO LEGAL DE CONTAS

A Certificação Legal de Contas é emitida nos termos legais e regulamentares, subsequentemente ao exercício de revisão legal das contas (aplicável a contas individuais e/ou consolidadas[1]). Nos termos da ISA 700 (*Formar uma opinião e relatar sobre demonstrações financeiras*), e tal como explanado no artigo 45.º do EOROC, este relatório deve apresentar um conjunto de elementos que permitam ao utilizador melhor compreender a sua estrutura e avaliar os seus efeitos. Assim, este documento escrito deve:

- Identificar a entidade cujas contas foram objeto de revisão legal, especificando as contas (individuais ou consolidadas) e a data de relato a que dizem respeito, identificando igualmente a estrutura de relato financeiro que lhe está subjacente;
- Incluir uma descrição do âmbito da revisão legal das contas, identificando-se pelo menos as normas de auditoria que nortearam a realização da mesma;
- Incluir uma opinião de auditoria, que pode ser emitida com reservas (ISA 705 – *Modificações à opinião no relatório do auditor independente)* ou sem reservas, ou constituir uma opinião adversa, apresentando de forma clara a opinião do revisor oficial de contas

[1] Os aspetos específicos da revisão legal das contas consolidadas encontram-se previstos no artigo 46.º da Lei n.º 140/2015, de 7 de setembro. Por não ser objeto desta obra elaborar desenvolvimentos sobre os aspetos particulares que norteiam a certificação legal das contas individuais e das contas consolidadas, escusamo-nos, neste âmbito, a mais desenvolvimentos.

ou da sociedade de revisores oficiais de contas. Esta opinião deve ser clara quanto ao facto de as contas darem uma imagem verdadeira e apropriada, de acordo com a estrutura de relato financeiro aplicável, e identificar expressamente se as contas cumprem ou não os requisitos legais aplicáveis;

- Descrever outras situações para as quais o revisor oficial de contas ou sociedade de revisores oficiais de contas deva chamar a atenção sob a forma de ênfase, nos termos da ISA 706 (*Parágrafos de ênfase e parágrafos de outras matérias no relatório do auditor independente*), sem que tal afete a opinião emitida, ou seja, sem que tal constitua matéria modificativa de opinião;
- Em face dos trabalhos realizados, emitir parecer sobre a coerência do relatório de gestão com as contas do mesmo período e sobre a sua elaboração de acordo com os requisitos legais aplicáveis. Caso tenham sido identificadas incorreções materiais no relatório de gestão, devem ser apresentadas informações sobre a sua natureza. Neste caso, devem igualmente ser tomadas em consideração as contas consolidadas e o relatório de gestão consolidado;
- Incluir declaração sobre qualquer incerteza material relacionada com acontecimentos ou condições que possam suscitar dúvidas significativas sobre o pressuposto da continuidade;
- Identificar o local onde está estabelecido o revisor oficial de contas ou a sociedade de revisores oficiais de contas e, nos casos aplicáveis, emitir igualmente parecer sobre o conteúdo do relatório de governo societário.

No caso de se tratar de uma EIP, o relatório de auditoria ou a certificação legal das contas deve conter, nos termos do artigo 10.º do Regulamento (UE) n.º 537/2014, do Parlamento Europeu e do Conselho, de 16 de abril de 2014, os elementos que constam na Diretiva 2006/43/CE e, pelo menos, os seguintes elementos:

- A indicação da pessoa ou do órgão que nomeou o(s) revisor(es) oficial(ais) de contas ou a(s) sociedade(s) de revisores oficiais de contas;
- A indicação da data da nomeação e o período anual do mandato ininterrupto, incluindo renovações e reconduções anteriores do(s)

revisor(es) oficial(ais) de contas ou a(s) sociedade(s) de revisores oficiais de contas;

- A divulgação, em apoio do parecer de auditoria, dos seguintes elementos: - Descrição dos riscos de distorção material mais significativos identificados, incluindo os riscos apurados de distorção material devido a fraude, nos termos da ISA 701 (*Comunicar matérias relevantes de auditoria no relatório do auditor independente*); – Uma síntese da resposta do revisor a esses riscos; – Eventuais observações fundamentadas que possam ter surgido relativamente a esses riscos;
- Uma explicação sobre a medida em que a revisão legal de contas foi considerada eficaz na deteção de irregularidades, incluindo fraudes;
- Confirmação de que o parecer de auditoria é coerente com o relatório adicional dirigido ao comité de auditoria[2];
- A declaração de que não foram prestados os serviços distintos da auditoria proibidos e que o(s) revisor(es) oficial(ais) de contas

[2] O relatório dirigido ao comité de auditoria deve ser feito por escrito, nele se identificando um conjunto de elementos (artigo 11.º do Regulamento (UE), n.º 537/2014 do Parlamento e do Conselho de 16 de abril de 2014), dos quais destacamos: – A declaração de independência; – A descrição da natureza, frequência e extensão da comunicação com o comité de auditoria ou com o órgão que desempenhe funções equivalentes na entidade auditada, o órgão de direção e o órgão de administração ou de fiscalização da entidade auditada, incluindo as datas das reuniões com estes órgãos; – A descrição da metodologia utilizada, incluindo a indicação das rubricas do balanço que foram diretamente verificadas com base em testes dos sistemas e da conformidade, incluindo a explicação de qualquer alteração substancial na ponderação dos testes dos sistemas e da conformidade em comparação com o ano anterior; – O nível quantitativo de materialidade para as demonstrações financeiras como um todo utilizado para realizar a revisão legal das contas e, se aplicável, o nível ou níveis de materialidade utilizados para classes específicas de transações, saldos de contas ou divulgações, e divulgar os fatores qualitativos que foram considerados para definir o nível de materialidade; – A indicação de quaisquer deficiências significativas do sistema de controlo financeiro interno e/ou do sistema de contabilidade da entidade auditada ou, no caso de demonstrações financeiras consolidadas, da empresa-mãe. Relativamente a cada deficiência significativa, o relatório adicional deve especificar se a deficiência em causa foi ou não resolvida pelo responsável pela gestão.

ou a(s) sociedade(s) de revisores oficiais de contas se mantiveram independentes em relação à entidade auditada durante a realização da auditoria;

- A indicação de todos os serviços, além da revisão legal das contas, que foram prestados pelo revisor oficial de contas ou pela sociedade de revisores oficiais de contas à entidade auditada e à(s) entidade(s) sob seu controlo, e que não tenham sido divulgados no relatório de gestão ou nas demonstrações financeiras.

Nos casos em que se conclua pela inexistência, significativa insuficiência, ou ocultação, de matéria de apreciação, o auditor/revisor deve escusar-se, de forma fundamentada, a emitir opinião de auditoria, declarando a impossibilidade da certificação legal das contas.

As revisões, sejam executadas por enquadramento legal ou de forma voluntária, seguem as normas internacionais de auditoria adotadas pela Comissão Europeia. Contudo, excecionam-se os casos em que a revisão tenha por objeto matéria que não esteja regulada por norma internacional de auditoria, ou sempre que a imposição de procedimentos ou requisitos de auditoria adicionais decorra de exigências legais específicas ou na medida do necessário para reforçar a credibilidade e a qualidade das contas.

2.2. TIPOS DE OPINIÃO

A emissão de uma opinião, decorrente da realização de auditoria às contas, bem como de outras funções que por lei exijam a intervenção própria e autónoma do revisor oficial de contas, deve ser apresentada de forma clara e inequívoca, e de acordo com as normas de auditoria em vigor. Neste âmbito, as normas enquadradas no grupo 700 (IFAC, 2018) enquadram os aspetos gerais e específicos da opinião, incluindo matérias modificativas de opinião, matérias não modificativas de opinião e outras matérias. Ilustramos, na Figura 2.1., os tipos de opinião (não qualificada *vs.* qualificada ou não modificada *vs.* modificada), os quais encontram enquadramento nas referidas normas internacionais de auditoria.

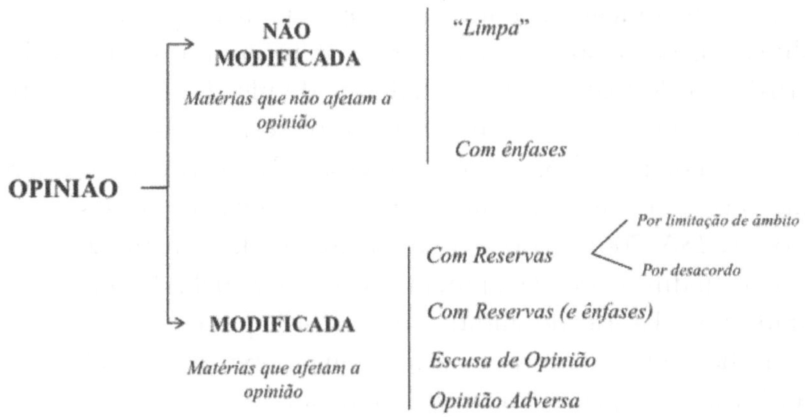

Figura 2.1. – Tipos de opinião

De acordo com o parágrafo 16 da ISA 700, o auditor deve expressar uma opinião não modificada (não qualificada) quando concluir que as demonstrações financeiras estão preparadas, em todos os aspetos materiais, de acordo com o referencial de relato que lhe seja aplicável (*v.g.* IFRS). Caso conclua que as demonstrações financeiras, tendo por base a prova obtida, não estão isentas de distorção[3] material como um todo, ou caso não consiga obter prova suficiente e apropriada (ISA 500) para concluir que as demonstrações financeiras como um todo não estão isentas de distorção material, deve modificar (qualificar) a sua opinião (parágrafo 17 da ISA 700), nos termos da ISA 705.

2.2.1. Opinião não modificada

Tal como anteriormente referido, o auditor não deve qualificar a opinião sempre que conclua que as demonstrações financeiras estão preparadas, em todos os aspetos materiais, de acordo com um determinado referencial contabilístico (opinião "*limpa*"). Contudo,

[3] Entende-se por distorção a diferença entre a quantia relatada, classificação, apresentação ou divulgação de um item das demonstrações financeiras e a quantia, classificação, apresentação ou divulgação que é exigida para o item de acordo com o referencial de relato financeiro aplicável. As distorções podem decorrer de erro ou de fraude, nos termos da ISA 240.

estaremos igualmente perante uma opinião não qualificada (não modificada), nos casos em que o auditor inclua no seu relatório a identificação de matéria apresentada ou divulgada nas demonstrações financeiras que, no seu julgamento, seja de importância tal que seja fundamental para a compreensão daquelas demonstrações financeiras, por parte dos utilizadores (designadas "Ênfases" nos termos da ISA 706). Caso existam matérias desta natureza, ainda que não modificativas da opinião, devem ser incluídas em secção separada no relatório do auditor, devem ser apresentadas de forma clara, indicando-se de forma expressa que a opinião do auditor não é modificada a respeito da matéria enfatizada.

As ênfases traduzem, intrinsecamente, incertezas fundamentais ou problemas de continuidade, devendo ser redigidas de forma clara e inequívoca e incluídas na estrutura do relatório de auditoria na secção apropriada e definida na ISA 700. Pela sua pertinência, enunciamos de seguida alguns exemplos de circunstâncias que poderão determinar a inclusão no relatório de auditoria deste tipo de matéria não modificativa de opinião.

- Uma incerteza relacionada com o desfecho futuro de litígios ou ações regulatórias excecionais;
- Um acontecimento subsequente significativo (nos termos definidos na ISA 560) que ocorre entre a data das demonstrações financeiras e a data do relatório do auditor;
- A aplicação antecipada, quando permitida, de uma nova norma de contabilidade que tenha um efeito material nas demonstrações financeiras;
- Uma grande catástrofe que tenha tido, ou continue a ter, um efeito significativo na posição financeira da entidade;
- Circunstâncias que determinem a inclusão de um parágrafo de ênfase, nos termos de outras normas, nomeadamente: parágrafo 19 b) da ISA 210 (*Acordar os termos de trabalhos de auditoria*); parágrafos 12 b) e 16 da ISA 560 (*Acontecimentos subsequentes*); e parágrafo 14 da ISA 800 (*Considerações especiais – Auditorias de demonstrações financeiras preparadas de acordo com referenciais de finalidades especial*).

Uma opinião não modificada traduz, pois, uma situação em que o auditor não identificou quaisquer distorções de natureza material e/ou profunda, pelo que será de concluir que as demonstrações financeiras apresentam de forma verdadeira e apropriada, em todos os aspetos materiais, a posição financeira da entidade em determinado momento, o seu desempenho financeiro e as alterações ocorridas na posição durante o período de relato.

2.2.2. Opinião modificada

Uma opinião qualificada (modificada) ocorre sempre que as demonstrações financeiras não estejam isentas de distorção material, ou sempre que não se consiga obter prova de auditoria suficiente e apropriada (nos termos da ISA 500) que suporte a sua não distorção. Contudo, estamos igualmente perante opiniões modificadas, *lato sensu*, sempre que, além das distorções materiais, as mesmas se revelem profundas, ou sempre que a impossibilidade de recolher prova apropriada e suficiente se revele igualmente profunda. De referir que, neste contexto, a coexistência de ênfases com matérias modificativas não influencia a sua natureza modificativa, tão somente existem igualmente matérias que, de forma isolada, não são modificativas da opinião. Apresentamos, na Figura 2.2., os tipos de opinião modificada, cujos quadrantes resultam

Natureza da Matéria que Dá Origem à Modificação	*Julgamento do Auditor acerca da Profundidade dos Efeitos ou Possíveis Efeitos sobre as Demonstrações Financeiras*	
	Material mas Não Profunda	**Material e Profunda**
As demonstrações financeiras estão materialmente distorcidas	**OPINIÃO COM RESERVAS**	**OPINIÃO ADVERSA**
Incapacidade de obter prova de auditoria suficiente e apropriada	**OPINIÃO COM RESERVAS**	**ESCUSA DE OPINIÃO**

Figura 2.2. – Tipos de opinião modificada

da interseção entre dois vetores fundamentais: 1. Distorção das demonstrações financeiras *vs.* Incapacidade de obtenção de prova apropriada e suficiente; 2. Profundidade dos efeitos ou possíveis efeitos decorrentes do estipulado no vetor 1.

A emissão de uma opinião modificada com reservas (por desacordo ou por limitação de âmbito) ocorre sempre que seja obtida prova de auditoria suficiente e apropriada (ISA 500) para se concluir que as distorções, individualmente ou em agregado, são materiais, mas não são profundas (reserva por desacordo), para as demonstrações financeiras, ou então quando o auditor não for capaz de obter prova de auditoria suficiente e apropriada para suportar uma opinião não modificada, mas concluir que os possíveis efeitos sobre as demonstrações financeiras das distorções por detetar, caso existam, podem ser materiais mas não profundos (reserva por limitação de âmbito). Uma opinião adversa deve ser emitida sempre que, tendo sido obtida prova de auditoria suficiente e apropriada, se concluir que as distorções, individualmente ou em agregado, são não só materiais como profundas para as demonstrações financeiras. Dever-se-á optar por uma escusa de opinião (impossibilidade de opinião) sempre que o auditor não seja capaz de obter prova de auditoria suficiente e apropriada para basear a sua opinião e concluir que os possíveis efeitos das distorções por detetar, caso existam, possam ser não só materiais como profundos. Situação idêntica se aplicará, ainda que em circunstâncias raras, quando existam múltiplas incertezas que levem o auditor a concluir que, não obstante ter havido prova suficiente e apropriada respeitante a cada uma das incertezas individualmente consideradas, não é possível formar uma opinião sobre as demonstrações financeiras devido à potencial interação entre essas incertezas e ao seu possível efeito acumulado.

Importa ainda referir que as reservas por limitação de âmbito podem ser originadas pela entidade ou resultar da força das circunstâncias. Ainda que os seus efeitos na opinião a emitir pelo auditor (ou na CLC a emitir pelo revisor) sejam os mesmos, é de referir que do ponto de vista acessório poderão resultar daí diferentes impactos e efeitos. Enquadra-se no primeiro caso a situação em que a entidade não faculte ao auditor, seja de forma negligente ou dolosa, determinados elementos de prova. Ilustram a segunda situação os casos em que existiu a nomeação tardia do auditor/revisor ou quando, por exemplo, o acesso aos elementos de prova foi condicionado por fatores alheios à entidade (*v.g.* sinistro).

2.2.3. Comunicação de matérias relevantes de auditoria

Proporcionar maior transparência acerca da auditoria realizada e incutir maior valor comunicativo do relatório do auditor é o que parece estar na génese da inclusão no mesmo nas Matérias Relevantes de Auditoria (MRA ou KAM - *Key Audit Matters*), de acordo com o estipulado na ISA 701. São matérias que, no julgamento profissional do auditor, foram as de maior importância na auditoria às demonstrações financeiras do período corrente. São selecionadas das matérias objeto de comunicação com os encarregados da governação, as quais devem ser comunicadas em tempo oportuno. Nos casos aplicáveis, dependendo dos factos e das circunstâncias, deve ser sinalizado que não existem matérias relevantes de auditoria para comunicar no seu relatório. Porém, tais matérias não constituem formas alternativas de expressar uma opinião modificada ou de sinalizar quaisquer problemas de continuidade ou incertezas fundamentais. Ou seja, tais matérias não poderão coincidir com uma matéria objeto de uma ênfase, nos termos da alínea b) do parágrafo 8 da ISA 706, ou com uma matéria modificativa da opinião (reserva), nos termos do parágrafo 15 da ISA 705.

A comunicação de MRA aplica-se, regra geral, às auditorias de conjuntos completos de demonstrações financeiras de finalidade geral de entidades cotadas, ou quando a lei ou regulamento exige ao auditor que comunique matérias relevantes. É o caso das EIP, nos termos do artigo 10.º do Regulamento (UE) n.º 537/2014 do Parlamento Europeu e do Conselho, de 16 de abril de 2014. Não serão comunicadas matérias desta natureza quando se emite uma escusa de opinião, a menos que tal seja exigido por lei ou regulamento. Neste âmbito, o auditor deve ainda incluir na documentação de auditoria (nos termos da ISA 230 – *Documentação de auditoria*):

- As matérias que exigiram atenção significativa e a razão para a sua determinação de considerar ou não cada uma dessas matérias como matérias relevantes;

- Sempre que tal seja aplicável e exequível, a razão para a determinação de que não há matérias relevantes de auditoria para comunicar no relatório ou de que as únicas existentes são matérias modificativas de opinião, nos termos da ISA 705;
- Quando aplicável, a razão para a determinação de não comunicar no relatório uma matéria avaliada como sendo matéria relevante de auditoria.

Tal como já referido no início deste ponto, a exigência de identificar MRA no relatório de auditoria está associada à crescente necessidade de incutir transparência e credibilidade neste tipo de instrumento de controlo externo e independente. As especificidades que norteiam a identificação de matérias que são subsequentemente reportadas como MRA estão desenvolvidas na ISA 701, a qual é aplicável a auditorias de demonstrações financeiras de períodos findos em ou após 15 de dezembro de 2016.

2.2.4. Comunicação de outras matérias

A comunicação de "Outras Matérias" no relatório de auditoria encontra-se igualmente prevista na ISA 706. Enquadram-se nestas matérias, a relatar em secção própria do relatório de auditoria, aquelas que, não sendo apresentadas ou divulgadas nas demonstrações financeiras, são, no julgamento profissional do auditor, relevantes para a compreensão da auditoria, das responsabilidades do auditor ou do seu relatório, por parte dos utilizadores. Estas matérias devem ser incluídas no relatório, com prévia comunicação aos encarregados da governação, desde que tal não seja proibido por lei ou regulamento ou desde que a matéria não tenha sido identificada como relevante, nos termos da ISA 701.

Várias são as circunstâncias que podem determinar a inclusão de outras matérias no relatório de auditoria. Pela sua relevância e pertinência para a compreensão da temática, apresentamos de seguida alguns exemplos.

- Explicações adicionais sobre o planeamento, riscos ou responsabilidades no âmbito da auditoria;

- Explicação sobre a impossibilidade de renunciar ao trabalho de auditoria, descrevendo o contexto em que o exame é conduzido;
- Relato sobre mais do que um conjunto de demonstrações financeiras ou sobre a aplicação de outro normativo contabilístico para um desses conjuntos;
- Eventuais restrições à distribuição ou utilização do relatório do auditor.

Como nota final sobre esta temática, realçamos que se trata de matérias que assumem uma natureza residual por não se enquadrarem no âmbito de outras secções, mas que atenta a sua relevância e importância para a compreensão da auditoria e/ou compreensão das responsabilidades dos auditores, por parte dos utilizadores, torna-se necessária a sua inclusão no relatório. A sua inclusão pode, contudo, estar baseada em requisitos impostos por outras normas internacionais de auditoria, das quais destacamos: parágrafos 12 b) e 16 da ISA 560 (*Acontecimentos subsequentes*); parágrafos 13-14, 16-17 e 19 da ISA 710 (*Informação comparativa – Números correspondentes e demonstrações financeiras comparativas*); e parágrafo 10 a) da ISA 720 (*Responsabilidades do auditor relativas a outra informação*).

2.2.5. Estrutura do relatório de auditoria

A estrutura global de um relatório de auditoria (certificação legal das contas), nos termos do previsto na ISA 700, e sem considerar quaisquer matérias modificativas previstas na ISA 705 ou quaisquer matérias não modificativas previstas na ISA 706, é ilustrada pela Figura 2.3.

Quando o auditor modificar a opinião de auditoria, deve utilizar o título "Opinião com Reservas", "Opinião Adversa" ou "Escusa de opinião", nos casos apropriados, na secção da opinião (parágrafo 16 da ISA 705). Sem prejuízo de outra redação exigida, deve, no mesmo sentido, e atenta a situação em concreto, modificar o título "Bases para a Opinião" para "Bases para a opinião com Reservas", "Bases para a Opinião Adversa" ou "Bases para a Escusa de Opinião", incluindo nesta secção uma descrição da matéria que deu origem à distorção.

Contrariamente ao indicado para as matérias modificativas da opinião, o local de um parágrafo de "Ênfase" ou de um parágrafo de

- Título
- Destinatário
- Opinião do Auditor
- Bases para a Opinião
- Continuidade (*de acordo com a ISA 750, se aplicável)*
- Matérias Relevantes de Auditoria (*de acordo com a ISA 701, se aplicável)*
- Outra Informação (*de acordo com a ISA 720, se aplicável)*
- Responsabilidade pelas Demonstrações Financeiras
- Responsabilidades do Auditor pela Auditoria às Demonstrações Financeiras
- Outras Responsabilidades de Relato
- Nome do Sócio Responsável
- Assinatura do Auditor/Revisor
- Domicílio do Auditor/Revisor
- Data do Relatório

Figura 2.3. – Estrutura geral do relatório de auditoria

"Outras Matérias" no relatório do auditor depende da natureza da informação a comunicar e do julgamento do auditor quanto à importância relativa de tal informação para os utilizadores, comparada com outros elementos que sejam exigidos. Sempre que existam "Matérias Relevantes de Auditoria" a comunicar, o parágrafo de "Ênfase" poderá ser colocado antes ou depois da secção destinada às MRA. Caso a ênfase se refira ao referencial contabilístico adotado, poderá ser pertinente colocar o parágrafo de "Ênfase" imediatamente a seguir à secção relacionada com as "Bases para a Opinião".

No que se refere a outras matérias, as mesmas poderão ser apresentadas em secção separada, imediatamente a seguir à secção destinada à identificação e descrição das "Matérias Relevantes de Auditoria" ou a seguir à secção relacionada com "Outros Requisitos Legais e Regulamentares". Caso a matéria esteja relacionada com "Outras Responsabilidades de Relato", a mesma pode ser incluída na secção adstrita à identificação da descrição dos "Outros Requisitos Legais e Regulamentares".

2.2.6. Relatórios de revisão limitada

No processo de emissão de uma opinião sobre um exame de revisão limitada, o auditor rege-se pelas Normas Internacionais de Revisão (ISRE) nos seguintes termos: no caso em que o auditor da informação financeira intercalar emite a CLC para a informação financeira anual, aplica-se a ISRE n.º 2400 (*Trabalhos para rever demonstrações financeiras*). No caso em que o auditor da informação financeira intercalar não emita a CLC sobre a informação financeira anual, aplicar-se-á a ISRE n.º 2410 (*Revisão de informação financeira intercalar efetuada pelo auditor independente da entidade*). O objetivo de um trabalho para rever informação financeira intercalar é, nos termos do parágrafo 7 da ISRE N.º 2410, "*o de habilitar o auditor a expressar uma conclusão sobre se, com base na revisão, algo chamou a atenção que o leve a concluir que a informação financeira intercalar não está preparada, em todos os aspetos materiais, de acordo com um referencial de relato financeiro aplicável*". Neste sentido, o auditor deve compreender a entidade e o seu ambiente de controlo interno, incluindo o controlo interno que se relaciona com a preparação tanto da informação financeira anual como intercalar, suficiente para que, no âmbito dos trabalhos de auditoria, se possam identificar os tipos de distorção material potencial (incluindo a probabilidade da sua ocorrência) e se possam selecionar as indagações, os procedimentos analíticos e outros procedimentos de revisão que permitirão ao auditor relatar sobre se algo chegou ao seu conhecimento que o leve a concluir que a informação financeira intercalar não está preparada, em todos os aspetos materiais, de acordo com o referencial de relato financeiro aplicável.

Contudo, antes de tecermos considerações técnicas adicionais sobre a auditoria ao relato financeiro intercalar, enquadremos o mesmo do ponto de vista contabilístico. De acordo com a IAS 34, um relatório financeiro intercalar (demonstrações financeiras condensadas ou completas) refere-se a um relatório que versa tanto sobre um conjunto completo de demonstrações financeiras, como sobre um conjunto condensado de demonstrações financeiras relativas a um período mais curto do que um ano económico completo. Assim, nos termos desta norma internacional de contabilidade, um relatório financeiro intercalar deve incluir, como mínimo, os componentes seguintes:

- Balanço condensado;
- Demonstração condensada dos resultados;
- Demonstração condensada mostrando ou (i) todas as alterações no capital próprio ou (ii) alterações no capital próprio que não sejam as provenientes de transações de capital com detentores e distribuições a detentores;
- Demonstração condensada de fluxos de caixa; e
- Notas explicativas selecionadas.

Conscientes de que o objetivo de uma revisão de informação financeira intercalar difere significativamente do de uma auditoria ao relato financeiro anual, o relatório a emitir também difere, tanto na substância como na forma. As particularidades de um relatório a emitir para um exame intercalar estão previstas no parágrafo 43 e seguintes da ISRE n.º 2410, pelo que se remete para a referida norma quaisquer desenvolvimentos adicionais.

2.3. EXEMPLOS DE RELATÓRIOS DE AUDITORIA

Sem prejuízo dos modelos conceptuais de relatórios integrantes do apêndice da ISA 700, apresentamos de seguida seis exemplos de relatórios de auditoria (Certificação Legal das Contas), todos eles adaptados de casos reais do tecido empresarial português e sobre os quais se efetua, com objetivos puramente académicos, uma análise global, tendo por base o normativo de auditoria que lhes está subjacente.

Exemplo A

CERTIFICAÇÃO LEGAL DAS CONTAS
(Montantes expressos em milhares de euros – m.euros)

RELATO SOBRE A AUDITORIA DAS DEMONSTRAÇÕES FINANCEIRAS

Opinião
Auditámos as demonstrações financeiras anexas do Banco X ("Banco") que compreendem o Balanço em 31 de dezembro de N (que evidencia um total de 13.098.412 m.euros e um total de capital próprio de

912.878 m.euros, incluindo um resultado líquido de 73.419 m.euros), a Demonstração dos Resultados, a Demonstração dos Resultados e do Outro Rendimento Integral, a Demonstração das Alterações no Capital Próprio e a Demonstração dos Fluxos de Caixa relativas ao exercício findo naquela data e as notas anexas às demonstrações financeiras que incluem um resumo das políticas contabilísticas significativas.

Em nossa opinião, as demonstrações financeiras anexas apresentam de forma verdadeira e apropriada, em todos os aspetos materiais, a posição financeira do Banco X em 31 de dezembro de N e o seu desempenho financeiro e fluxos de caixa relativos ao exercício findo naquela data de acordo com as Normas Internacionais de Relato Financeiro (IFRS) tal como adotadas pela União Europeia.

Bases para a opinião

A nossa auditoria foi efetuada de acordo com as Normas Internacionais de Auditoria (ISA) e demais normas e orientações técnicas e éticas da Ordem dos Revisores Oficiais de Contas. As nossas responsabilidades nos termos dessas normas estão descritas na secção "Responsabilidades do auditor pela auditoria das demonstrações financeiras", abaixo. Somos independentes do Banco X nos termos da lei e cumprimos os demais requisitos éticos nos termos do código de ética da Ordem dos Revisores Oficiais de Contas.

Estamos convictos de que a prova de auditoria que obtivemos é suficiente e apropriada para proporcionar uma base para a nossa opinião.

Matérias relevantes de auditoria

As matérias relevantes de auditoria são as que, no nosso julgamento profissional, tiveram maior importância na auditoria das demonstrações financeiras do exercício corrente. Essas matérias foram consideradas no contexto da auditoria das demonstrações financeiras como um todo, e na formação da opinião, e não emitimos uma opinião separada sobre essas matérias.

Descrição dos riscos de distorção material mais significativos identificados	Síntese da resposta dada aos riscos de distorção material mais significativos identificados
Imparidade do crédito concedido	
O Banco determina as perdas por imparidade para o crédito concedido de acordo com as metodologias descritas na nota 4.8 a) do Anexo às demonstrações financeiras, nomeadamente: • Numa base individual para as entidades que apresentam responsabilidades perante o Banco de montante significativo ou determinadas características que possam implicar um maior risco de incobrabilidade. • De forma coletiva para as restantes entidades//operações, tendo por base um modelo de análise interno, que incorpora aspetos subjetivos e de alguma complexidade, uma vez que assenta em fluxos de caixa futuros estimados, determinados a partir dos fluxos contratuais e de dados históricos do comportamento de operações com características de risco similares. Uma vez que o crédito concedido é a principal rubrica de balanço e se trata de uma área onde o Banco tem de realizar estimativas complexas, as quais envolvem julgamento do órgão de gestão	• Analisámos os procedimentos de controlo interno relevantes implementados pelo Banco ao nível do processo de quantificação de perdas por imparidade para o crédito concedido e avaliámos a sua adequação, tendo em consideração os riscos que visam cobrir. Os controlos relevantes que avaliámos abrangeram, essencialmente, os relacionados com os processos de recolha e tratamento de dados, apuramento e registo da imparidade. <u>Análise individual:</u> • Analisámos a adequabilidade dos créditos definidos pelo Banco para selecionar os clientes sujeitos a análise individual e validámos a sua correta aplicação. • Selecionámos uma amostra de clientes, que inclui as maiores exposições do Banco, características específicas indicativas de maior risco de incobrabilidade e, por outro lado, fatores aleatórios. Para esta amostra, analisámos a razoabilidade da imparidade registada com base, entre outros, na evolução das responsabilidades dos

<table>
<tr><td>no que se refere aos pressupostos usados para efeitos de determinação do montante de imparidade a reconhecer, esta foi considerada uma matéria relevante de auditoria.</td><td>clientes, no seu histórico de cumprimento e na existência de colaterais a favor do Banco. Analisámos também a informação prestada pelos responsáveis do Banco sobre a situação económico-financeira dos clientes, perspetivas de cobrabilidade dos créditos e valor de realização dos colaterais, principais julgamentos efetuados e o racional para a imparidade constituída.

Análise coletiva:
• Obtivemos um entendimento geral sobre o método de cálculo da imparidade, incluindo as fontes de informação utilizadas e os processos inerentes à sua extração.
• Obtivemos um entendimento dos pressupostos metodológicos subjacentes ao modelo de imparidade coletiva e analisámos criticamente e conceptualmente a sua razoabilidade.
• Analisámos os principais pressupostos do modelo de imparidade coletiva, incluindo os critérios de agravamento do risco atribuído às operações, tratamento de operações reestruturadas, valor de realização dos colaterais e apuramento dos fatores de risco. Adicionalmente, procedemos à seleção de uma amostra aleatória de operações e recalculámos os fluxos de caixa estimados pelo modelo e as respetivas perdas de imparidade.</td></tr>
</table>

<table>
<tr><td colspan="2">Divulgação de saldos e transações com entidades relacionadas</td></tr>
<tr><td>Conforme evidenciado na nota 43 do Anexo às demonstrações financeiras, o Banco apresenta saldos e realiza transações relevantes com o Banco Y e com o Banco Z, bem como com acionistas e outras partes relacionadas, onde os acionistas têm influência significativa.
Tendo em conta a relevância dos saldos e transações com entidades relacionadas, consideramos a completa e correta divulgação de operações com estas entidades como uma matéria relevante de auditoria.</td><td>• Analisámos os procedimentos de controlo interno instituídos pelo Banco ao nível da identificação e divulgação dos saldos e transações com entidades relacionadas.
• Obtivemos confirmações externas do Banco Y e do Banco Z sobre os saldos e as garantias recebidas/prestadas.
• Verificámos se as divulgações efetuadas pelo Banco refletem adequadamente os saldos e as transações realizadas com partes relacionadas e se são completas, através da sua comparação com a informação obtida como resultado dos procedimentos de auditoria desenvolvidos, bem como se a sua divulgação cumpre com os requisitos do normativo aplicável.</td></tr>
</table>

<table>
<tr><td colspan="2">Fundo de Resolução (nota 46)</td></tr>
<tr><td>Na sequência das medidas de resolução aplicadas ao Banco W e ao Banco T, o Fundo de Resolução</td><td>• Analisámos o contrato de mútuo celebrado entre os Bancos e o Fundo de Resolução e os</td></tr>
</table>

passou a deter a totalidade do capital social do Banco N e da Entidade M. Neste âmbito, contraiu empréstimos junto do Estado e de um sindicato bancário e assumiu outras responsabilidades e passivos contingentes, incluindo as relacionadas com a litigância associada a estes processos. O Banco participou no sindicato bancário através de um contrato de mútuo. Para reembolsar estes empréstimos e para fazer face a outras responsabilidades já assumidas ou que ainda possa vir a assumir, o Fundo de Resolução dispõe essencialmente das receitas provenientes das contribuições periódicas das instituições participantes (incluindo o Banco) e da contribuição sobre o setor bancário. Está ainda prevista a possibilidade de o membro do Governo responsável pela área das finanças determinar, por portaria, que as instituições participantes efetuem contribuições especiais nas situações previstas na legislação aplicável, nomeadamente na eventualidade de o Fundo de Resolução não dispor de recursos próprios para o cumprimento das suas obrigações. O custo com as contribuições periódicas e a contribuição sobre o setor bancário é registado numa base anual, conforme previsto na IFRIC 21 – "Taxas". Conforme comunicação pública do fundo de Resolução de 21 de março de N, as condições dos empréstimos que o Fundo de Resolução obteve para financiamento das medidas de resolução aplicadas ao Banco W e ao Banco T, nomeadamente o empréstimo de 8.000.000 m.euros concedido pelo Estado ao Fundo de Resolução e o empréstimo de 1.000.000 m.euros do sindicato bancário, foram negociadas no primeiro trimestre de N, incluindo a extensão do prazo de vencimento para 31 de dezembro de N+30 e a possibilidade de ajustamento desse prazo, tendo por objetivo garantir ao Fundo de Resolução capacidade para cumprir integralmente as suas obrigações com base em receitas regulares e sem necessidade de recurso a contribuições especiais ou qualquer outro tipo de contribuições extraordinárias por parte do setor bancário. Foi também consagrado o tratamento *pari passu* das obrigações do Fundo de Resolução emergentes do contrato de mútuo celebrado com o sindicato bancário, do qual o Banco faz parte, e dos contratos de empréstimo celebrados com o Estado.	respetivos aditamentos assinados em agosto de N-1 e em fevereiro de N. • Analisámos as comunicações públicas do Fundo de Resolução e do Gabinete do Ministro das Finanças de 28 de setembro de N-1 e a comunicação pública do Fundo de Resolução de 21 de março de N, relativas às novas condições dos empréstimos ao Fundo de Resolução e ao correspondente impacto na sua sustentabilidade e equilíbrio financeiro. • Analisámos o anúncio público e o conteúdo da resolução aprovada pelo Conselho de Ministros de 2 de outubro de N, que autorizou a celebração pelo Estado Português, enquanto garantia última da estabilidade financeira, de um acordo quadro com o Fundo de Resolução, com vista à disponibilização de meios financeiros ao Fundo de Resolução, se e quando se afigurar necessário, para a satisfação de obrigações contratuais que venham eventualmente a decorrer da operação de venda da participação de 75% do capital social do Banco N. • Analisámos o acordo quadro estabelecido entre o Estado Português e o Fundo de Resolução. • Analisámos o comunicado público do Fundo de Resolução datado de 18 de outubro de N, referente à conclusão da venda do Banco N à Sociedade Delta. • Procedemos à leitura do último Relatório e Contas disponível do Fundo de Resolução, que se refere ao exercício de N-1. • Analisámos um modelo simplificado de projeções de fluxos de caixa do Fundo de Resolução que nos foi apresentado pelo Banco. • Revimos o enquadramento contabilístico das contribuições para o Fundo de Resolução. • Obtivemos representação do órgão de gestão do Banco relativamente à sua expetativa de que os passivos e passivos contingentes assumidos pelo Fundo de Resolução, bem como as responsabilidades decorrentes das transações efetuadas pelo mesmo, não implicarão o pagamento por parte do Banco de quaisquer contribuições especiais ou outro tipo de contribuições extraordinárias para o Fundo de Resolução. • Revimos as divulgações constantes nas demonstrações financeiras relativamente a esta matéria, tendo em consideração o normativo contabilístico aplicável.

Em 31 de março de N, o Banco de Portugal comunicou ter selecionado a Sociedade Delta para concretizar a operação de venda do Banco N, cuja conclusão foi comunicada pelo Fundo de Resolução em 23 de outubro do ano N. As condições acordadas incluem a existência de um mecanismo de capitalização contingente, nos termos do qual o Fundo de Resolução se compromete a realizar injeções de capital até ao montante total máximo de 8.000.000 m.euros no caso de se materializarem certas condições cumulativas. Após a conclusão desta operação, a Sociedade Delta passou a deter 80% do capital social do Banco W, mantendo o Fundo de Resolução uma participação de 20%. Em 7 de outubro de N, o Conselho de Ministros aprovou uma resolução na qual autorizou a celebração pelo Estado Português, enquanto garantia última da estabilidade financeira, de um acordo quadro com o Fundo de Resolução, com vista à disponibilização de meios financeiros ao Fundo de Resolução, se e quando se afigurar necessário, para a satisfação de obrigações que venham eventualmente a decorrer da operação de venda da participação de 80% do capital social do Banco W. O acordo quadro acima referido foi assinado na mesma data e prevê a disponibilização dos fundos necessários para assegurar o cumprimento das responsabilidades assumidas no âmbito do processo de venda do Banco W, com um limnite anual de 1.300.000 m.euros, estando também definido que o respetivo reembolso terá presente que um dos objetivos deste acordo quadro é assegurar a estabilidade do esforço contributivo que recai sobre o setor bancário, ou seja, sem necessidade de serem cobradas aos participantes do Fundo de Resolução contribuições especiais ou qualquer outro tipo de contribuição extraordinária. As demonstrações financeiras em 31 de dezembro de N refletem a expetativa do Banco de que não lhe serão exigidas contribuições especiais ou qualquer outro tipo de contribuições extraordinárias para financiar as medidas de resolução aplicadas ao Banco W e ao Banco T ou qualquer outro passivo ou passivo contingente pelo Fundo de Resolução. Tendo em consideração as responsabilidades do Fundo de Resolução e os julgamentos do órgão de gestão conforme acima descritos, esta foi considerada uma matéria relevante de auditoria.	

Responsabilidades do órgão de gestão e do órgão de fiscalização pelas demonstrações financeiras

O órgão de gestão é responsável pela:

- preparação de demonstrações financeiras que apresentem de forma verdadeira e apropriada a posição financeira, o desempenho financeiro e os fluxos de caixa do Banco de acordo com as Normas Internacionais de Relato Financeiro (IFRS) tal como adotadas pela União Europeia;
- elaboração do relatório de gestão nos termos legais e regulamentares aplicáveis;
- criação e manutenção de um sistema de controlo interno apropriado para permitir a preparação de demonstrações financeiras isentas de distorção material devido a fraude ou erro;
- adoção de políticas e critérios contabilísticos adequados nas circunstâncias; e
- avaliação da capacidade do Banco de se manter em continuidade, divulgando, quando aplicável, as matérias que possam suscitar dúvidas significativas sobre a continuidade das atividades.

O órgão de fiscalização é responsável pela supervisão do processo de preparação e divulgação da informação financeira do Banco.

Responsabilidades do auditor pela auditoria das demonstrações financeiras

A nossa responsabilidade consiste em obter segurança razoável sobre se as demonstrações financeiras como um todo estão isentas de distorções materiais devido a fraude ou erro e emitir um relatório em que conste a nossa opinião. Segurança razoável é um nível elevado de segurança mas não é garantia de que uma auditoria executada de acordo com as ISA detetará sempre uma distorção material quando exista. As distorções podem ter origem em fraude ou erro e são consideradas materiais se, isoladas ou conjuntamente, se puder razoavelmente esperar que influenciem decisões económicas dos utilizadores tomadas com base nessas demonstrações financeiras.

Como parte de uma auditoria de acordo com as ISA, fazemos julgamentos profissionais e mantemos ceticismo profissional durante a auditoria e também:

- identificamos e avaliamos os riscos de distorção material das demonstrações financeiras, devido a fraude ou a erro, concebemos e executamos procedimentos de auditoria que respondam a esses riscos e obtemos prova de auditoria que seja suficiente e apropriada para proporcionar uma base para a nossa opinião. O risco de não detetar uma distorção material devido a fraude é maior do que o risco de não detetar uma distorção material devido a erro, dado que a fraude pode envolver conluio, omissões intencionais, falsas declarações ou desrespeito pelo controlo interno;
- obtemos uma compreensão do controlo interno relevante para a auditoria com o objetivo de conceber procedimentos de auditoria que sejam apropriados nas circunstâncias, mas não para expressar uma opinião sobre a eficácia do controlo interno do Banco;
- avaliamos a adequação das políticas contabilísticas usadas e a razoabilidade das estimativas contabilísticas e respetivas divulgações feitas pelo órgão de gestão;
- concluímos sobre a apropriação do uso, pelo órgão de gestão, do pressuposto da continuidade e, com base na prova de auditoria obtida, se existe alguma incerteza material relacionada com acontecimentos ou condições que possam suscitar dúvidas significativas sobre a capacidade do Banco para dar continuidade às suas atividades. Se concluirmos que existe uma incerteza material, devemos chamar a atenção no nosso relatório para as divulgações relacionadas incluídas nas demonstrações financeiras ou, caso essas divulgações não sejam adequadas, modificar a nossa opinião. As nossas conclusões são baseadas na prova de auditoria obtida até à data do nosso relatório. Porém, acontecimentos ou condições futuras podem levar a que o Banco descontinue as suas atividades;
- avaliamos a apresentação, estrutura e conteúdo global das demonstrações financeiras, incluindo as divulgações, e se essas demonstrações financeiras representam as transações e acontecimentos subjacentes de forma a atingir uma apresentação apropriada;
- comunicamos com os encarregados da governação, incluindo o órgão de fiscalização, entre outros assuntos, o âmbito e o calendário planeado da auditoria e as condições significativas da

auditoria incluindo qualquer deficiência significativa de controlo interno identificado durante a auditoria;
- das matérias que comunicamos aos encarregados da governação, incluindo o órgão de fiscalização, determinamos as que foram mais importantes na auditoria das demonstrações financeiras do ano corrente e que são as matérias relevantes de auditoria. Descrevemos essas matérias no nosso relatório, exceto quando a lei ou regulamento proibir a sua divulgação pública;
- declaramos ao órgão de fiscalização que cumprimos os requisitos éticos relevantes relativos à independência e comunicamos todos os relacionamentos e outras matérias que possam ser percecionadas como ameaças à nossa independência e, quando aplicável, as respetivas salvaguardas.

A nossa responsabilidade inclui ainda a verificação da concordância da informação constante no relatório de gestão com as demonstrações financeiras, bem como a verificação de que a demonstração não financeira foi apresentada.

Relato sobre outros requisitos legais e regulamentares

Sobre o relatório de gestão

Dando cumprimento ao artigo 451.º, n.º 3, alínea c) do Código das Sociedades Comerciais, somos de parecer que, para os aspetos materiais, o relatório de gestão foi preparado de acordo com os requisitos legais e regulamentares aplicáveis em vigor, a informação financeira nele constante é concordante com as demonstrações financeiras auditadas e, tendo em conta o conhecimento sobre o Banco, não identificámos incorreções materiais.

Sobre a demonstração não financeira prevista no artigo 66.º-B do Código das Sociedades Comerciais

Dando cumprimento ao artigo 451.º, n.º 6, do Código das Sociedades Comerciais, informamos que o Banco inclui no seu relatório de gestão a demonstração não financeira prevista no artigo 66.º-B do Código das Sociedades Comerciais.

Sobre os elementos adicionais previstos no artigo 10.º do Regulamento (UE) n.º 537/2014

Dando cumprimento ao artigo 10.º do Regulamento (UE) n.º 537/2014 do Parlamento Europeu e do Conselho, de 16 de abril de 2014, além das matérias relevantes de auditoria acima indicadas, relatamos ainda o seguinte:

- Fomos nomeados auditores do Banco pela primeira vez na assembleia geral de acionistas realizada em 27 de março de N-5 para um mandato compreendido entre N-5 e N-2. Fomos nomeados na assembleia geral de acionistas realizada em 10 de fevereiro de N-1 para um segundo mandato compreendido entre N-1 e N+2;
- O órgão de gestão confirmou-nos que não tem conhecimento da ocorrência de fraude ou suspeita de fraude com efeito material nas demonstrações financeiras. No planeamento e execução da nossa auditoria de acordo com as ISA, mantivemos o ceticismo profissional e concebemos procedimentos de auditoria para responder à possibilidade de distorção material das demonstrações financeiras devido a fraude. Em resultado do nosso trabalho não identificámos qualquer distorção material nas demonstrações financeiras devido a fraude;
- Confirmamos que a opinião de auditoria que emitimos é consistente com o relatório adicional que preparámos e entregámos ao órgão de fiscalização do Banco nesta mesma data;
- Declaramos que não prestámos quaisquer serviços proibidos nos termos do artigo 77.º, n.º 8, do Estatuto da Ordem dos Revisores Oficiais de Contas e que mantivemos a nossa independência face ao Banco durante a realização da auditoria.

Porto, dd de mm de N

Assinatura do revisor

Comentário à CLC:

A opinião de auditoria emitida para o *Banco X*, decorrente do exame realizado às contas por um profissional externo e independente, é uma opinião não modificada (não qualificada), pois não existem distorções materiais subjacentes às demonstrações financeiras. No caso concreto, trata-se de uma opinião "*limpa*", pois além de não existirem distorções materiais, também não existem matérias que, não afetando a opinião, deveriam ser reportadas como parágrafos de ênfase. Assim, de acordo com o parágrafo 16 da ISA 700, o auditor expressa uma opinião não modificada "*quando concluir que as demonstrações financeiras estão preparadas, em todos os aspetos materiais, de acordo com o referencial de relato financeiro aplicável*".

O *Banco X* é uma Entidade de Interesse Público (Alínea b) do artigo 3.º Lei n.º 148/2015, de 9 de setembro), pelo que o auditor/ /revisor tem de relatar no seu relatório, exceto se tal fosse proibido por lei ou por regulamento, Matérias Relevantes de Auditoria (MRA), em cumprimento do estipulado no artigo 10.º do Regulamento (UE) n.º 537/2014 do Parlamento Europeu e do Conselho, de 16 de abril de 2014. No caso concreto, foram reportadas três MRA, a saber: 1. Imparidade do crédito concedido; 2. Divulgação de saldos e transações com partes relacionadas; 3. Fundo de Resolução. Tal como evidenciado na própria CLC, são as matérias que foram consideradas as mais importantes na auditoria das demonstrações financeiras do ano corrente, as quais foram comunicadas aos encarregados da governação.

Finalmente, importa referir que a CLC em análise está preparada, no que toca à sua estrutura e conteúdo, de acordo com os demais requisitos preconizados na ISA 700.

Exemplo B

CERTIFICAÇÃO LEGAL DAS CONTAS

RELATO SOBRE A AUDITORIA DAS DEMONSTRAÇÕES FINANCEIRAS

Opinião

Auditámos as demonstrações financeiras anexas da Empresa B (a Entidade) que compreendem o Balanço em 31 de dezembro de N (que evidencia um total de 719.413.842 euros e um total de capital próprio negativo de 1.329.416.720 euros, incluindo um resultado líquido negativo de 173.429.510 euros), a demonstração dos resultados por naturezas, a demonstração das alterações no capital próprio e a demonstração dos fluxos de caixa relativas ao ano findo naquela data e o Anexo que inclui um resumo das políticas contabilísticas significativas.

Em nossa opinião, as demonstrações financeiras anexas apresentam de forma verdadeira e apropriada, em todos os aspetos materiais, a posição financeira da Entidade em 31 de dezembro de N e o seu desempenho financeiro e fluxos de caixa relativos ao ano findo naquela data de acordo com as Normas Internacionais de Relato Financeiro adotadas em Portugal.

Bases para a opinião

A nossa auditoria foi efetuada de acordo com as Normas Internacionais de Auditoria (ISA) e demais normas e orientações técnicas e éticas da Ordem dos Revisores Oficiais de Contas. As nossas responsabilidades nos termos dessas normas estão descritas na secção "Responsabilidades do auditor pela auditoria das demonstrações financeiras", abaixo. Somos independentes da Entidade nos termos da lei e cumprimos os demais requisitos éticos nos termos do código de ética da Ordem dos Revisores Oficiais de Contas.

Estamos convictos de que a prova de auditoria que obtivemos é suficiente e apropriada para proporcionar uma base para a nossa opinião.

Ênfase

Chamamos a atenção para o facto de o Relatório e contas da Entidade, referentes ao exercício de N-1, ainda não se encontrar formalmente aprovado pela Tutela. Salientamos ainda que a Entidade tem vindo a acumular resultados líquidos negativos consecutivos, de montante significativo, apresentando, em 31 de dezembro de N, um total de capital próprio negativo de 1.329.416.720 euros. Apesar de o endividamento ter diminuído em 514.712.832 euros, dos quais 383.419.540 euros respeitantes a conversão de dívida em capital, o seu grau de endividamento mantém-se elevado. O ativo líquido encontra-se totalmente financiado por capitais alheios, maioritariamente do Estado Português. Tratando-se de uma E.P.E., com relevantes obrigações inerentes ao serviço público que presta, considera-se não estar em causa a continuidade das operações, tendo, no entanto, presente que depende essencialmente do suporte financeiro do Estado Português, o qual detém a totalidade do capital da Entidade.

A nossa opinião não é modificada em relação a esta matéria.

Matérias relevantes de auditoria

As matérias relevantes de auditoria são as que, no nosso julgamento profissional, tiveram maior importância na auditoria das demonstrações financeiras do ano corrente. Essas matérias foram consideradas no contexto da auditoria das demonstrações financeiras como um todo, e na formação da opinião, e não emitimos uma opinião separada sobre essas matérias.

Risco	Resposta do auditor
Reconhecimento do Rédito	
O rédito resultante dos serviços prestados pela Entidade ascendeu a 398.413.640 euros, conforme nota 31. Esse rédito é proveniente, essencialmente, da venda dos bilhetes de passageiros. Do elevado número de registos do sistema da bilhética e sua integração na contabilidade, apesar do automatismo informático, resultará risco do reconhecimento do rédito, pelo que foi considerado matéria relevante de auditoria. O rédito é uma rúbrica à qual se associa o risco de fraude (ISA 240).	Os nossos procedimentos relativos a esta matéria incluem, entre outros: i) Levantamento exaustivo do ciclo da receita; ii) Identificação dos controlos existentes no ciclo da receita; iii) Teste aos controlos identificados de integração da receita, resultantes do processo de bilhética.

Risco	Resposta do auditor
Imparidade dos ativos não correntes detidos para venda e dos ativos fixos tangíveis	
A imparidade dos ativos fixos tangíveis e dos ativos não correntes detidos para venda ascende a 6.289.415 euros e 8.691.294 euros, respetivamente, conforme divulgado nas notas 7 e 19. A valorização destes ativos foi considerada uma matéria relevante de auditoria porque assenta em validações que, embora sejam efetuadas pelos responsáveis operacionais, para o material circulante, e por peritos independentes para os imóveis, têm sempre caráter subjetivo.	Os nossos procedimentos relativos a esta matéria incluem, entre outros: i) Análise dos principais movimentos ocorridos no ano; ii) Análise do suporte ao cálculo da imparidade registada, incluindo avaliações por peritos independentes e qualificadas dos imóveis; iii) Avaliação dos esforços empreendidos pela Entidade para alienar estes bens.

Risco	Resposta do auditor
Provisões	
A rubrica de provisões apresenta, em 31 de dezembro de N, um saldo de 20.188.852 euros, conforme a nota 25. Este saldo está essencialmente relacionado com provisões para processos judiciais em curso, acidentes de trabalho e doenças profissionais. Dada a significância e julgamento desta matéria (nomeadamente o uso de estimativas para a sua valorização e grau de incerteza), optámos por considerar o reconhecimento e quantificação das provisões como um risco significativo.	Os nossos procedimentos relativos a esta matéria, incluem, entre outros: i) Decomposição do saldo apresentado na rubrica de provisões; ii) Obtenção da listagem dos processos judiciais em curso através de procedimentos de confirmação externa junto dos advogados da Entidade e análise das respostas; iii) Indagação junto da gestão.

Responsabilidades do órgão de gestão e do órgão de fiscalização pelas demonstrações financeiras

O órgão de gestão é responsável pela:

- preparação de demonstrações financeiras que apresentem de forma verdadeira e apropriada a posição financeira, o desempenho financeiro e os fluxos de caixa da Entidade de acordo com as Normas Internacionais de Relato Financeiro (IFRS) adotadas em Portugal;
- elaboração do relatório de gestão, incluindo o relatório de governo societário, nos termos legais e regulamentares aplicáveis;
- criação e manutenção de um sistema de controlo interno apropriado para permitir a preparação de demonstrações financeiras isentas de distorção material devido a fraude ou erro;
- adoção de políticas e critérios contabilísticos adequados nas circunstâncias; e
- avaliação da capacidade da Entidade de se manter em continuidade, divulgando, quando aplicável, as matérias que possam suscitar dúvidas significativas sobre a continuidade das atividades.

O órgão de fiscalização é responsável pela supervisão do processo de preparação e divulgação da informação financeira da Entidade.

Responsabilidades do auditor pela auditoria das demonstrações financeiras

A nossa responsabilidade consiste em obter segurança razoável sobre se as demonstrações financeiras como um todo estão isentas de distorções materiais devido a fraude ou erro e emitir um relatório em que conste a nossa opinião. Segurança razoável é um nível elevado de segurança, mas não é garantia de que uma auditoria executada de acordo com as ISA detetará sempre uma distorção material quando exista. As distorções podem ter origem em fraude ou erro e são consideradas materiais se, isoladas ou conjuntamente, se puder razoavelmente esperar que influenciem decisões económicas dos utilizadores tomadas com base nessas demonstrações financeiras.

Como parte de uma auditoria de acordo com as ISA, fazemos julgamentos profissionais e mantemos ceticismo profissional durante a auditoria e também:

- identificamos e avaliamos os riscos de distorção material das demonstrações financeiras, devido a fraude ou a erro, concebemos e executamos procedimentos de auditoria que respondam a esses riscos e obtemos prova de auditoria que seja suficiente e apropriada para proporcionar uma base para a nossa opinião. O risco de não detetar uma distorção material devido a fraude é maior do que o risco de não detetar uma distorção material devido a erro, dado que a fraude pode envolver conluio, omissões intencionais, falsas declarações ou desrespeito pelo controlo interno;
- obtemos uma compreensão do controlo interno relevante para a auditoria com o objetivo de conceber procedimentos de auditoria que sejam apropriados nas circunstâncias, mas não para expressar uma opinião sobre a eficácia do controlo interno da Entidade;
- avaliamos a adequação das políticas contabilísticas usadas e a razoabilidade das estimativas contabilísticas e respetivas divulgações feitas pelo órgão de gestão;
- concluímos sobre a apropriação do uso, pelo órgão de gestão, do pressuposto da continuidade e, com base na prova de auditoria obtida, se existe alguma incerteza material relacionada com acontecimentos ou condições que possam suscitar dúvidas significativas sobre a capacidade da Entidade para dar continuidade às suas atividades. Se concluirmos que existe uma incerteza material, devemos chamar a atenção no nosso relatório para as divulgações relacionadas incluídas nas demonstrações financeiras ou, caso essas divulgações não sejam adequadas, modificar a nossa opinião. As nossas conclusões são baseadas na prova de auditoria obtida até à data do nosso relatório. Porém, acontecimentos ou condições futuras podem levar a que a Entidade descontinue as suas atividades;
- avaliamos a apresentação, estrutura e conteúdo global das demonstrações financeiras, incluindo as divulgações, e se essas demonstrações financeiras representam as transações e acontecimentos subjacentes de forma a atingir uma apresentação apropriada;
- comunicamos com os encarregados da governação, incluindo o órgão de fiscalização, entre outros assuntos, o âmbito e o calendário planeado da auditoria e as condições significativas da auditoria incluindo qualquer deficiência significativa de controlo interno identificado durante a auditoria;
- das matérias que comunicamos aos encarregados da governação, incluindo o órgão de fiscalização, determinamos as que foram mais importantes na auditoria das demonstrações financeiras do ano corrente e que são as matérias relevantes de auditoria. Descrevemos essas matérias no nosso relatório, exceto quando a lei ou regulamento proibir a sua divulgação pública;
- declaramos ao órgão de fiscalização que cumprimos os requisitos éticos relevantes relativos à independência e comunicamos todos os relacionamentos e outras matérias que possam ser percecionadas como ameaças à nossa independência e, quando aplicável, as respetivas salvaguardas.

A nossa responsabilidade inclui ainda a verificação da concordância da informação constante no relatório de gestão com as demonstrações financeiras e as verificações previstas nos n.os 4 e 5 do artigo 451.º do Código da Sociedades Comerciais.

Relato sobre outros requisitos legais e regulamentares

Sobre o relatório de gestão

Dando cumprimento ao artigo 451.º, n.º 3, alínea e) do Código das Sociedades Comerciais, somos de parecer que, para os aspetos materiais, o relatório de gestão foi preparado de acordo com os requisitos legais e regulamentares aplicáveis em vigor, a informação financeira nele constante é concordante com as demonstrações financeiras auditadas e, tendo em conta o conhecimento sobre a Entidade, não identificámos incorreções materiais.

SOBRE O RELATÓRIO DE GOVERNO SOCIETÁRIO
Dando cumprimento ao artigo 451.º, n.º 4, do Código das Sociedades Comerciais, somos de parecer que o relatório do governo societário inclui os elementos exigíveis à Entidade nos termos do artigo 245.º-A do Código dos Valores Mobiliários, não tendo sido identificadas incorreções materiais na informação divulgada no mesmo, cumprindo o disposto nas alíneas c), d), f), h), i), e m) do referido artigo.

SOBRE O PRINCÍPIO DA UNIDADE DE TESOURARIA DO ESTADO
Dando cumprimento ao ofício n.º 1268, de 27 de fevereiro, da Direção-Geral do Tesouro e Finanças, somos de parecer que a Entidade não cumpre integralmente com o Princípio da Unidade de Tesouraria do Estado, conforme estipulado no art.º 86.º da Lei n.º 7-A/2016, de 30 de março, por não ter obtido isenção do Princípio da Unidade de Tesouraria do Estado para a utilização de terminais de pagamento automático contratados na banca comercial. Conforme está referenciado no Relatório de gestão, sob o título "princípio da unidade de tesouraria do Estado", a Entidade solicitou ao IGCP a disponibilização dos serviços relativamente aos quais não obteve a referida isenção, estando a decorrer as negociações para sanar aquela situação.

SOBRE OS ELEMENTOS ADICIONAIS PREVISTOS NO ARTIGO 10.º DO REGULAMENTO (UE) N.º 537/2014
Dando cumprimento ao artigo 10.º do Regulamento (UE) n.º 537/2014 do Parlamento Europeu e do Conselho, de 16 de abril de 2014, além das matérias relevantes de auditoria acima indicadas, relatamos ainda o seguinte:

- Fomos nomeados auditores da Entidade pela primeira vez por despacho a 16/05/N-2 para completar o mandato compreendido entre N-3 e N-1, mantendo-nos em funções para o exercício de N-1, na ausência de ocorrência de nova designação;
- O órgão de gestão confirmou-nos que não tem conhecimento da ocorrência de fraude ou suspeita de fraude com efeito material nas demonstrações financeiras. No planeamento e execução da nossa auditoria de acordo com as ISA, mantivemos o ceticismo profissional e concebemos procedimentos de auditoria para responder à possibilidade de distorção material das demonstrações financeiras devido a fraude. Em resultado do nosso trabalho não identificámos qualquer distorção material nas demonstrações financeiras devido a fraude;
- Confirmamos que a opinião de auditoria que emitimos é consistente com o relatório adicional que preparámos e entregámos ao órgão de fiscalização da Entidade em 5 de abril de N;
- Declaramos que não prestámos quaisquer serviços proibidos nos termos do artigo 77.º, n.º 8, do Estatuto da Ordem dos Revisores Oficiais de Contas e que mantivemos a nossa independência face à Entidade durante a realização da auditoria;
- Informamos que, além da auditoria, não prestámos outros serviços à Entidade nem às entidades sob o seu controlo.

Lisboa, dd de mm de N

Assinatura do revisor

Comentário à CLC:

A opinião emitida é uma opinião não modificada, nos termos do parágrafo 16 da ISA 700. Tal facto significa que, do exame realizado, não foram identificadas distorções materiais. Contudo, a CLC apresenta uma Ênfase, nos termos dos parágrafos 8 e 9 da ISA 706. Trata-se de uma matéria que, embora não seja modificativa de opinião, se revela fundamental para a compreensão das demonstrações financeiras por parte dos utilizadores.

A entidade para a qual foi emitida a CLC é uma EIP (Alíneas a) e l) do artigo 3.º da Lei n.º 148/2015, de 9 de setembro), pelo que foram relatadas na mesma diversas matérias relevantes de auditoria, no caso concreto relacionadas com o reconhecimento do rédito, com o reconhecimento e valorização de imparidades para ativos não correntes detidos para venda e ativos fixos tangíveis e reconhecimento e mensuração de provisões. Estas matérias foram aquelas que, no julgamento profissional do auditor/revisor, assumiram maior importância no âmbito da auditoria realizada.

Neste caso particular, há ainda a assinalar do facto de estarmos perante uma sociedade com valores mobiliários admitidos à cotação, pelo que se torna exigível avaliar outros requisitos legais e regulamentares, nomeadamente o relatório do governo societário, nos termos do artigo 451.º, n.º 4, do Código das Sociedades Comerciais.

Exemplo C

CERTIFICAÇÃO LEGAL DAS CONTAS

RELATO SOBRE A AUDITORIA DAS DEMONSTRAÇÕES FINANCEIRAS CONSOLIDADAS

Opinião com reservas

Auditámos as demonstrações financeiras consolidadas anexas do Grupo C (o Grupo) que compreendem a demonstração da posição financeira consolidada em 31 de dezembro de N (que evidencia um total de 153.101.455 euros e um total de capital próprio negativo de 132.994.875 euros, incluindo um resultado líquido negativo de 41.043.330 euros), a demonstração dos resultados consolidados, a demonstração do rendimento integral consolidado, a demonstração das alterações dos capitais próprios consolidados e a demonstração dos fluxos de caixa consolidados relativas ao ano findo naquela data e as notas anexas que incluem um resumo das políticas contabilísticas significativas.

Em nossa opinião, exceto quanto aos possíveis efeitos da matéria referida nas alíneas a) e b) e exceto quanto aos efeitos das matérias referidas nas alíneas c) e d), apresentadas na secção "Bases para a opinião com reservas", as demonstrações financeiras consolidadas anexas apresentam de forma verdadeira e apropriada, em todos os aspetos materiais, a posição financeira consolidada do Grupo em 31 de dezembro de N e o seu desempenho financeiro e fluxos de caixa relativos ao ano findo naquela data de acordo com as Normas Internacionais de Relato Financeiro tal como adotadas pela União Europeia.

Bases para a opinião com reservas

a) Em 31 de dezembro de N encontram-se registados na rubrica "Outras contas a receber correntes" acréscimos de rendimentos no valor de 20.080 milhares de euros com a Secretaria Regional dos Transportes e das Obras Públicas, relacionadas com os serviços prestados no âmbito do Contrato de obrigação de serviço público referente ao transporte aéreo regular no interior da Região

Autónoma dos Açores (15.223 milhares de euros respeitantes a compensações financeiras entre outubro e dezembro de N-3 e entre outubro de N-1 e dezembro de N, 4.346 milhares de euros respeitantes a pedidos de reequilíbrio financeiro entre o período de outubro de N-2 a outubro de N e 511 milhares de euros referentes a juros), os quais ainda se encontram, na presente data, sujeitos a verificação e aprovação. Tendo em consideração que não obtivemos informação suficiente que nos permita aferir, com razoável grau de segurança, quanto à aprovação dos referidos montantes e momento da realização dos mesmos, não nos é possível concluir quanto ao respetivo impacto nas demonstrações financeiras consolidadas do exercício findo em 31 de dezembro de N;

b) Em 31 de dezembro de N encontra-se registado na rubrica "Outras contas a receber correntes" um valor de 914 milhares de euros a receber de entidades estatais decorrente de compensações financeiras atribuídas por contrapartida do serviço público prestado pelo Grupo referente a serviços aeroportuários de apoio à aviação civil. Salientamos que na presente data os referidos montantes ainda se encontram sujeitos a verificação e aprovação por parte das respetivas entidades estatais. Tendo em consideração que não obtivemos informação suficiente que nos permita aferir, com razoável grau de segurança, quanto à aprovação dos respetivos montantes e momento da realização dos mesmos, não nos é possível concluir quanto ao respetivo impacto nas demonstrações financeiras consolidadas do exercício findo em 31 de dezembro de N;

c) Em 31 de dezembro de N encontra-se registado na rubrica "Outras contas a receber correntes" um montante de 2.359 milhares de euros, referente a um valor a receber de uma associação respeitante a incentivos decorrentes da realização de voos para alguns destinos europeus em anos anteriores no montante de 1.137 milhares de euros e outros valores a receber que não cumprem igualmente os critérios de reconhecimento enquanto ativo no montante de 1.222 milhares de euros. Tendo em consideração a antiguidade do incentivo a receber e a ausência de desenvolvimentos quanto à sua recuperabilidade, bem como a imprevisibilidade atual quanto à recuperabilidade dos restantes montantes a receber, concluímos que a rubrica "Outras contas a receber correntes", os resultados acumulados e o resultado do exercício se encontram sobreavaliados no montante de 2.359 milhares de euros, 1.137 milhares de euros e 1.222 milhares de euros, respetivamente;

d) Em 31 de dezembro de N encontra-se registado um valor de 10.461 milhares de euros referente a ativos por impostos diferidos originados por prejuízos fiscais respeitantes aos exercícios de N-3 a N-1, cuja recuperabilidade depende da obtenção futura de resultados tributáveis positivos durante um período máximo de 12 anos. Tendo em consideração os resultados históricos da subsidiária internacional e a incerteza atual decorrente dos fatores de risco operacional e financeiro associados às alterações da atividade do transporte aéreo e modelo de negócio e de refinanciamento do grupo, concluímos que o respetivo ativo e os resultados acumulados se encontram sobreavaliados em 10.461 milhares de euros.

A nossa auditoria foi efetuada de acordo com as Nomas Internacionais de Auditoria (ISA) e demais normas e orientações técnicas e éticas da Ordem dos Revisores Oficiais de Contas. As nossas responsabilidades nos termos dessas normas estão descritas na secção "Responsabilidades do auditor pela auditoria das demonstrações financeiras consolidadas" abaixo. Somos independentes das entidades que compõem o Grupo nos termos da lei e cumprimos os demais requisitos éticos nos termos do código de ética da Ordem dos Revisores Oficiais de Contas.

Estamos convictos de que a prova de auditoria que obtivemos é suficiente e apropriada para proporcionar uma base para a nossa opinião com reservas.

Incerteza material relacionada com a continuidade

As demonstrações financeiras do Grupo apresentam um capital próprio negativo no montante de 132.995 milhares de euros, incluindo um resultado líquido negativo de 41.043 milhares de euros e passivo corrente superior ao ativo corrente em 93.135 milhares de euros. No entanto, conforme divulgado na nota 2.1. do anexo contendo as notas explicativas, as demonstrações financeiras consolidadas foram preparadas com base na continuidade das operações, a qual se encontra dependente de apoio financeiro do acionista, conjugado com o processo de privatização em curso da subsidiária internacional, da rentabilidade futura das operações, do recebimento da dívida das entidades estatais, da realização dos seus ativos e da reestruturação dos seus passivos. Deste modo, as demonstrações financeiras consolidadas não incluem qualquer ajustamento inerente à possibilidade de se vir a constatar que o pressuposto da continuidade não foi apropriado.

A nossa opinião não é modificada em relação a esta matéria.

Responsabilidades do órgão de gestão e do órgão de fiscalização pelas demonstrações financeiras

O órgão de gestão é responsável pela:

- preparação de demonstrações financeiras que apresentem de forma verdadeira e apropriada a posição financeira, o desempenho financeiro e os fluxos de caixa do Grupo de acordo com as Normas Internacionais de Relato Financeiro (IFRS) tal como adotadas na União Europeia;
- elaboração do relatório de gestão nos termos legais e regulamentares aplicáveis;
- criação e manutenção de um sistema de controlo interno apropriado para permitir a preparação de demonstrações financeiras isentas de distorção material devido a fraude ou erro;
- adoção de políticas e critérios contabilísticos adequados nas circunstâncias; e
- avaliação da capacidade do Grupo de se manter em continuidade, divulgando, quando aplicável, as matérias que possam suscitar dúvidas significativas sobre a continuidade das atividades.

Responsabilidades do auditor pela auditoria das demonstrações financeiras consolidadas

A nossa responsabilidade consiste em obter segurança razoável sobre se as demonstrações financeiras consolidadas como um todo estão isentas de distorções materiais devido a fraude ou erro e emitir um relatório em que conste a nossa opinião. Segurança razoável é um nível elevado de segurança, mas não é garantia de que uma auditoria executada de acordo com as ISA detetará sempre uma distorção material quando exista. As distorções podem ter origem em fraude ou erro e são consideradas materiais se, isoladas ou conjuntamente, se puder razoavelmente esperar que influenciem decisões económicas dos utilizadores tomadas com base nessas demonstrações financeiras.

Como parte de uma auditoria de acordo com as ISA, fazemos julgamentos profissionais e mantemos ceticismo profissional durante a auditoria e também:

- identificamos e avaliamos os riscos de distorção material das demonstrações financeiras, devido a fraude ou a erro, concebemos e executamos procedimentos de auditoria que respondam a esses riscos e obtemos prova de auditoria que seja suficiente e apropriada para proporcionar uma base para a nossa opinião. O risco de não detetar uma distorção material devido a fraude é maior do que o risco de não detetar uma distorção material devido a erro, dado que a fraude pode envolver conluio, omissões intencionais, falsas declarações ou desrespeito pelo controlo interno;
- obtemos uma compreensão do controlo interno relevante para a auditoria com o objetivo de conceber procedimentos de auditoria que sejam apropriados nas circunstâncias, mas não para expressar uma opinião sobre a eficácia do controlo interno do Grupo;
- avaliamos a adequação das políticas contabilísticas usadas e a razoabilidade das estimativas contabilísticas e respetivas divulgações feitas pelo órgão de gestão;
- concluímos sobre a apropriação do uso, pelo órgão de gestão, do pressuposto da continuidade e, com base na prova de auditoria obtida, se existe alguma incerteza material relacionada com acontecimentos ou condições que possam suscitar dúvidas significativas sobre a capacidade do Grupo para dar continuidade às suas atividades. Se concluirmos que existe uma incerteza material, devemos chamar a atenção no nosso relatório para as divulgações relacionadas incluídas nas demonstrações financeiras ou, caso essas divulgações não sejam adequadas, modificar a nossa opinião. As nossas conclusões são baseadas na prova de auditoria obtida até à data do nosso relatório. Porém, acontecimentos ou condições futuras podem levar a que o Grupo descontinue as suas atividades;

- avaliamos a apresentação, estrutura e conteúdo global das demonstrações financeiras, incluindo as divulgações, e se essas demonstrações financeiras representam as transações e acontecimentos subjacentes de forma a atingir uma apresentação apropriada;
- obtemos prova de auditoria suficiente e apropriada relativa à informação financeira das entidades ou atividades dentro do Grupo para expressar uma opinião sobre as demonstrações financeiras consolidadas. Somos responsáveis pela orientação, supervisão e desempenho da auditoria do Grupo e somos responsáveis finais pela nossa opinião de auditoria; e
- comunicamos com os encarregados da governação, incluindo o órgão de fiscalização, entre outros assuntos, o âmbito e o calendário planeado da auditoria e as condições significativas da auditoria, incluindo qualquer deficiência significativa de controlo interno identificado durante a auditoria.

A nossa responsabilidade inclui ainda a verificação da concordância da informação constante do relatório de gestão com as demonstrações financeiras consolidadas.

Relato sobre outros requisitos legais e regulamentares

Sobre o relatório de gestão

Dando cumprimento ao artigo 451.º, n.º 3, alínea e) do Código das Sociedades Comerciais, somos de parecer que, para os aspetos materiais, o relatório de gestão foi preparado de acordo com os requisitos legais e regulamentares aplicáveis em vigor, a informação financeira nele constante é concordante com as demonstrações financeiras auditadas e, tendo em conta o conhecimento sobre o Grupo, não identificámos incorreções materiais. Conforme previsto no artigo 451.º, n.º 7, do Código das Sociedades Comerciais este parecer não é aplicável à demonstração não financeira incluída no relatório de gestão.

Lisboa, dd de mm de N

Assinatura do revisor

Comentário à CLC:

A CLC emitida pelo revisor, na sequência do exame elaborado às demonstrações financeiras consolidadas do ano N, é uma opinião modificada (ou qualificada), nos termos do parágrafo 17 da ISA 700. Esse tipo de opinião assenta no facto de terem sido identificadas distorções materiais, nos termos da ISA 705, ou seja, existem distorções que, individualmente ou em agregado, são materiais, mas não profundas, para as demonstrações financeiras (parágrafo 7 da ISA 705). As duas primeiras matérias modificativas traduzem limitações de âmbito, enquanto as restantes se referem a reservas por desacordo. Neste caso, o auditor obteve prova suficiente e apropriada para poder concluir sobre a magnitude das referidas distorções.

Ainda que não afetando a opinião, o auditor/revisor relata um parágrafo sobre uma incerteza relacionada com o pressuposto da continuidade, assumindo que, face à informação obtida, não estará em causa a continuidade das operações.

A entidade auditada não é classificada como uma EIP, pelo que não são relatadas matérias relevantes de auditoria. Não são igualmente exigíveis a esta entidade, exceto no que se refere ao n.º 3 do artigo 451.º do CSC, que o auditor se pronuncie sobre outros requisitos legais e regulamentares.

Exemplo D

CERTIFICAÇÃO LEGAL DAS CONTAS

RELATO SOBRE A AUDITORIA DAS DEMONSTRAÇÕES FINANCEIRAS

Opinião com reservas

Auditámos as demonstrações financeiras consolidadas anexas da Sociedade D que compreendem o Balanço em 31 de dezembro de N (que evidencia um total de 1.409.683 euros e um total de capital próprio negativo de 392.948 euros, incluindo um resultado líquido negativo de 311.866 euros), a demonstração dos resultados por naturezas, a demonstração das alterações no capital próprio e a demonstração dos fluxos de caixa relativas ao ano findo naquela data e as notas anexas às demonstrações financeiras que incluem um resumo das políticas contabilísticas significativas.

Em nossa opinião, exceto quanto aos efeitos (ou possíveis efeitos) das matérias referidas na secção "Bases para a opinião com reservas", as demonstrações financeiras anexas apresentam de forma verdadeira e apropriada, em todos os aspetos materiais, a posição financeira da Sociedade D em 31 de dezembro de N e o seu desempenho financeiro e fluxos de caixa relativos ao ano findo naquela data de acordo com as Normas de Contabilidade e de Relato Financeiro do Sistema de Normalização Contabilística.

Bases para a opinião com reservas

1) Está em curso uma ação judicial intentada por um funcionário da anterior entidade concessionária dos parcómetros da cidade, que pretende a sua integração na Sociedade D. Os eventuais encargos resultantes desta ação não são conhecidos, não se encontrando refletidos nas contas da empresa;
2) Constatamos uma diferença de conciliação entre o saldo registado na empresa na rubrica de "Clientes" e o confirmado pela Câmara Municipal Z no montante de 272.840 euros, indicando a sobrevalorização do ativo no mesmo montante;
3) Constatamos a existência de uma diferença de conciliação entre o saldo registado na empresa na rubrica de "Fornecedores" e o confirmado pela Câmara Municipal Z no montante de 59.875 euros (459.875 euros em N-1), indicando a sobrevalorização do passivo pelo mesmo montante;
4) Na rubrica "Clientes" estão incluídos cerca de 139.000 euros (72.000 euros em N-1) que se nos afiguram de difícil recuperação e para os quais não foi registada qualquer perda por imparidade;
5) A rubrica "outros créditos a receber" inclui o montante de 381.119 euros relativo a rendimentos acrescidos em N-1 e N, no âmbito da recuperação de dívidas de incumprimento de parquímetros. Não existindo uma taxa de recuperação fidedigna que nos permita validar eficazmente esta estimativa, não nos é possível pronunciar acerca da sua correta apresentação nas demonstrações financeiras.

A nossa auditoria foi efetuada de acordo com as Nomas Internacionais de Auditoria (ISA) e demais normas e orientações técnicas e éticas da Ordem dos Revisores Oficiais de Contas. As nossas responsabilidades nos termos dessas normas estão descritas na secção "Responsabilidades do auditor pela auditoria das demonstrações financeiras consolidadas" abaixo. Somos independentes das entidades que compõem a Sociedade D nos termos da lei e cumprimos os demais requisitos éticos nos termos do código de ética da Ordem dos Revisores Oficiais de Contas.

Estamos convictos de que a prova de auditoria que obtivemos é suficiente e apropriada para proporcionar uma base para a nossa opinião com reservas.

Incerteza material relacionada com a continuidade
Atendendo a perda da totalidade do capital social, conforme disposto no art.º 35.º do código das Sociedades Comerciais e no art.º 62 da Lei n.º 50/2012 de 31 de agosto, existe a incerteza material quanto à continuidade da empresa.

Ênfases
1) A Câmara Municipal Z abateu na conta-corrente da empresa o montante de 400.000 euros relativo ao contrato programa de N-2, visado pelo Tribunal de Contas a 20 de novembro de N-1. Este montante, que se encontrava registado no ativo da empresa, foi desreconhecido. Este desreconhecimento, embora tenha reduzido a diferença de conciliação mencionada na limitação n.º 3 acima, em Bases para a opinião com reservas, teve igualmente impacto no capital próprio da Sociedade D.
2) No seguimento da existência de um capital próprio negativo de 392.948 euros, deverão os sócios proceder à cobertura dos prejuízos acumulados, conforme previsto no n.º 4 do art.º 40.º da Lei n.º 50/2012, de 31 de agosto.

A nossa opinião não é modificada em relação a estas matérias.

Responsabilidades do órgão de gestão e do órgão de fiscalização pelas demonstrações financeiras
O órgão de gestão é responsável pela:

- preparação de demonstrações financeiras que apresentem de forma verdadeira e apropriada a posição financeira, o desempenho financeiro e os fluxos de caixa da Sociedade D de acordo com as Normas de Contabilidade e de Relato Financeiro do Sistema de Normalização Contabilística;
- elaboração do relatório de gestão nos termos legais e regulamentares aplicáveis;
- criação e manutenção de um sistema de controlo interno apropriado para permitir a preparação de demonstrações financeiras isentas de distorção material devido a fraude ou erro;
- adoção de políticas e critérios contabilísticos adequados nas circunstâncias; e
- avaliação da capacidade do Grupo de se manter em continuidade, divulgando, quando aplicável, as matérias que possam suscitar dúvidas significativas sobre a continuidade das atividades.

Responsabilidades do auditor pela auditoria das demonstrações financeiras consolidadas
A nossa responsabilidade consiste em obter segurança razoável sobre se as demonstrações financeiras consolidadas como um todo estão isentas de distorções materiais devido a fraude ou erro e emitir um relatório em que conste a nossa opinião. Segurança razoável é um nível elevado de segurança, mas não é garantia de que uma auditoria executada de acordo com as ISAs detetará sempre uma distorção material quando exista. As distorções podem ter origem em fraude ou erro e são consideradas materiais se, isoladas ou conjuntamente, se puder razoavelmente esperar que influenciem decisões económicas dos utilizadores tomadas com base nessas demonstrações financeiras.

Como parte de uma auditoria de acordo com as ISA, fazemos julgamentos profissionais e mantemos ceticismo profissional durante a auditoria e também:

- identificamos e avaliamos os riscos de distorção material das demonstrações financeiras, devido a fraude ou a erro, concebemos e executamos procedimentos de auditoria que respondam a esses riscos e obtemos prova de auditoria que seja suficiente e apropriada para proporcionar uma base para a nossa opinião. O risco de não detetar uma distorção material devido a fraude é maior do que o risco de não detetar uma distorção material devido a erro, dado que a fraude pode envolver conluio, omissões intencionais, falsas declarações ou sobreposição ao controlo interno;

- obtemos uma compreensão do controlo interno relevante para a auditoria com o objetivo de conceber procedimentos de auditoria que sejam apropriados nas circunstâncias, mas não para expressar uma opinião sobre a eficácia do controlo interno da entidade;
- avaliamos a adequação das políticas contabilísticas usadas e a razoabilidade das estimativas contabilísticas e respetivas divulgações feitas pelo órgão de gestão;
- concluímos sobre a apropriação do uso, pelo órgão de gestão, do pressuposto da continuidade e, com base na prova de auditoria obtida, se existe alguma incerteza material relacionada com acontecimentos ou condições que possam suscitar dúvidas significativas sobre a capacidade da Sociedade D para dar continuidade às suas atividades. Se concluirmos que existe uma incerteza material, devemos chamar a atenção no nosso relatório para as divulgações relacionadas incluídas nas demonstrações financeiras ou, caso essas divulgações não sejam adequadas, modificar a nossa opinião. As nossas conclusões são baseadas na prova de auditoria obtida até à data do nosso relatório. Porém, acontecimentos ou condições futuras podem levar a que a Sociedade D descontinue as suas atividades;
- avaliamos a apresentação, estrutura e conteúdo global das demonstrações financeiras, incluindo as divulgações, e se essas demonstrações financeiras representam as transações e acontecimentos subjacentes de forma a atingir uma apresentação apropriada;
- comunicamos com os encarregados da governação, entre outros assuntos, o âmbito e o calendário planeado da auditoria e as condições significativas da auditoria incluindo qualquer deficiência significativa de controlo interno identificado durante a auditoria.

A nossa responsabilidade inclui ainda a verificação da concordância da informação constante no relatório de gestão com as demonstrações financeiras.

Relato sobre outros requisitos legais e regulamentares

Sobre o relatório de gestão

Dando cumprimento ao artigo 451.º, n.º 3, alínea e) do Código das Sociedades Comerciais, somos de parecer que, para os aspetos materiais, o relatório de gestão foi preparado de acordo com os requisitos legais e regulamentares aplicáveis em vigor, a informação financeira nele constante é concordante com as demonstrações financeiras auditadas e, tendo em conta o conhecimento sobre a entidade, não identificámos incorreções materiais.

Lisboa dd de mm de N

Assinatura do revisor

Comentário à CLC:

A opinião emitida para a Sociedade D é uma opinião modificada (qualificada) pois existem distorções materiais, embora não profundas, nos termos da ISA 705. Enquanto as quatro primeiras distorções traduzem reservas por desacordo, a distorção apresentada em 5), na secção "Bases para a opinião com reservas", traduz uma limitação de âmbito.

Apesar de não serem matérias modificativas da opinião, são ainda reportadas no relatório de auditoria diversas ênfases, incluindo a incerteza fundamental relacionada com o pressuposto da continuidade.

Tal como aplicável ao Exemplo C: 1. Não estamos perante uma entidade classificada como EIP, pelo que não são incluídas no relatório

MRA; 2. Não são exigíveis a esta entidade, exceto no que se refere ao n.º 3 do artigo 451.º do CSC, que o auditor se pronuncie sobre outros requisitos legais e regulamentares.

Exemplo E

CERTIFICAÇÃO LEGAL DAS CONTAS

RELATO SOBRE A AUDITORIA DAS DEMONSTRAÇÕES FINANCEIRAS

Opinião com reservas

Auditámos as demonstrações financeiras anexas do Hospital Alfa que compreendem o Balanço em 31 de dezembro de N (que evidencia um total de 84.097.490 euros e um total de fundos próprios negativo de 5.077.345 euros, incluindo um resultado líquido negativo de 1.201.694 euros), a demonstração dos resultados por naturezas, a demonstração dos resultados por funções, a demonstração dos fluxos de caixa, os mapas de controlo da execução orçamental (que evidenciam um total de 85.910.949 euros de despesa paga e um total de 92.521.490 euros de receita cobrada) do ano findo naquela data e o anexo às demonstrações financeiras que inclui um resumo das políticas contabilísticas significativas.

Em nossa opinião, exceto quanto aos possíveis efeito das matérias referidas nos números 1, 2 e 3 da secção "Bases para a opinião com reservas", as demonstrações financeiras anexas apresentam de forma verdadeira e apropriada, em todos os aspetos materiais, a posição financeira do Hospital Alfa em 31 de dezembro de N e o seu desempenho financeiro, os fluxos de caixa e a execução orçamental, relativos ao ano findo naquela data, de acordo com o POCMS[4].

Bases para a opinião com reservas

1) Por falta de respostas ou por informação recebida não conforme, bem como por dificuldades na aplicação de procedimentos alternativos ou inconclusividade destes na validação de saldos de terceiros, não foi possível concluir sobre os saldos de "instituições do Ministério da Saúde", de "Clientes" e de "Outros devedores" da área do Ministério da Saúde, situação que constitui uma limitação ao âmbito do nosso trabalho e nos impede de formar uma opinião sobre a posição financeira das referidas rubricas;
2) À data de emissão da certificação, está em curso o processo de conferência dos Contrato – Programa, de N-4 a N, por parte da Administração Central do Sistema de Saúde (ACSS), do qual poderão resultar ajustamentos de proveitos, entretanto já faturados, de valor significativo. Esta situação configura uma limitação ao âmbito do nosso trabalho, nomeadamente quanto às Prestações de serviços e aos Acréscimos de proveitos registados;
3) Os mapas de Controlo da Execução Orçamental incluem erros de apresentação, nomeadamente a existência de várias rubricas com despesa paga superior à dotação corrigida, o que implica que outras não identificáveis evidenciem um grau de execução inferior ao efetivamente realizado e rubricas da execução orçamental da receita com valores de "receitas liquidadas" inferiores à receita cobrada, encontrando-se esse erro refletido na coluna "receita por cobrar no fim do ano". Acresce que as "notas sobre o processo orçamental e respetiva execução", que integram o "anexo às demonstrações financeiras", não se traduzem nas divulgações previstas ou não foram apresentadas em conformidade com o POCMS. As situações acima referidas configuram limitações ao âmbito e profundidade do nosso trabalho.

---

[4] O Sistema de Normalização Contabilística para Administrações Públicas (SNC-AP) entrou em vigor para os períodos que se iniciem em ou após 1 de janeiro de 2018. O presente caso traduz a aplicação do normativo aplicável antes desta data para as entidades tuteladas pelo Ministério da Saúde, tendo subjacentes objetivos puramente académicos.

A nossa auditoria foi efetuada de acordo com as Nomas Internacionais de Auditoria (ISA) e demais normas e orientações técnicas e éticas da Ordem dos Revisores Oficiais de Contas. As nossas responsabilidades nos termos dessas normas estão descritas na secção "Responsabilidades do auditor pela auditoria das demonstrações financeiras consolidadas" abaixo. Somos independentes da Entidade nos termos da lei e cumprimos os demais requisitos éticos nos termos do código de ética da Ordem dos Revisores Oficiais de Contas.

Estamos convictos de que a prova de auditoria que obtivemos é suficiente e apropriada para proporcionar uma base para a nossa opinião com reservas.

Ênfases

1) O aumento de capital correspondente ao registo nas contas dos terrenos e edifícios onde se encontra implementado o Hospital, no montante de 37.661.750 euros, concretizado por força do n.º 3 do artigo 7.º do Decreto-Lei n.º 302/2002, de 11 de dezembro, não foi ainda averbado na Conservatória do Registo Comercial, aguardando-se orientações da Tutela;
2) O valor dos Fundos próprios, negativo, sofreu um acréscimo para 5.077.345 euros (em N-1, 3.875.651 euros) em consequência do resultado líquido negativo do exercício, pelo que a situação financeira continua a apresentar-se desequilibrada, na linha do orçamento aprovado e do desajustamento do modelo de financiamento à realidade da atividade complexa do Hospital e à sua natureza empresarial, admitindo-se, contudo, que a atividade, como entidade pública empresarial, será assegurada pelo Estado;
3) O valor do EBITDA indicado no relatório de gestão não contempla o efeito dos resultados extraordinários, pelo que o indicador se encontra sobreavaliado em cerca de 2.880.000 euros.

A nossa opinião não é modificada em relação a estas matérias.

Matérias relevantes de auditoria

As matérias relevantes de auditoria são as que, no nosso julgamento profissional, tiveram maior importância na auditoria das demonstrações financeiras do ano corrente. Essas matérias foram consideradas no contexto da auditoria das demonstrações financeiras como um todo, e na formação da opinião, e não emitimos uma opinião separada sobre essas matérias. Além das matérias mencionadas na secção "Bases para a opinião com reservas", considerámos na auditoria as seguintes matérias relevantes:

Matéria relevante de auditoria	Síntese da abordagem de auditoria
Mensuração dos custos com o pessoal (validação dos valores processados e das estimativas relacionadas com remunerações)	
Os Custos com o pessoal representam cerca de 51% do total de custos incorridos pelo Hospital em N (50% em N-1). Além disso, o setor tem um elevado nível de regulamentação em relação a remunerações, estando sujeito a instruções aplicáveis ao setor público em geral, que implicam alterações recorrentes aos valores processados mensalmente.	Os procedimentos de auditoria incluíram: i) Elaboração e análise do mapa resumo dos processamentos de salários e sua comparação com os registos contabilísticos; ii) Análise e justificação das variações anormais e/ou pouco usuais face aos valores registados no exercício anterior e no orçamento; iii) Conferência global dos encargos sociais; iv) Conferência global da estimativa de férias e subsídio de férias de N a liquidar em N+1; v) Testes de controlo aos cálculos efetuados no processamento de salários de setembro de N (amostra aleatória de recibos de vencimento).

Matéria relevante de auditoria	Síntese da abordagem de auditoria
Mensuração das existências e do custo das matérias consumidas (validação do inventário final e do CIVMC)	
Os Custos com matérias consumidas representam 24% do total dos custos do Hospital em N (26% em N-1). Existe um elevado nível de intervenção da Tutela na determinação dos preços de aquisição das existências (acordos APIFARMA, Programa de Financiamento Centralizado para a Hepatite C Crónica, etc.). Por outro lado, tendo em conta a dispersão de localização dos inventários (armazéns centrais e avançados), associada ao facto de os armazéns avançados não serem objeto de inventariação no final do exercício, origina um risco associado à determinação das quantidades consumidas.	Os procedimentos de auditoria incluíram: i) Acompanhamento das contagens de final do ano (artigos selecionados por amostragem); ii) Para a referida amostra, comparação das quantidades contadas com as registadas nos inventários finais de N e verificação do custo médio unitário com base nas fichas de cada artigo e nas faturas das últimas aquisições; iii) Recolha de informações sobre os principais acordos e verificação da conformidade dos procedimentos instituídos; iv) Comparação dos valores dos inventários finais com os valores registados na contabilidade; v) Análise e justificação das variações anormais e/ou pouco usuais face aos valores registados no exercício anterior e no orçamento.

Matéria relevante de auditoria	Síntese da abordagem de auditoria
Mensuração das provisões para cobranças duvidosas de taxas moderadoras a receber (validação dos pressupostos)	
A mensuração para provisões de cobrança duvidosa de taxas moderadoras afigura-se complexa, envolvendo um elevado grau de julgamento por parte do órgão de gestão.	Os procedimentos de auditoria incluíram: i) Obtenção das listagens das taxas moderadoras por receber e verificação da respetiva especialização em Acréscimos de proveitos; ii) Verificação da aplicação do critério definido pelo órgão de gestão no cálculo da provisão para cobranças duvidosas de taxas moderadoras e comparação dos valores obtidos com os registos na contabilidade (total da provisão, variação do período); iii) Verificação da regularização, por resultados, dos valores considerados incobráveis e respetiva utilização da provisão.

Matéria relevante de auditoria	Síntese da abordagem de auditoria
Mensuração das provisões para outros riscos e encargos (processos judiciais em curso; validação dos pressupostos)	
A mensuração das provisões para riscos e encargos, relativas a processos judiciais em curso, afigura-se complexa, envolvendo um elevado grau de incerteza nos julgamentos por parte do órgão de gestão.	Os procedimentos de auditoria incluíram: i) Obtenção e análise da resposta do advogado ao nosso pedido de informações relativas aos processos em curso; ii) Reunião com o advogado para discussão dos pressupostos utilizados para cálculo das provisões;

	iii) Verificação da aplicação dos referidos pressupostos no cálculo da provisão e comparação dos valores obtidos com os registados na contabilidade (total da provisão, variação do período); iv) Conferência das divulgações efetuadas nas demonstrações financeiras.

Responsabilidades do órgão de gestão e do órgão de fiscalização pelas demonstrações financeiras

O órgão de gestão é responsável pela:

- preparação de demonstrações financeiras que apresentem de forma verdadeira e apropriada a posição financeira, o desempenho financeiro e os fluxos de caixa do Hospital de acordo com o POCMS;
- elaboração do relatório de gestão, incluindo o relatório de governo societário, nos termos legais e regulamentares aplicáveis;
- criação e manutenção de um sistema de controlo interno apropriado para permitir a preparação de demonstrações financeiras isentas de distorção material devido a fraude ou erro;
- adoção de políticas e critérios contabilísticos adequados nas circunstâncias; e
- avaliação da capacidade do Hospital de se manter em continuidade, divulgando, quando aplicável, as matérias que possam suscitar dúvidas significativas sobre a continuidade das atividades.

Responsabilidades do auditor pela auditoria das demonstrações financeiras

A nossa responsabilidade consiste em obter segurança razoável sobre se as demonstrações financeiras como um todo estão isentas de distorções materiais devido a fraude ou erro e emitir um relatório em que conste a nossa opinião. Segurança razoável é um nível elevado de segurança, mas não é garantia de que uma auditoria executada de acordo com as ISA detetará sempre uma distorção material quando exista. As distorções podem ter origem em fraude ou erro e são consideradas materiais se, isoladas ou conjuntamente, se puder razoavelmente esperar que influenciem decisões económicas dos utilizadores tomadas com base nessas demonstrações financeiras.

Como parte de uma auditoria de acordo com as ISA, fazemos julgamentos profissionais e mantemos ceticismo profissional durante a auditoria e também:

- identificamos e avaliamos os riscos de distorção material das demonstrações financeiras, devido a fraude ou a erro, concebemos e executamos procedimentos de auditoria que respondam a esses riscos e obtemos prova de auditoria que seja suficiente e apropriada para proporcionar uma base para a nossa opinião. O risco de não detetar uma distorção material devido a fraude é maior do que o risco de não detetar uma distorção material devido a erro, dado que a fraude pode envolver conluio, omissões intencionais, falsas declarações ou desrespeito pelo controlo interno;
- obtemos uma compreensão do controlo interno relevante para a auditoria com o objetivo de conceber procedimentos de auditoria que sejam apropriados nas circunstâncias, mas não para expressar uma opinião sobre a eficácia do controlo interno da Entidade;
- avaliamos a adequação das políticas contabilísticas usadas e a razoabilidade das estimativas contabilísticas e respetivas divulgações feitas pelo órgão de gestão;
- concluímos sobre a apropriação do uso, pelo órgão de gestão, do pressuposto da continuidade e, com base na prova de auditoria obtida, se existe alguma incerteza material relacionada com acontecimentos ou condições que possam suscitar dúvidas significativas sobre a capacidade do Hospital para dar continuidade às suas atividades. Se concluirmos que existe uma incerteza material, devemos chamar a atenção no nosso relatório para as divulgações relacionadas incluídas nas demonstrações financeiras ou, caso essas divulgações não sejam adequadas, modificar

a nossa opinião. As nossas conclusões são baseadas na prova de auditoria obtida até à data do nosso relatório. Porém, acontecimentos ou condições futuras podem levar a que o Hospital descontinue as suas atividades;

- avaliamos a apresentação, estrutura e conteúdo global das demonstrações financeiras, incluindo as divulgações, e se essas demonstrações financeiras representam as transações e acontecimentos subjacentes de forma a atingir uma apresentação apropriada;
- comunicamos com os encarregados da governação, incluindo o órgão de fiscalização, entre outros assuntos, o âmbito e o calendário planeado da auditoria e as condições significativas da auditoria incluindo qualquer deficiência significativa de controlo interno identificado durante a auditoria;
- das matérias que comunicamos aos encarregados da governação, incluindo o órgão de fiscalização, determinamos as que foram as mais importantes na auditoria das demonstrações financeiras do ano corrente e que são as matérias relevantes de auditoria. Descrevemos essas matérias no nosso relatório, exceto quando a lei ou regulamento proibir a sua divulgação pública.

A nossa responsabilidade inclui ainda a verificação da concordância da informação constante no relatório de gestão com as demonstrações financeiras.

Relato sobre outros requisitos legais e regulamentares

Sobre o relatório de gestão

Dando cumprimento ao artigo 451.º, n.º 4, do Código das Sociedades Comerciais, por remissão do n.º 2 do artigo 60.º do Decreto-Lei n.º 133, de 3 de outubro (Regime Jurídico do Setor Público Empresarial), somos de parecer que o relatório de gestão foi preparado, de acordo com os requisitos legais e regulamentares aplicáveis em vigor, a informação nele constante é concordante com as demonstrações financeiras auditadas e, tendo em conta o conhecimento e apreciação sobre o Hospital, não identificámos incorreções materiais.

Sobre o princípio da unidade de tesouraria do Estado

Em 31 de dezembro de N o Hospital mantinha 5 contas na banca comercial, relacionadas com serviços não disponibilizados pelo IGCP – Agência da Tesouraria e da Dívida Pública. A dispensa de concentração integral das disponibilidades junto do IGCP foi solicitada por ofício, de 18 de novembro de N, tendo, em consequência, sido emitido o Despacho n.º 1420/16-SEATF, de 27 de novembro, recomendando a realização das diligências a observar para normalização dos procedimentos em curso, objetivando o cumprimento do Princípio da Unidade de Tesouraria.

Sobre os elementos adicionais previstos no artigo 10.º do Regulamento (UE) n.º 537/2014

Dando cumprimento ao artigo 10.º do Regulamento (UE) n.º 537/2014 do Parlamento Europeu e do Conselho, de 16 de abril de 2014, além das matérias relevantes de auditoria acima indicadas, relatamos ainda o seguinte:

- Fomos nomeados Fiscal Único/ROC da Entidade pelo Despacho n.º 1586/12-SETF, de 1 de outubro de N–3, o qual foi alterado pelo Despacho n.º 2448/12-SETF, de 28 de dezembro do mesmo ano, para o mandato compreendido entre N-4 e N-2. Para o mandato de N-1 a N+1 não foi ainda nomeado o Fiscal Único/ROC;
- O órgão de gestão confirmou-nos que não tem conhecimento da ocorrência de fraude ou suspeita de fraude com efeito material nas demonstrações financeiras. No planeamento e execução da nossa auditoria de acordo com as ISA, mantivemos o ceticismo profissional e concebemos procedimentos de auditoria para responder à possibilidade de distorção material das demonstrações financeiras devido a fraude. Em resultado do nosso trabalho não identificámos qualquer distorção material nas demonstrações financeiras devido a fraude;
- Confirmamos que a opinião de auditoria que emitimos é consistente com o relatório adicional que preparámos nesta mesma data;

- Declaramos que não prestámos quaisquer serviços proibidos nos termos do artigo 77.º, n.º 8, do Estatuto da Ordem dos Revisores Oficiais de Contas e que mantivemos a nossa independência face à Entidade durante a realização da auditoria;
- Informamos que, além da auditoria, não prestámos à Entidade quaisquer outros serviços.

Lisboa, dd de mm de N

Assinatura do revisor

Comentário à CLC:

A opinião plasmada na CLC é uma opinião modificada (qualificada) pois contém distorções materiais, ainda que não profundas, nos termos do parágrafo 7 da ISA 705. Caso as distorções, além de materiais, fossem profundas, seria de emitir uma opinião adversa nos termos do parágrafo 8 da ISA 705. Todas as distorções materiais configuram limitações de âmbito, tal como expresso na própria CLC.

Além disso, a CLC evidencia três parágrafos de Ênfase, ou seja, traduz incertezas fundamentais ou problemas de continuidade, nos termos da ISA 706. Contudo, há que sublinhar que estas matérias não são modificativas de opinião.

A entidade auditada é enquadrada como uma Entidade de Interesse Público (EIP), porquanto são relatadas matérias relevantes de auditoria nos termos da ISA 701.

Exemplo F

RELATÓRIO DE REVISÃO LIMITADA DE DEMONSTRAÇÕES FINANCEIRAS

Introdução

Efetuámos uma revisão limitada das demonstrações financeiras anexas da Sociedade Delta (a Entidade), que compreendem a demonstração da posição financeira em 30 de junho de N (que evidencia um total de 286.922 milhares de euros e um total de capital próprio de 16.468 milhares de euros, incluindo um resultado líquido de 10.100 milhares de euros), as demonstrações dos resultados, do resultado integral, das alterações no capital próprio e dos fluxos de caixa relativas ao período de seis meses findo naquela data e as notas anexas às demonstrações financeiras que incluem um resumo das políticas contabilísticas significativas.

Responsabilidades do órgão de gestão

É da responsabilidade do órgão de gestão a preparação de demonstrações financeiras que apresentem de forma verdadeira e apropriada a posição financeira, o desempenho financeiro e os fluxos de caixa da Entidade de acordo com a Norma Internacional de Contabilidade 34 – Relato Financeiro Intercalar tal como adotada na União Europeia e a criação e manutenção de um sistema de controlo interno apropriado para permitir a preparação de demonstrações financeiras isentas de distorção material devido a fraude ou erro.

Responsabilidades do auditor

A nossa responsabilidade consiste em expressar uma conclusão sobre as demonstrações financeiras anexas. O nosso trabalho foi efetuado de acordo com as normas internacionais de revisão limitada de demonstrações financeiras e demais normas e orientações técnicas e éticas da Ordem dos Revisores Oficiais de Contas. Estas normas exigem que o nosso trabalho seja conduzido de forma a concluir se algo chegou ao nosso conhecimento que nos leve a acreditar que as demonstrações financeiras, como um todo, não estão preparadas em todos os aspetos materiais de acordo com a Norma Internacional de Contabilidade 34 – Relato Financeiro Intercalar como adotada na União Europeia.

Uma revisão limitada de demonstrações financeiras é um trabalho de garantia limitada de fiabilidade. Os procedimentos que efetuámos consistem fundamentalmente em indagações e procedimentos analíticos e consequente avaliação da prova obtida.

Os procedimentos efetuados numa revisão limitada são significativamente mais reduzidos do que os procedimentos efetuados numa auditoria executada de acordo com as Normas Internacionais de Auditoria (ISAs). Consequentemente, não expressamos uma opinião de auditoria sobre as demonstrações financeiras.

Conclusão

Com base no trabalho efetuado, nada chegou ao nosso conhecimento que nos leve a concluir que as demonstrações financeiras anexas não apresentam de forma verdadeira e apropriada, em todos os aspetos materiais, a posição financeira da Sociedade Delta em 30 de junho de N e o seu desempenho financeiro e fluxos de caixa relativos ao período de seis meses findo naquela data de acordo com a Norma Internacional de Contabilidade 34 – Relato Financeiro Intercalar como adotada na União Europeia.

Ênfase

Sem modificar a conclusão referida no parágrafo anterior, chamamos a atenção para o facto de em 30 de junho de N as demonstrações financeiras da Sociedade apresentarem um passivo corrente superior ao ativo corrente em 114.253 milhares de euros. No entanto, conforme divulgado na nota 1 do anexo contendo as notas explicativas, as demonstrações financeiras foram preparadas com base na continuidade das operações, a qual se encontra dependente do apoio financeiro dos acionistas, da rentabilidade futura das obrigações e do cumprimento do plano de reestruturação financeira contratualizado em novembro de N-3 com os bancos financiadores. Desta forma, a informação financeira não inclui qualquer ajustamento inerente à possibilidade de se vir a constatar que o pressuposto da continuidade não foi apropriado. Adicionalmente, por se encontrar perdida metade do capital social, o Conselho de Administração deverá efetuar os procedimentos descritos no artigo 35.º do Código das Sociedades Comerciais, sobre os quais relata no relatório de gestão.

Lisboa, dd de mm de N

Assinatura do revisor

Comentário à CLC:

A opinião plasmada no exemplo anterior não traduz uma opinião relativamente às demonstrações financeiras, não sendo por isso uma opinião emitida pela positiva. Trata-se de uma opinião enquadrada na ISRE 2410 – *Revisão de Informação Financeira Intercalar Efetuada pelo Auditor Independente da Entidade*, a qual versa sobre demonstrações financeiras intercalares nos termos da IAS 34. Nos termos da

ISRE 2410, o conhecimento do auditor vai sendo atualizado através de indagações feitas no decurso da revisão, ajudando-o a focar-se nas indagações adicionais a realizar e nos procedimentos analíticos e outros procedimentos de revisão que sejam de aplicar e que se revelem adequados e pertinentes.

Capítulo 3
O Controlo Interno e a Avaliação do Risco

3.1. CONTROLO INTERNO E SISTEMA DE CONTROLO INTERNO

O Controlo Interno (CI) apresenta-se, nas organizações, como um processo tornado efetivo pelos recursos humanos em geral e pelos encarregados da governação em particular. Pretende garantir, de forma relativa, a eficácia e eficiência das operações, a fiabilidade do reporte financeiro e a estrita concordância com a legislação aplicável. Diversos são os controlos levados a cabo na prossecução daqueles objetivos: de natureza preventiva, detetiva ou corretiva. Ao longo desta secção, pretende-se ilustrar algumas tipologias de controlos, evidenciar o seu valor no contexto económico atual e sinalizar a importância que os controlos "*Soft*" têm vindo a assumir em detrimento dos controlos "*Hard*". Tomando como padrão de fundo o modelo COSO[1] de avaliação do controlo interno, identificaremos e ilustraremos alguns desses controlos.

A crescente dispersão dos capitais e a separação entre a gestão e a propriedade têm trazido para a discussão pública os riscos apontados pela teoria da agência, temática levemente abordada no Capítulo 1. A crescente adoção de regras de governação tem pretendido minimizar esses riscos, centrando-se na gestão dos interesses de gestores e de acionistas, independentemente da sua participação, assim como no

[1] Committee of Sponsoring Organizations of the Treadway Commission. "The 2013 COSO Framework & SOX Compliance", disponível em https://www.coso.org/Pages/default.aspx.

respeito por todos aqueles que, ativa ou passivamente, também têm interesses nessas sociedades.

O CI é, pois, um processo que se tem revelado de extrema importância na prossecução dos objetivos das organizações, embora não garanta, por si só, o sucesso. No contexto atual, a complexidade das operações, associada à sua desmaterialização, tem ditado a necessidade crescente de implementar um conjunto de atividades que assegurem, ainda que de forma relativa, a eficiência e a eficácia das operações, a credibilidade do reporte financeiro e o estrito cumprimento da legislação e regulamentos que sejam aplicáveis a cada organização. Ainda que tradicionalmente essas atividades tenham sido desenvolvidas numa base essencialmente histórica, a crescente focalização nos riscos e a consequente mitigação dos mesmos incute-lhe uma visão essencialmente proativa e por esse motivo potenciadora de criação de valor para todos os intervenientes, sejam internos ou externos às organizações.

A sucessão de acontecimentos dos quais a *Enron* ou a *Worldcom* são apenas exemplos tradicionais, ou, no âmbito nacional, os casos de resolução ocorridos no setor financeiro, tem trazido para a discussão pública questões relacionadas com o profissionalismo, com a independência dos auditores e genericamente sobre o conflito de interesses resultante da clara separação entre gestão e propriedade. É neste contexto que a adoção de regras de governação das sociedades procura estabelecer normas de conduta capazes de gerir os conflitos de interesses entre gestores e proprietários, além de assegurar o respeito por todos os intervenientes no sistema de valor da organização. Ainda que em resposta a situações de crise, o surgimento de um conjunto de recomendações (Código *Cadbury*, Relatório *Turnbull*, *Sarbanes Oxley-Act*, Relatório *Winter II*, Carta de Princípios da OCDE, *The 2013 COSO Framework & SOX Compliance*, etc.) que possa gerir de forma concertada todos esses interesses afigura-se-nos promissora enquanto tentativa de tornar credível e transparente a auditoria em geral e as atividades conexas em particular.

3.1.1. A eficiência do controlo interno

Conforme preconizado pela abordagem COSO, e nos termos previstos na ISA 315, o Controlo Interno é entendido como um processo tornado efetivo pelo órgão de administração, pela gestão em geral e pelo restante pessoal, desenhado para assegurar uma confiança razoável, conducente ao alcance dos objetivos relacionados com a eficiência e eficácia das operações, com a confiança no reporte financeiro e com a concordância com a legislação e demais regulamentação aplicável. Ainda que não possa ser visto de forma isolada, o controlo interno será certamente uma das estratégias fundamentais para o sucesso.

Trata-se, pois, de um processo que nunca garante uma segurança absoluta, na medida em que o risco surge como uma das variáveis fulcrais do comportamento das economias em geral e das organizações em particular.

Um Sistema de Controlo Interno (SCI) corresponde aos conjuntos de políticas e de procedimentos adotados pela gestão de uma entidade que contribuam para o alcance dos objetivos da gestão de assegurar, tanto quanto possível, a condução ordenada e eficiente do seu negócio. A implementação de um adequado SCI constitui, a par da implementação de um adequado sistema contabilístico, um fator determinante na garantia dos objetivos anteriormente enunciados.

Importa realçar, neste âmbito, que o aumento verificado no volume de transações eletrónicas veio trazer à auditoria, tanto interna como externa, novos desafios e oportunidades, mas também novos problemas. A drástica redução verificada na tradicional segregação de funções decorrente da progressiva introdução de sistemas de informação computorizados requer novos controlos quer a montante quer a jusante das operações. À medida que emergem novas tecnologias de informação e comunicação, elas são frequentemente empregadas por clientes para construir sistemas de computador cada vez mais complexos que podem incluir complexas redes de sistemas distribuídos e sistemas de gestão de negócios que alimentam informação diretamente para os sistemas contabilísticos cuja complexidade analítica tende a aumentar em consequência das crescentes necessidades de informação. Tais sistemas aumentam a sofisticação global dos sistemas de informação e a complexidade das aplicações específicas que eles afetam. Em consequência, eles podem aumentar o risco e exigir consideração adicional.

Tendo por base os conceitos de controlo interno e de SCI, apresentamos as cinco componentes do controlo interno (Figura 3.1.), tal como expressas no parágrafo A58 e no Apêndice 1 da ISA 315, cujo posicionamento expressa o nosso entendimento pessoal sobre uma realidade complexa, desmaterializada e na qual os conflitos de interesses têm assumido especial preponderância. São elas: 1. O ambiente de controlo; 2. O processo da entidade para avaliação dos riscos; 3. O sistema de informação, incluindo os respetivos processos de negócio relevantes para o relato financeiro, e a comunicação; 4. As atividades de controlo; e 5. A monitorização dos controlos (COSO, 2013).

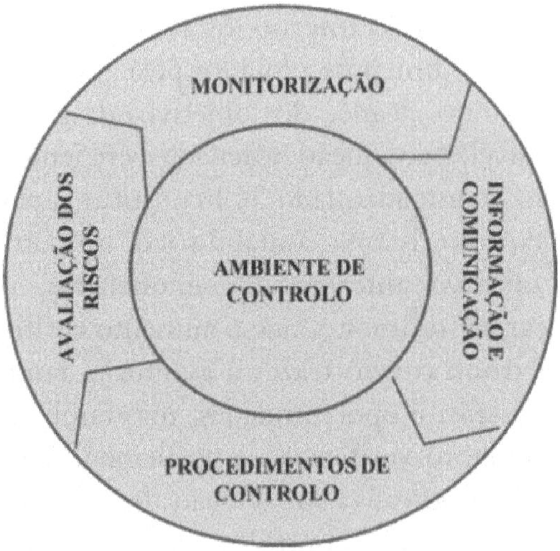

Figura 3.1. – Agregação das Componentes do Controlo Interno

Importa referir que estas cinco componentes não devem ser vistas de forma isolada na medida em que interagem entre si, permitindo concluir sobre a efetividade do SCI.

O alinhamento apresentado na Figura 3.1., e por nós proposto, evidencia como componente central o *Ambiente de Controlo*. Ainda que não existam, na literatura, outras referências convergentes com o alinhamento proposto, estamos convictos de que tal componente constitui efetivamente o núcleo da eficiência e eficácia do sistema de controlo interno como um todo. Representando o ambiente de controlo a atmosfera na qual os indivíduos desenvolvem as suas atividades e levam a cabo as suas responsabilidades de controlo, tanto as competências técnicas como éticas são por ele determinadas. Estamos perante uma componente de natureza essencialmente intangível, altamente influenciada pela cultura organizacional e pelo nível de conhecimento tácito presente na organização. É esse ambiente de controlo que determinará a facilidade ou dificuldade da transformação dinâmica do conhecimento tácito em conhecimento explícito e, em última instância, em saber.

Outra componente de controlo – *A Avaliação dos Riscos* - determina a forma como esses riscos devem ser geridos quer estejam associados às operações, ao reporte financeiro ou à aderência às metas e objetivos. No entanto, avaliar os riscos coloca-nos perante um novo paradigma: o deslocamento do foco da auditoria do SCI para o risco de negócio e consequentemente o deslocamento do foco nos testes às atividades de controlo para as atividades de mitigação de todos os riscos.

As *Atividades de Controlo* (componente do controlo interno igualmente relevante) são talvez o lado mais visível do controlo interno. Correspondem a ações suportadas por políticas e procedimentos que asseguram a implementação atempada das orientações da gestão tendo como linha principal uma adequada gestão do risco. É neste contexto que surgem diversas tipologias de controlos que oportunamente desenvolveremos.

A *Informação e Comunicação* corresponde à componente do controlo interno associada à qualidade dos sistemas de informação e comunicação (formais ou informais). A identificação do tipo de informação a captar, processar e difundir representa, quanto a nós, um passo importante na gestão dos conflitos de interesses já mencionados anteriormente.

Finalmente, a *Monitorização* está associada ao acesso e à identificação da *performance* dos controlos internos ao longo do tempo. É o processo que avalia a qualidade do desempenho do controlo interno. Sublinhamos a este propósito que a metodologia *Balanced Scorecard*[2]

---

[2] É um instrumento de gestão que fornece aos gestores uma visão global e integrada do desempenho organizacional sob quatro perspetivas (Financeira, Mercado,

(Kaplan e Norton, 1996) pode constituir uma excelente abordagem nesse processo de monitorização.

3.1.2. A responsabilidade pelo controlo interno

Ainda que a gestão seja o responsável primário pela implementação dos controlos internos, cada responsável departamental, gestor, e demais empregados, deve participar na implementação, documentação e manutenção desses controlos internos. Todos devem ser responsáveis pelo cumprimento desses controlos. Sublinhamos, neste âmbito, o papel fundamental atribuído à auditoria interna, enquanto olhar atento e permanente dentro das organizações. A ela cabe, entre outras, a responsabilidade de identificar, medir e priorizar os riscos, focalizando nas áreas auditáveis mais significativas. A este propósito, não partilhamos fortemente a ideia, muitas vezes recorrente e cada vez mais assertiva, de esta atividade vir a ser objeto privilegiado de *outsourcing* sob pena de se perder a mais valia decorrente de uma atividade que se requer contínua, desenvolvida por indivíduos altamente entrosados no negócio e onde a captação, gestão e difusão da informação interna constitua uma fonte de vantagem competitiva.

Tem-se assistido nas últimas décadas a uma grande dispersão do capital e a uma nítida separação entre a gestão e a propriedade das organizações. Tal evidência traz consigo problemas corporativos, nomeadamente problemas associados ao alinhamento de interesses. Basta recordarmos os riscos apontados pela teoria da agência para entendermos com clareza alguns desses problemas: a possibilidade de os gestores virem a negociar ou a atribuir fundos em proveito próprio ou simplesmente a ineficiência da sua atuação, ainda que de forma honesta. As regras de governação das sociedades procuram estabelecer normas que permitam reduzir esses riscos, designadamente os riscos associados à subalternização dos interesses dos acionistas.

Resta-nos referir a este propósito que da mesma forma que a gestão é a responsável primária pela identificação do risco financeiro e

---

Processos Internos, Aprendizagem/Desenvolvimento e numa lógica de causa-efeito. Para mais desenvolvimentos, consultar Lopes (2019).

de controlo das operações, é igualmente responsável por desenhar, implementar e monitorizar o SCI.

3.1.3. Do controlo interno preventivo ao controlo interno detetivo

Várias são as classificações dos controlos evidenciados na literatura, embora destaquemos neste ponto os controlos preventivos, os controlos detetivos e os controlos corretivos. Controlos preventivos são aqueles que se destinam a dissuadir ou prevenir a ocorrência de factos indesejáveis. São controlos proativos que se destinam a evitar uma perda e que colocam a ênfase na sua qualidade. Controlos detetivos são aqueles que se destinam a detetar atos indesejáveis. Proporcionam evidência de que determinada perda ocorreu ou de que os controlos preventivos estão a funcionar.

A referência na literatura a controlos corretivos coloca-nos algumas resistências em aceitar tal classificação como uma tipologia de controlos cuja substância possa divergir da associada aos controlos enumerados no parágrafo anterior. Sendo controlos implementados após a identificação de determinada situação indesejável e cujo objetivo é prevenir a recorrência dessa situação, parece-nos existir alguma redundância com os controlos preventivos. Distingue-os a forma e o momento em que são identificados e não a sua substância. Parece-nos por isso uma tripla tipologia que carece, quanto a nós, de algum fundamento científico.

Apresentamos na Figura 3.2. alguns exemplos de controlos sobre os quais efetuaremos uma breve análise tendo como âmbito o seu caráter preventivo e/ou detetivo.

As aprovações, autorizações e verificações (manuais ou eletrónicas) são atividades de controlo e constituem exemplos típicos de controlos preventivos. São efetuados a montante das operações e têm como objetivos estabelecer os parâmetros sobre os quais os colaboradores estão autorizados a executar determinadas transações ou a desenvolver determinadas atividades. Existem por vezes transações que necessitam de prévia aprovação para serem executadas. Em qualquer dos casos, torna-se necessária a verificação prévia para determinar se essa transação está de acordo com as políticas e procedimentos em vigor.

Controlos Preventivos	• Política de autorizações e aprovações; • Sistema de segurança de ativos; • Segregação de funções; • Controlos de sistemas de informação; • Políticas e procedimentos internos escritos; • ...
Controlos Detetivos	• Conciliações; • Análises de *performance*; • Verificação física de ativos; • Controlos de sistemas de informação; • Contagens físicas; • ...

Figura 3.2. – Exemplos de Controlos Preventivos e Controlos Detetivos

Outro exemplo de controlo preventivo é a segregação de funções: as responsabilidades de autorização, registo e custódia dos ativos aparecem claramente separadas. Reforçamos neste ponto os efeitos decorrentes da evolução verificada nas tecnologias de informação e comunicação, e das evidentes consequências para os modelos de negócio e para o emergir de ambientes cada vez mais eletrónicos.

As conciliações, as revisões de *performance*, a análise de desvios, as contagens físicas ou as auditorias são os exemplos mais lineares de controlos detetivos. A sua aplicação a jusante das operações permite diagnosticar erros ou mesmo fraudes ou simplesmente aferir se os controlos preventivos estão ou não em funcionamento.

Os controlos associados aos sistemas de informação devem ser observados em dois níveis distintos: no que respeita à aquisição, manutenção e acesso a equipamentos e *software* e nos controlos associados às próprias aplicações (por exemplo a impossibilidade de prosseguir determinado registo contabilístico caso o débito não iguale o crédito ou a impossibilidade de validar determinada transação caso não seja dada a respetiva autorização eletrónica). Estamos perante controlos que na sua generalidade apresentam um caráter tanto preventivo como detetivo.

A implementação de atividades de controlo é um processo que requer ponderação e que seja assente numa análise custo-benefício realista. Um adequado balanceamento entre os riscos e os controlos a implementar é por esse motivo indispensável. Se é verdade que os riscos excessivos podem conduzir a fracas decisões de gestão, à perda de ativos, ao aumento das não conformidades, ou, em última instância, aos escândalos públicos (risco reputacional), a implementação de controlos excessivos pode provocar a paralisia generalizada decorrente do aumento da burocracia. As perdas de produtividade e o aumento do ciclo das operações podem ser os resultados mais imediatos com as evidentes consequências ao nível do negócio.

3.1.4. Os controlos *hard* e os controlos *soft*

Os controlos *Hard* são aqueles que são claramente identificáveis quer do ponto de vista pessoal quer temporal. Incluem os controlos impostos pelos sistemas, pela existência de procedimentos, pelas medidas de segurança física, etc. Controlos *Soft* são aqueles que não são claramente identificáveis: estão associados ao clima institucional, à ênfase atribuída à gestão do risco, à ênfase colocada nos controlos internos, etc. Podemos afirmar com alguma segurança, ainda que conscientes de estarmos a fazer uma ligação redutora, que todos estes controlos têm uma natureza puramente preventiva. A nossa convicção mantém-se também quando afirmamos que os controlos *Soft* entroncam essencialmente na componente do controlo – Ambiente de Controlo.

Vejam-se na Figura 3.3. alguns exemplos ilustrativos do que acabamos de referir.

Já sublinhámos várias vezes a importância que a componente Ambiente de Controlo apresenta na definição de um adequado SCI e na garantia da sua eficiência e eficácia. Na mesma linha de pensamento, consideramos que os controlos *soft* têm vindo igualmente a assumir um papel cada vez mais determinante no desempenho das organizações e nas atividades de mitigação dos riscos. A implementação e divulgação de códigos de ética, a crescente orientação para uma cultura baseada no risco e a definição de regras de governação das sociedades (ainda que na maior parte das vezes por reação a situações de crise) são exemplos do que acabamos de referir.

Controlos *Hard*	• Otimização dos recursos humanos e tecnológicos; • Definição de políticas e procedimentos; • Eficiente e eficaz sistema de autorizações; • Monitorização adequada e eficiente dos controlos internos; • ...
Controlos *Soft*	• Integridade e valores éticos da gestão; • Análise e gestão de riscos; • Adequada estrutura organizacional; • Incentivo interno à inovação e ao risco calculado; • Ênfase na melhoria contínua; • Otimização dos circuitos de informação; • ...

Figura 3.3. – Controlos *hard* e controlos *soft*

A governação das sociedades abarca assim, entre outros, a definição de regras conducentes à gestão de conflitos de interesses, ao comportamento ético dos órgãos de gestão, dos trabalhadores e da organização em geral, ao sistema de *enforcement* e sanções, à estrutura e composição dos órgãos de fiscalização e aos mecanismos instituídos para a formulação da vontade dos órgãos de decisão. Toda esta informação deve ser adequadamente divulgada por todos os interessados em prol da responsabilização e da transparência.

3.2. O RISCO EM AUDITORIA

O risco de auditoria (RA) está associado ao risco de o auditor expressar uma opinião de auditoria inapropriada quando as demonstrações financeiras estão materialmente distorcidas. É por isso uma função do efeito conjugado do risco de deteção (RD) e do risco de distorção material (RDM), ou seja, RA=f (RD; RDM). De acordo com o parágrafo A118, os RDM ao nível das demonstrações financeiras referem-se a riscos que se relacionam de forma profunda com as demonstrações financeiras como um todo e podem afetar muitas asserções[3].

[3] Sem prejuízo dos desenvolvimentos subsequentes, consideram-se Asserções (parágrafo 4 de ISA 315) as declarações prestadas pela gerência, de forma explícita ou

São, por isso, riscos a montante da auditoria, os quais se desagregam em duas componentes: 1. Risco inerente: suscetibilidade de uma asserção relativa a uma classe de transações, saldo de conta ou divulgação a uma distorção que possa ser material, individualmente ou agregada com outras distorções, antes da consideração de quaisquer controlos relacionados; 2. Risco de controlo: risco de que a ocorrência de uma distorção relativa a uma classe de transações, saldo de conta ou divulgação e que possa ser material, individualmente ou agregada com outras distorções, não seja evitada ou detetada ou corrigida em tempo oportuno pelo sistema de controlo interno da entidade.

O risco de deteção está associado ao risco de que os procedimentos executados pelo auditor no âmbito do exame às demonstrações financeiras (procedimentos substantivos), com o objetivo de reduzir o risco de auditoria a um nível aceitavelmente baixo, não detetem uma distorção que existe e que possa ser material, quer individualmente quer quando agregada com outras distorções. Ou seja, o risco de deteção está associado aos procedimentos de auditoria concebidos para detetar distorções materiais ao nível da asserção e que englobam, regra geral, os testes de detalhes (de classes de transações, saldos de contas e divulgações) e os procedimentos analíticos[4] substantivos.

Face ao exposto, poderemos afirmar que o risco de deteção varia na razão inversa do risco de distorção material, influenciando, contudo, no mesmo sentido o risco de auditoria. Convém ainda salientar que nunca será possível eliminar o risco, porquanto o mesmo resulta do efeito conjugado e da interação entre múltiplas variáveis, muitas

---

outra, que são incorporadas nas demonstrações financeiras e usadas pelo auditor para efeitos de consideração dos diferentes tipos de distorções materiais que possam ocorrer (*v.g.* Existência; Direitos e obrigações; Plenitude; Rigor, valorização e imputação; Classificação; Apresentação).

[4] Consideram-se, neste contexto, os procedimentos previstos nos parágrafos A14 a A16, da ISA 315. Genericamente, e no âmbito da auditoria, refere-se às apreciações da informação financeira através da análise de relações plausíveis não só entre dados financeiros como também não financeiros. Estes procedimentos abrangem igualmente a investigação considerada necessária sobre as flutuações ou relações identificadas que sejam inconsistentes com outra informação relevante ou que difiram de valores esperados numa quantia significativa (IFAC, 2018).

das quais nunca serão captadas por quaisquer modelos de avaliação do risco. Mesmo que o auditor efetue um exame a 100%, no âmbito dos pressupostos plasmados na ISA 530, nunca seria possível eliminar o risco. Os procedimentos de conformidade (aplicados ao nível dos controlos) e/ou os procedimentos substantivos (aplicados ao nível do saldo de conta, classes de contas, transações ou divulgações) são concebidos e implementados pelo auditor, o qual rege a sua atividade por juízos profissionais, ainda que mantendo o ceticismo profissional que lhe é exigido.

Nos termos da ISA 315, devem ser considerados procedimentos de avaliação do risco: 1. Indagações à gerência; 2. Procedimentos analíticos; 3. Observação e inspeção (parágrafo 6 da ISA 315). Pela sua pertinência no âmbito da avaliação do risco de distorção material, sinalizamos duas relevantes atividades de controlo: 1. Controlos físicos, os quais integram a segurança física de ativos, incluindo salvaguardas adequadas, como instalações protegidas para o acesso a ativos e registos, a autorização para acesso a programas de computador e a ficheiros de dados e a contagem periódica e a sua comparação com as quantias evidenciadas nos registos de controlo; 2. Segregação de funções: associada à atribuição a pessoas diferentes a responsabilidade pela autorização de transações, pelo registo de transações e pela custódia dos ativos. A segregação de funções destina-se a reduzir as oportunidades de que qualquer pessoa esteja em posição de perpetrar e ocultar erros ou fraude no decurso normal das suas funções. Tal como indicado na secção anterior, trata-se de um controlo meramente preventivo.

Um dos aspetos mais relevantes na mitigação do risco de controlo de uma entidade, e, indiretamente, na mitigação do risco de auditoria, é o conhecimento do ambiente de controlo em que a entidade opera. Ainda que se efetuem desenvolvimentos adicionais sobre esta matéria no próximo capítulo, sublinhamos desde já que o ambiente de controlo é influenciado por fatores setoriais, pela natureza da entidade (operações, propriedade e estruturas de governação, tipos de investimentos efetuados, modos de estruturação e financiamento, etc.), pelas políticas contabilísticas aplicadas, pelos objetivos e estratégias da entidade, pela mensuração e revisão do desempenho financeiro da entidade. A este propósito, existem múltiplas condições e acontecimentos que podem indiciar risco de distorção material. São exemplos dessas situações, sem prejuízo dos desenvolvimentos e exemplos adicionais plasmados no Apêndice 2 da ISA 315, os seguintes:

- Operações em regiões economicamente instáveis, como por exemplo países com desvalorização monetária significativa ou economias com altas taxas de inflação;
- Operações expostas a mercados voláteis, como por exemplo negociação de futuros;
- Operações sujeitas a um elevado grau de regulação complexa;
- Aspetos relacionados com a continuidade e liquidez, incluindo a perda de clientes significativos;
- Limitações na disponibilidade de capital e crédito;
- Alterações no setor de atividade em que a entidade opera;
- Alterações na cadeia de fornecimento;
- Expansão para novas localizações;
- Alterações na entidade, tais como grandes aquisições ou reorganizações, ou outros acontecimentos não usuais;
- Entidades ou segmentos de negócio que irão provavelmente ser alienados;
- Existência de alianças e empreendimentos conjuntos complexos;
- Uso de financiamento fora do balanço, de entidades com finalidade especial e de outros mecanismos complexos de financiamento;
- Transações significativas com partes relacionadas;
- Falta de pessoal com habilitações apropriadas ao nível da contabilidade e do relato financeiro.

Os procedimentos de avaliação do risco numa organização devem constituir um processo sistemático de identificação, avaliação e monitorização, o qual será avaliado pelo auditor no âmbito dos exames que tiver de realizar. De forma global, o auditor deverá avaliar se a entidade dispõe de um processo eficiente e eficaz que lhe permita identificar os riscos de negócio relevantes para os objetivos de relato financeiro, estimar a importância desses riscos, avaliar a probabilidade da sua ocorrência e decidir sobre as medidas a adotar para a gestão desses riscos.

3.2.1. Classificação dos riscos

A sofisticação dos modelos de avaliação de riscos[5], quando existem, depende de múltiplos fatores, incluindo das decisões tomadas pelos encarregados da governação e das eventuais exigências impostas por supervisores e reguladores setoriais[6]. Sem questionarmos a eficiência e a eficácia dos sistemas de avaliação de riscos que possam vir a ser implementados por cada organização em particular, o mesmo deve permitir identificar as debilidades que carecem de intervenção e cuja resolução constitua uma manifesta redução do grau de risco global.

Genericamente, o grau de risco pode e deve ser classificado de acordo com uma determinada escala específica, pese embora muitos modelos recorram a uma escala de três níveis: *Alto*; *Médio*; *Baixo*. Esta classificação será sempre subjetiva pois dependerá da sensibilidade e julgamento realizado por quem procede a essa classificação. Contudo, consideramos que existem dois aspetos que devem nortear essa classificação: o impacto (materialidade) da deficiência a nível do risco de negócio e/ou risco financeiro, bem como a probabilidade de ocorrência. Neste âmbito, e sem menosprezarmos as virtualidades associadas a quaisquer outras classificações alternativas, propomos no âmbito desta obra a seguinte classificação para o grau de risco:

- Reduzido (*Baixo*): potencial melhoria ao nível dos processos;

---

[5] Os encarregados da governação são, regra geral, responsáveis pela implementação de eficientes e eficazes sistemas de gestão de riscos, cuja arquitetura, parametrização, níveis de confiança e sofisticação são igualmente da responsabilidade dos órgãos de gestão. Ainda que a supervisão e a regulação setorial possam controlar, nos casos aplicáveis, a discricionariedade que possa existir entre as diversas organizações de cada setor, não descartamos os benefícios que poderiam advir da existência de um modelo global, sem prejuízo das adaptações decorrentes das características específicas de cada organização (*v. g.* modelo de prevenção de risco de branqueamento de capitais e financiamento do terrorismo; modelo de avaliação de níveis de imparidade; modelo integrado de identificação do perfil de risco de cada organização). Pela sua importância, sinalizamos o caminho que ainda há a percorrer por parte de reguladores e supervisores na procura e otimização de modelos cuja base seja de aplicação transversal ao setor que regulam e supervionam.

[6] Por exemplo, no setor financeiro, a obrigatoriedade de apresentar, numa base anual, o Relatório de Controlo Interno (RCI) e o Relatório de Prevenção do Branqueamento de Capitais e do Financiamento do Terrorismo (RPBCFT).

- MÉDIO (*MODERADO*): um incremento na eficiência e eficácia da deteção de potenciais erros traduz-se num fortalecimento evidente do sistema de controlo interno;
- ELEVADO (*ALTO*): situações que requerem imediata atenção por parte dos órgãos de gestão, seja pelo seu significativo impacto e/ /ou probabilidade de ocorrência seja pelo facto de se estar perante incumprimentos legislativos e/ou regulamentares.

Complementarmente, pese embora esta obra não tenha como objetivo desenvolver as especificidades da categorização dos riscos nas instituições de crédito e sociedades financeiras, a tipificação das categorias de risco, associada à natureza regulatória daquele setor, parece-nos constituir um passo relevante na sensibilização de académicos e profissionais para a importância da análise e classificação dos riscos[7]. Contudo, no âmbito da avaliação do sistema de controlo interno e dos mecanismos de prevenção do branqueamento de capitais e financiamento ao terrorismo, a Instrução n.º 18/2020, do Banco de Portugal, tipifica as deficiências em função do seu impacto (variando entre reduzido e muito elevado) na situação financeira da instituição, nível de requisitos de fundos próprios, governo interno, liquidez, alavancagem, modelo de negócio, gestão e controlo de riscos (F1 – Reduzida; F2 – Moderada; F3 – Elevada; F4 – Severa).

Assim sendo, podemos concluir que o sistema de controlo interno deve permitir alcançar um conjunto de objetivos, através da minimização dos riscos financeiro, operacional, legal e reputacional, entre outros, incluindo o risco de fraudes e erros, procurando-se assegurar a sua prevenção e deteção tempestivas. Devendo ser um sistema integrado conducente à monitorização contínua das debilidades identificadas, sugere-se que esse sistema identifique, para cada uma delas, pelo menos os seguintes elementos: 1. Categoria do risco; 2. Grau de risco; 3. Potenciais implicações; 4. Ações de correção propostas;

---

[7] O Anexo I da Instrução n.º 18/2020, do Banco de Portugal, identifica oito categorias de risco: Risco de Modelo de Negócio; Risco de Governo Interno; Risco de Crédito; Risco de Mercado; Risco de Taxa de Juro da Carteira Bancária; Risco Operacional; Risco de Liquidez e de Financiamento; Outros Riscos. Cada uma destas categorias integra várias subcategorias, remetendo-se o seu detalhe para a consulta da respetiva regulamentação.

5. Data prevista de implementação da ação proposta; 6. Responsável (*Owner*) por implementar a ação recomendada e acordada.

3.2.2. Asserções subjacentes às demonstrações financeiras

Como já referido ao longo desta obra, consideram-se "Asserções" as declarações prestadas pela gerência, de forma explícita ou implícita, que estão incorporadas nas demonstrações financeiras e que são aferidas pelo auditor para considerar os diferentes tipos de distorções materiais que podem ocorrer (IFAC, 2018). As mesmas estão descritas nos parágrafos A123 a A126 da ISA 315, as quais estão agrupadas em dois contextos distintos: 1. Asserções sobre classes de transações e acontecimentos e divulgações (para o período objeto de exame); 2. Asserções sobre saldos de contas, e divulgações relacionadas, relativas à data de corte de operações. Pela sua importância no contexto desta obra, elencamos de seguida as referidas asserções, para cada um dos contextos indicados.

1. Asserções relativas ao período económico

- Ocorrência: as transações e acontecimentos que foram reconhecidos (registados) ou divulgados dizem respeito à entidade (assunção da titularidade);
- Plenitude (*Integralidade*): todas as transações e acontecimentos que deveriam ser reconhecidos (registados) e todas as divulgações relacionadas que deveriam ter sido incluídas nas demonstrações financeiras foram efetivamente incluídas no relato financeiro;
- Rigor: as quantias e outros elementos relativos a transações e acontecimentos reconhecidos (registados) foram efetivamente reconhecidos de forma apropriada, tendo as divulgações com eles relacionadas sido apropriadamente mensuradas e descritas;
- Corte: as transações e acontecimentos foram reconhecidos (registados) no período contabilístico adequado;
- Classificação: as transações e acontecimentos foram reconhecidos (registados) nas contas (rubricas) apropriadas;
- Apresentação: as transações e acontecimentos foram apropriadamente agregados ou desagregados e claramente descritos, e as divulgações relacionadas são relevantes e compreensíveis no contexto dos requisitos do referencial de relato financeiro aplicável.

2. *Asserções relativas à data de corte de operações*

- Existência: os ativos, passivos e interesses de capital próprio existem;
- Direitos e obrigações: a entidade detém ou controla os direitos dos ativos e os passivos são obrigações da entidade;
- Plenitude: todos os ativos, passivos e interesses de capital próprio que deveriam ter sido reconhecidos (registados) foram efetivamente reconhecidos (registados), e todas as divulgações relacionadas que deveriam ter sido incluídas nas demonstrações financeiras foram-no de forma efetiva;
- Rigor, valorização e imputação: os ativos, passivos e interesses de capital próprio foram incluídos nas demonstrações financeiras por quantias apropriadas e quaisquer ajustamentos de valorização ou imputação foram apropriadamente reconhecidos (registados), e as divulgações relacionadas foram apropriadamente mensuradas e descritas;
- Classificação: os ativos, passivos e interesses de capital próprio foram registados nas contas (rubricas) apropriadas;
- Apresentação: os ativos, passivos e interesses de capital próprio foram apropriadamente agregados ou desagregados e claramente descritos, e as divulgações relacionadas são relevantes no contexto dos requisitos do referencial de relato financeiro aplicável.

As asserções indicadas acima referem-se globalmente ao reconhecimento, mensuração e apresentação das classes de transações e acontecimentos, saldos de contas e divulgações, as quais podem ser consideradas individualmente ou de forma combinada (agregada). Apesar de estas asserções estarem associadas às demonstrações financeiras como um todo, o auditor pode utilizá-las para inferir sobre distorções em outros contextos, não obrigatória e diretamente associados às demonstrações financeiras em análise. Por exemplo, o auditor poderá aferir o risco reputacional[8] de uma entidade, tendo por base uma ou várias asserções.

---

[8] Sem prejuízo dos desenvolvimentos efetuados no ponto seguinte, o risco reputacional está associado à probabilidade de ocorrência de impactos negativos nos resultados ou no capital, decorrentes de uma perceção negativa da imagem pública da instituição, fundamentada ou não, por parte de clientes, fornecedores, analistas financeiros, colaboradores, investidores, órgãos de imprensa ou pela opinião pública em geral.

3.3. O SISTEMA DE GESTÃO DE RISCOS NO SETOR FINANCEIRO

A gestão dos riscos assume especial relevância e criticidade no setor financeiro, porquanto o próprio RGICSF estabelece, no seu artigo 115.º-K, que o órgão de administração da instituição de crédito é globalmente responsável pelo risco. Além disso, prevê no artigo 115.º-L a obrigatoriedade de constituição de um comité de riscos ou, nos casos aplicáveis, a atribuição dessa responsabilidade ao órgão de fiscalização.

Pela sua pertinência e importância, elencamos os riscos específicos do setor financeiro que carecem de identificação, avaliação e monitorização, nos termos em que estão descritos no Aviso n.º 5/2008 do BdP. Assim:

- Risco de crédito: associado à probabilidade de ocorrência de impactos negativos nos resultados ou no capital da instituição de crédito ou sociedade financeira, devido à incapacidade de uma contraparte de cumprir os seus compromissos financeiros perante a instituição, incluindo possíveis restrições à transferência de pagamentos do exterior;
- Risco de mercado: associado à suscetibilidade de ocorrência de impactos negativos nos resultados ou no capital, devido a movimentos desfavoráveis no preço de mercado dos instrumentos da carteira de negociação provocados, nomeadamente, por flutuações em taxas de juro, taxas de câmbio, cotações de ações ou preços de mercadorias;
- Risco de taxa de juro: este risco surge associado à probabilidade de ocorrência de impactos negativos nos resultados ou no capital, devido a movimentos adversos nas taxas de juro de elementos da carteira bancária, por via de desfasamentos de maturidades ou de prazos de refixação das taxas de juro, da ausência de correlação perfeita entre as taxas recebidas e pagas nos diferentes instrumentos, ou da existência de opções embutidas em instrumentos financeiros do balanço ou elementos extrapatrimoniais;
- Risco de taxa de câmbio: corresponde à probabilidade de ocorrência de impactos negativos nos resultados ou no capital, devido a movimentos adversos nas taxas de câmbio de elementos

da carteira bancária, provocados por alterações nas taxas de câmbio utilizadas na conversão para a moeda funcional ou pela alteração da posição competitiva da instituição devido a variações significativas das taxas de câmbio;

- Risco de liquidez: corresponde à probabilidade de ocorrência de impactos negativos nos resultados ou no capital, decorrentes da incapacidade da instituição de dispor de fundos líquidos para cumprir as suas obrigações financeiras, à medida que as mesmas se vencem;
- Risco de "*compliance*": associado à probabilidade de ocorrência de impactos negativos nos resultados ou no capital, decorrentes de violações ou da não conformidade relativamente a leis, regulamentos, determinações específicas, contratos, regras de conduta e de relacionamento com clientes, práticas instituídas ou princípios éticos, que se materializem em sanções de caráter legal, na limitação das oportunidades de negócio, na redução do potencial de expansão ou na impossibilidade de exigir o cumprimento de obrigações contratuais. Do ponto de vista prático, está igualmente associado ao risco de branqueamento de capitais (risco AML) e financiamento do terrorismo;
- Risco operacional: intrinsecamente associado à probabilidade de ocorrência de impactos negativos nos resultados ou no capital, decorrentes de falhas na análise, processamento ou liquidação das operações, de fraudes internas e externas, da utilização de recursos em regime de subcontratação, de processos de decisão internos ineficazes, de recursos humanos insuficientes ou inadequados ou da inoperacionalidade das infraestruturas;
- Risco dos sistemas de informação: suscetibilidade de ocorrência de impactos negativos nos resultados ou no capital, em resultado da inadaptabilidade dos sistemas de informação a novas necessidades, da sua incapacidade para impedir acessos não autorizados, para garantir a integridade dos dados ou para assegurar a continuidade do negócio em casos de falha, bem como devido ao prosseguimento de uma estratégia desajustada nesta área;
- Risco de estratégia: probabilidade de ocorrência de impactos negativos nos resultados ou no capital, decorrentes de decisões estratégicas inadequadas, da deficiente implementação das

decisões ou da incapacidade de resposta a alterações do meio envolvente ou a alterações no ambiente de negócios da instituição;

- Risco de reputação: corresponde à probabilidade de ocorrência de impactos negativos nos resultados ou no capital, decorrentes de uma perceção negativa da imagem pública da instituição, fundamentada ou não, por parte de clientes, fornecedores, analistas financeiros, colaboradores, investidores, órgãos de imprensa ou pela opinião pública em geral.

Finalmente, importa referir que o sistema de gestão de riscos deve basear-se em processos de identificação, avaliação, acompanhamento e controlo de riscos, os quais devem estar suportados em políticas e procedimentos apropriados e claramente definidos com vista a assegurar que os objetivos da instituição são atingidos e que são tomadas as ações necessárias para responder adequadamente aos riscos previamente identificados. Além disso, o sistema de gestão de riscos deve ser devidamente planeado, revisto e documentado.

Capítulo 4 Planeamento em Auditoria e Obtenção de Prova

O planeamento dos trabalhos de auditoria e a sua subsequente concretização constitui uma das vertentes mais relevantes e críticas no processo global de mitigação do risco de auditoria. Este planeamento envolve a definição de uma estratégia global que permita ao auditor identificar as áreas mais relevantes de cada auditoria e organizar o trabalho, assegurando que o mesmo é desenvolvido de forma eficiente, eficaz e oportuna. Além das necessárias atividades preliminares, plasmadas na ISA 210 e na ISA 220, o auditor deve implementar um conjunto de atividades de planeamento, sobre as quais nos debruçaremos no ponto seguinte deste capítulo. Além disso, há que assegurar o cumprimento dos requisitos técnicos exigíveis ao nível da recolha de prova suficiente e apropriada que permita assegurar a observância das diversas asserções subjacentes às demonstrações financeiras.

4.1. O PROCESSO DE PLANEAMENTO EM AUDITORIA

O plano global de auditoria traduz-se num processo integrado que materializa o desenvolvimento de uma estratégia geral e de uma metodologia detalhada quanto à natureza, tempestividade e extensão dos trabalhos a realizar, de forma que os mesmos sejam executados de maneira eficiente e eficaz e que permita ao auditor assegurar o cumprimento dos termos do compromisso[1]. Assim, sinalizamos os

---

[1] Acordar os termos do compromisso entre os auditores e a entidade auditada, em observância do estipulado na ISA 210, é um pressuposto fundamental ao desenvolvimento

principais objetivos que são intrínsecos ao processo de planeamento, nos termos da referida norma internacional de auditoria.

- Assegurar que sejam canalizados os esforços necessários e apropriados para as áreas consideradas relevantes;
- Garantir que potenciais problemas sejam oportuna e adequadamente identificados, incluindo a ação a eventuais fenómenos emergentes;
- Assegurar que o trabalho seja concluído de forma expedita e no horizonte temporal adequado;
- Assegurar a devida atribuição de tarefas aos membros da equipa e implementar os adequados e exigíveis mecanismos de supervisão;
- Assegurar a coordenação e articulação do trabalho executado por outros auditores, incluindo, nos termos necessários, o recurso a peritos ou outros especialistas internos ou externos à sociedade de auditores/revisores.

A Figura 4.1. ilustra de forma integrada os vários aspetos que devem integrar um plano de auditoria. Pela sua pertinência e desenvolvimentos ao longo deste capítulo, realçamos a importância atribuída ao conhecimento do negócio e ao conhecimento dos sistemas contabilístico e de controlo interno (ISA 315), à identificação de nível de risco e de materialidade considerado adequado para cada área de análise (ISA 320), assim como a natureza, tempestividade e extensão dos procedimentos substantivos a realizar no âmbito da realização do trabalho de auditoria (ISA 330).

O processo de planeamento, não só pelo seu conteúdo, mas acima de tudo pela sua criticidade temporal, requer do auditor a identificação

---

de todos os trabalhos de auditoria subsequentes. Independentemente do conhecimento do negócio e dos demais vetores que integram o processo de planeamento, o auditor deve avaliar o enquadramento dos trabalhos e ponderar a sua aceitação. Além das obrigações legais e deontológicas subjacentes ao desenvolvimento dos trabalhos, o auditor/revisor deve avaliar o impacto que a realização desse trabalho possa vir a ter no seu risco reputacional e/ou no risco reputacional da sociedade de auditores/ /revisores em que está integrado. Ou seja, além de se identificar o objetivo e o âmbito dos trabalhos, as responsabilidades dos auditores e as responsabilidades da gerência, o referencial normativo de relato financeiro, entre os demais aspetos enumerados na ISA 210, devem igualmente ser avaliados e ponderados todos os efeitos a nível reputacional.

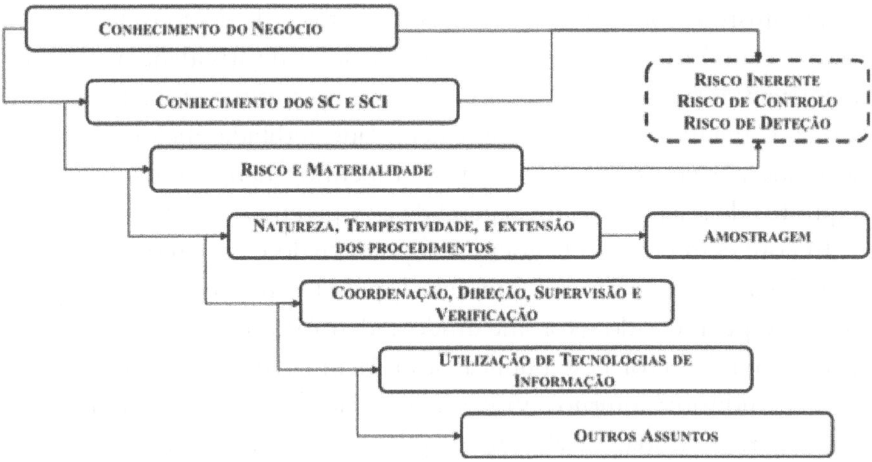

Figura 4.1. – Plano global de auditoria

de um conjunto de atividades que incluam, entre outros aspetos, a identificação das características específicas do trabalho a realizar, o momento e o conteúdo das comunicações a realizar com os encarregados da governação e a identificação dos fatores que, no julgamento profissional do auditor, possam colocar em causa a concretização dos trabalhos. Ademais, deve o auditor assegurar que a documentação exigida para cada auditoria, além de cumprir os requisitos normativos (quaisquer ISA do grupo 500 – *Prova de Auditoria*), cumpre igualmente com as exigências previstas no EOROC, em particular o previsto nos seus artigos 45.°, 46.°, 73.°, 74.°, 75.° e 76.°[2]. É de incluir igualmente neste contexto as exigências previstas no Regulamento (UE) n.° 537/2014 do Parlamento Europeu e do Conselho de 16 de abril de 2014, em particular as exigências expressas nos seus artigos 6.°, 7.°, 8.°, 10.°, 11.°, 12.°, 14.° e 16.°.

Relativamente ao conhecimento do negócio (ISA 315), em complemento dos desenvolvimentos já efetuados no capítulo precedente, sublinhamos alguns elementos que claramente impactam a natureza e profundidade do conhecimento do negócio e que poderão determinar

[2] Prazo de conservação: 1. Sem prejuízo de exigências legais ou regulamentares mais rigorosas, os revisores oficiais de contas e as sociedades de revisores oficiais de contas conservam em arquivo, por um período mínimo de 5 anos, os documentos e informações respeitantes ao arquivo de auditoria.

os mecanismos conducentes à mitigação do risco de deteção. São eles: 1. Fatores económicos gerais e condições do setor de atividade que afetam de forma transversal todas as entidades que operam no ambiente específico; 2. Características relevantes da entidade auditada, incluindo os seus negócios, as suas estratégias, o seu desempenho financeiro e os inerentes requisitos de relato; 3. O nível geral de competência do órgão de gestão.

O conhecimento do negócio será potenciado e concretizado através de indagações de natureza transversal, pela leitura de regras e regulamentos específicos do setor, incluindo a identificação de fontes de informação sobre o setor (*v.g.* publicações relacionadas com o setor; debate com os auditores internos; visitas às instalações e fábricas da entidade, entre outros). Ainda que assente em julgamento profissional, o conhecimento do negócio permite ao auditor adquirir as bases e os pressupostos para um quadro conceptual de base, ao nível da definição de procedimentos substantivos a implementar, com especial incidência nas áreas que potencialmente evidenciam maior risco inerente.

Não menos importante do que o conhecimento do negócio, também o conhecimento dos sistemas contabilístico e de controlo interno assume especial relevância e criticidade. Além de permitir determinar o risco de distorção material (ISA 315), torna-se indispensável que o auditor possa identificar e conhecer as políticas contabilísticas adotadas pela entidade e as alterações a essas políticas, incluindo o possível efeito de novas normas, recomendações e interpretações contabilísticas e/ou de revisão//auditoria. Como já anteriormente referido, a fiabilidade atribuída aos sistemas contabilístico e de controlo interno, em conjugação com a avaliação do risco inerente (associado ao negócio), determinará a extensão e profundidade dos procedimentos substantivos, no pressuposto de mitigação do risco de deteção e subsequente mitigação do risco de auditoria.

Sublinhamos ainda, no âmbito deste ponto, outros aspetos associados ao processo de planeamento, cujo impacto contribuirá igualmente para a mitigação dos riscos anteriormente enumerados.

- Utilização de tecnologias de informação: 1. Entendimento sobre a extensão em que o computador é usado em cada ciclo de operações e de que forma afeta o nível de segregação de funções; 2. Compreender a complexidade das operações efetuadas pela entidade através de computador, incluindo a utilização de serviços externos; 3. Evidenciar e compreender a desagregação analítica verificada ao nível das atividades processadas por computador; 4. Avaliar a disponibilidade dos dados; 5. Ponderar o recurso a técnicas de revisão/auditoria assistidas por meios eletrónicos, nomeadamente a utilização informática na seleção de amostras[3].

- NATUREZA, TEMPESTIVIDADE E EXTENSÃO DOS PROCEDIMENTOS SUBSTANTIVOS: 1. Avaliar a possível alteração na importância relativa de cada uma das áreas de revisão/auditoria ao longo do tempo; 2. Identificar as épocas mais adequadas para que os trabalhos de auditoria, atenta a sua especificidade e exigências, possam ser executados (no final do período ou no decorrer do mesmo); 3. Eventual articulação com a função de auditoria interna, nomeadamente na compreensão do sistema de controlo interno ou na sinalização de eventuais deficiências já detetadas.
- COORDENAÇÃO, DIREÇÃO, SUPERVISÃO E VERIFICAÇÃO: 1. Ponderar e avaliar a necessidade do envolvimento de outros auditores/ /revisores, incluindo os de outros escritórios, atenta por exemplo a dispersão geográfica da entidade; 2. Avaliar o processo de troca de informações com outros peritos ou especialistas; 3. Determinar os requisitos técnicos dos membros da equipa, em função dos atributos definidos para a composição da equipa, e face às exigências do trabalho a realizar.
- OUTROS ASPETOS DO PLANEAMENTO: 1. Revisitar e avaliar os papéis de trabalho, as demonstrações financeiras e a Certificação Legal de Contas (relatório de auditoria) do período anterior, além de analisar e atualizar o *Dossier/Arquivo Permanente*[4] e os arquivos de

[3] Ao longo deste capítulo, efetuaremos algumas considerações sobre a importância da amostragem no desenvolvimento da atividade de auditoria. Nos termos da ISA 530 – *Amostragem de auditoria,* no seu parágrafo 5, a amostragem de auditoria traduz-se na aplicação de procedimentos de auditoria a menos de 100% dos itens de uma população relevante para a auditoria, de forma que todas as unidades de amostragem tenham uma probabilidade de seleção, com o objetivo de proporcionar uma base razoável para se efetuar inferência para a totalidade da população.

[4] Temática a analisar no âmbito da ISA 230 – *Documentação de auditoria* e ISA 500 – *Prova de auditoria.*

correspondência; 2. Avaliar a existência de condições que exijam especial atenção, como por exemplo a transacionalidade com partes relacionadas (auditoria a realizar em observância da ISA 550); 3. Determinar e avaliar os termos do compromisso e quaisquer outras responsabilidades, no âmbito da ISA 210; 4. Determinar e avaliar a natureza e tempestividade dos relatórios de auditoria a emitir ou outras comunicações a realizar, nos termos previstos na carta de compromisso.

O planeamento, tal como já referido, além de proporcionar uma visão integrada de todo o processo específico de auditoria a uma determinada entidade, não pode ser dissociado do respetivo controlo. No decurso dos trabalhos, deve o auditor igualmente documentar os eventuais desvios que possam ocorrer, nomeadamente no que se refere ao número de horas afetas a cada uma das áreas relevantes da auditoria. Além de servir de referência para trabalhos futuros, permitirá identificar os mecanismos que foi necessário implementar para fazer face a acontecimentos não previstos ou que emanaram de novas exigências inicialmente não contempladas. De notar que o processo de planeamento não deve ser entendido como um processo meramente burocrático e de exigência normativa, mas tão somente como uma ferramenta cuja utilidade está para lá dos aspetos relacionados com o desenho conceptual das responsabilidades preconizadas na carta de compromisso.

4.2. A MATERIALIDADE

A problemática da materialidade é talvez a mais complexa de circunscrever, porquanto não existem quaisquer referenciais normativos que, do ponto de vista quantitativo, norteiem o julgamento profissional do auditor. Ao longo deste ponto, sinalizaremos os aspetos fundamentais da materialidade, procurando que o auditor, no âmbito da sua estruturação de pensamento e julgamento profissional, possa avaliar o nível de materialidade em função dos pressupostos de base subjacentes à matéria em análise e em função das asserções que procura validar. De notar que a materialidade não é suscetível de uma definição geral matemática, pois envolve aspetos qualitativos e quantitativos ajuizados nas circunstâncias particulares da omissão ou da distorção.

Do ponto de vista contabilístico, influenciar as decisões de gestão, tanto na perspetiva histórica como prospetiva, incute à informação a sua relevância, tanto numa dimensão qualitativa (natureza), como numa dimensão quantitativa (materialidade, *stricto sensu*). Na verdade, a relação dicotómica entre o seu caráter confirmatório e preditivo são estruturantes numa análise integrada do relato financeiro. Na mesma linha da contabilidade, não é de estranhar que a dimensão quantitativa da distorção venha a assumir uma importância crítica no âmbito da modificação, ou não, da opinião. Assim, nos termos da ISA 320, um assunto é material se a sua omissão ou distorção puder razoavelmente influenciar as decisões económicas de um utilizador baseadas nas demonstrações financeiras. Será esse nível de materialidade, baseado em puro juízo profissional, que determinará a natureza, extensão, profundidade e oportunidade dos procedimentos substantivos. Subsequentemente, será igualmente o nível de materialidade que será tomado em consideração na avaliação do efeito das distorções ao nível da formação da opinião.

Tal como ilustrado na Figura 4.2., a materialidade é determinada por várias dimensões, nomeadamente a sua dimensão quantitativa, a sua dimensão qualitativa, mas também pelas condições e finalidades do exame a realizar. Não é de estranhar que, por exemplo no âmbito de uma auditoria forense[5], o auditor seja menos tolerante aos níveis de materialidade, uma vez que a distorção pode ter origem numa ação ou acontecimento deliberado, nos termos da ISA 240.

A dimensão quantitativa é seguramente a mais difícil de circunscrever, não existindo quaisquer referenciais normativos para o efeito. Contudo, deve ser avaliada em dois níveis distintos: 1. Ao nível global para as demonstrações financeiras tomadas como um todo; 2. Ao nível de cada conta ou grupo de conta ou classe de transações.

---

[5] A temática da auditoria forense, ainda que não esteja no âmbito e objetivos desta obra, será sinalizada no Capítulo 5. Contudo, avançamos, desde já, que este tipo de auditoria incorpora os mecanismos conducentes à procura de evidência da existência de crimes, irregularidades, ou quaisquer outros atos ilícitos. É muito utilizada no âmbito criminal, ou sempre que existam suspeitas da existência de fraude. Pode igualmente ser utilizada do ponto de vista preventivo por parte de órgãos de regulação e supervisão, com o intuito de garantir uma melhor gestão e garantir um maior controlo do risco a que as entidades estão expostas.

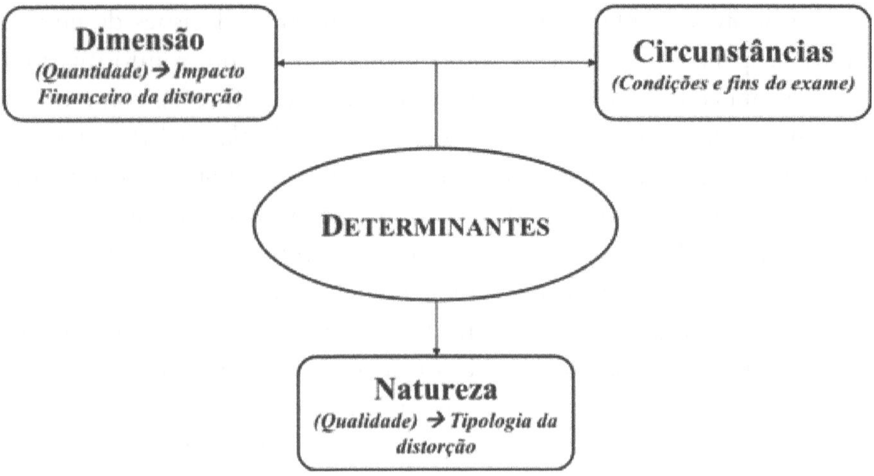

Figura 4.2. – As determinantes da materialidade

Os valores de relevância apresentados na Figura 4.3., tal como evidenciados em Eilifsen *et al.* (2014: 84), nada mais representam do que, para grandes rubricas contabilísticas, intervalos nos quais as diversas entidades de auditoria que integraram o estudo assumiram os seus níveis de materialidade. Assim, o limite inferior do intervalo traduz o menor nível de tolerância enquanto o limite superior do intervalo evidencia um maior grau de tolerância. Porém, importa referir que estes intervalos não são herméticos, nem nos seus propósitos nem na sua abrangência. São apenas o resultado de um processo de *benchmarking*, contextualizado num tempo e num espaço, cuja evolução macro e microeconómica podem drasticamente alterar. O que podemos sinalizar é que a avaliação da materialidade deve ser efetuada numa perspetiva multidimensional, nunca substituindo o julgamento profissional que determina toda a atividade de auditoria.

Quanto à natureza da materialidade, enquanto medida de qualidade, dependerá, entre outros aspetos, da natureza do negócio e do ramo de atividade (*v.g.* setor financeiro *vs.* não financeiro; contas individuais *vs.* contas consolidadas, etc.), dos resultados das operações (*v.g.* instabilidade de rendimentos; evolução das margens; volatilidade dos resultados, etc.), da posição financeira da entidade (*v.g.* adequação do

DIMENSÃO	PERCENTAGENS
RESULTADO ANTES DE IMPOSTOS	3% -10%
TOTAL ATIVO	0,25% - 2%
TOTAL RENDIMENTOS	0,5% - 5%
ATIVOS LÍQUIDOS	3% - 5%
TOTAL CAPITAL PRÓPRIO	1% - 5%

Figura 4.3. – Materialidade (*Benchmark* de valores de referência)

capital, situação de falência ou em processo de recuperação, estrutura do financiamento, etc.).

Finalmente, chama-se ainda a atenção para o facto de que a avaliação dos níveis de materialidade não se cinge ao âmbito do relato financeiro. Essa avaliação deverá ser igualmente tomada em consideração ao nível da avaliação do risco de distorção material, nomeadamente na avaliação do risco inerente e do risco de controlo. Assim, deverá ser tomada em consideração a apreciação sobre os níveis de materialidade sempre que sejam estabelecidas estimativas esperadas dos riscos inerente e de controlo e a consequente identificação de áreas de revisão/auditoria significativas. Além disso, há que ter em consideração eventuais indícios, incluindo a experiência de períodos passados, de distorções materialmente relevantes ou mesmo a existência histórica de erros ou fraudes. Não é de excluir deste âmbito a identificação de áreas contabilísticas complexas, incluindo as que envolvem estimativas contabilísticas, cujo enquadramento específico está previsto na ISA 501. No âmbito do Capítulo 6, apresentaremos desenvolvimentos complementares para alguns desses itens específicos.

4.3. A PROVA EM AUDITORIA E OS PAPÉIS DE TRABALHO

A formação de uma opinião em auditoria tem como base, em sentido amplo, a existência de prova suficiente e apropriada que permita concluir se as demonstrações financeiras estão, em todos os aspetos materiais, preparadas de acordo com determinado referencial normativo.

Assim, entende-se como prova, no âmbito do parágrafo 5 da ISA 500, toda a informação usada pelo auditor para chegar às conclusões sobre as quais baseia a sua opinião. São elementos de prova não apenas a informação contida nos registos contabilísticos que suportam as demonstrações financeiras, mas também informação recolhida a partir de outras fontes (interna ou externas à entidade auditada).

Temos vindo a expressar, de forma recorrente, que a opinião deve ser suportada por prova suficiente e adequada, conscientes de que só agora se revela pertinente enquadrar estes dois atributos dos elementos de prova. Assim, a prova é apropriada quando é relevante e fiável, sendo por isso uma medida de qualidade. Complementarmente, a suficiência é uma medida de quantidade, que depende do risco de distorção material e da qualidade da prova. É esta interação simbiótica que, nos termos da ISA 700, deve servir de base à qualificação ou não do relatório de auditoria.

A origem da prova é diversa porquanto normalmente coexistem dois tipos de fontes de prova: 1. Aquela que resulta da execução de procedimentos de auditoria, ou seja, dos testes efetuados aos registos contabilísticos; 2. A prova que provém de fontes externas independentes. Importa referir que a existência de prova corroborativa para as diversas asserções aumenta a credibilidade da prova e consequentemente mitiga o risco de auditoria. No decurso de uma auditoria às demonstrações financeiras, são dois os procedimentos genéricos de obtenção de prova:

1. Procedimentos de avaliação de risco (associados aos modelos de análise e gestão de risco instituídos pelas entidades ou legal e regulamentarmente exigíveis);
2. Procedimentos adicionais de auditoria: inclui os testes de controlos conducentes à classificação do risco de distorção material, nos termos da ISA 315 e da ISA 330, bem como os procedimentos substantivos que incluem os testes de detalhes e os procedimentos analíticos substantivos (risco de deteção nos termos da ISA 315 e da ISA 330).

Atendendo à sua importância no contexto do desenvolvimento de uma auditoria, elencamos de seguida os métodos de recolha de prova que permitem validar as asserções subjacentes às demonstrações financeiras. De notar que a fiabilidade dos elementos de prova depende da sua natureza, da sua origem e da eficácia do sistema de controlo interno que a entidade tem instituído.

- INSPEÇÃO: envolve o exame de registos ou documentos, quer sejam internos ou externos à entidade auditada, apresentados sob a forma física ou em suporte eletrónico. Inclui igualmente o exame físico de um ativo;
- OBSERVAÇÃO: consiste em olhar para um processo ou procedimento que está a ser executado por terceiros. Proporciona prova acerca da execução, mas a sua validade é limitada à data de execução. Incluem-se neste âmbito os procedimentos de contagem física, nos quais o auditor presencia a contagem física dos ativos, sem ser, contudo, sua responsabilidade o manuseamento físico dos mesmos. Normalmente, a contagem física de ativos é realizada por pessoal interno à organização, agindo o auditor como observador, garantindo a fiabilidade dos elementos de prova que da contagem possam emergir;
- CONFIRMAÇÕES EXTERNAS: constitui prova obtida pelo auditor sob a forma de uma resposta direta que lhe é dada por um terceiro, em papel ou por meio eletrónico ou outro. Designado genericamente de procedimento de *Circularização*, efetuaremos mais à frente desenvolvimentos adicionais face ao poder persuasivo que este elemento de prova constitui (ISA 505);
- RECÁLCULO: consiste na verificação do rigor matemático de documentos ou registos. Pode ser executado manual ou eletronicamente;
- REEXECUÇÃO: envolve a execução independente pelo auditor de procedimentos ou controlos que foram originalmente executados como parte do controlo interno da entidade. Enquadram-se, neste âmbito, por exemplo a extração direta de informação, por parte do auditor, a partir de determinadas aplicações informáticas;
- PROCEDIMENTOS ANALÍTICOS: consistem em avaliações da informação financeira através da análise de relacionamentos plausíveis entre dados (*v.g.* indicadores financeiros, saldos de conta, etc.), tanto de informação financeira como não financeira. Enquadra-se neste método e recolha de prova a análise temporal ou espacial de indicadores de desempenho ou de grandezas contabilísticas,

cujo objetivo é sinalizar inconsistências ou evoluções disruptivas face a padrões considerados normais;

- INDAGAÇÃO: consiste em procurar informação, financeira ou não financeira, junto de pessoas conhecedoras dentro ou fora da entidade auditada. É um procedimento extensivo, usado sob a forma formal ou informal e sob a forma escrita ou oral. Regra geral, o procedimento de indagação carece de confirmação através de prova corroborativa.

A qualidade da prova deve ser globalmente avaliada pela sua relevância e pela sua fiabilidade (Figura 4.4.). O primeiro atributo está relacionado com a ligação lógica, ou da relação, com a finalidade do procedimento de auditoria e, quando apropriado, com a asserção em causa (*v.g.* testar a asserção de "Direitos e obrigações" é distinto de testar a asserção de "Plenitude"). A fiabilidade é influenciada pela natureza da prova, pela sua origem (fonte) e pelas circunstâncias em que é obtida.

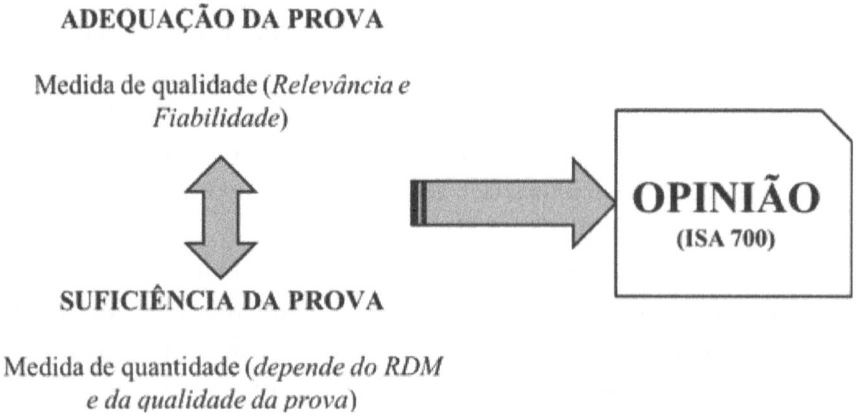

Figura 4.4. – A qualidade da prova

Para que possa existir alguma orientação na hierarquização da credibilidade da prova, apresentamos de seguida algumas generalizações, ainda que algumas sejam intrinsecamente claras por se basearem em princípios básicos de mero senso comum. Assim:

- A fiabilidade da prova aumenta quando é obtida de fontes independentes fora da entidade (*v.g.* circularização, nos termos da ISA 505);

- A fiabilidade da prova que é gerada internamente aumenta quando os procedimentos de controlo implementados pela entidade são eficazes e credíveis;
- A prova obtida diretamente pelo auditor é mais fiável do que a prova obtida indiretamente ou por inferência;
- A prova de auditoria obtida sob a forma documental, em papel, meio eletrónico ou outro, é mais fiável do que a prova obtida verbalmente;
- A prova de auditoria proporcionada por documentos originais é mais fiável do que a prova proporcionada por fotocópias, documentos digitalizados, ou transformados em formato eletrónico.

Importa ainda referir que se o auditor tiver identificado informações que sejam inconsistentes com as suas conclusões finais respeitantes a uma matéria significativa, deve documentar a forma como tratou essas inconsistências (ISA 230). Se não for possível resolver e ultrapassar eventuais inconsistências que possam resultar de fontes distintas de prova, e cuja materialidade ou profundidade sejam significativas, o auditor/revisor deve modificar o seu relatório através da inclusão de reservas por limitação de âmbito ou então, *in extremis*, pela emissão de uma escusa de opinião.

Na decisão relativa aos procedimentos de obtenção de prova a implementar no exame às demonstrações financeiras há que igualmente ponderar a sua abrangência e amplitude. Ou seja, o auditor pode selecionar todos os itens de determinada população (situação em que estará perante um exame a 100%, sem, contudo, eliminar o risco de deteção nos termos da ISA 315), selecionar um conjunto de itens específicos, normalmente por conveniência, ou aplicar as regras da amostragem (ISA 530), segmento a abordar no ponto 4.4. deste capítulo.

Pelo seu poder persuasivo no âmbito dos trabalhos de auditoria, sinalizamos de forma separada três procedimentos de obtenção de prova e que muito contribuem para a validação das diversas asserções e consequente mitigação do risco de auditoria. São eles o procedimento de obtenção de Confirmações Externas (ISA 505), os Procedimentos Analíticos (ISA 520) e a obtenção da Declaração do Órgão de Gestão (Declarações Escritas nos termos da ISA 580).

Confirmações Externas

A confirmação externa proporciona prova de auditoria obtida através de uma resposta escrita, remetida diretamente ao auditor por um terceiro (*v.g.* entidades bancárias, clientes, fornecedores, outros devedores, outros credores, etc.) em papel, por meio eletrónico ou por outro meio. Quando conclusivo, este método proporciona prova muito persuasiva pois é apresentada sob a forma escrita, tem origem externa e é obtida sem a intervenção de terceiros. A Figura 4.5. ilustra o circuito seguido na implementação do procedimento de circularização. Porém, o pedido de confirmação externa, de saldos e outras transações, pode ser efetuado de forma positiva ou de forma negativa, nos termos definidos na ISA 505. No primeiro caso, é solicitada uma resposta independentemente da concordância, ou não, com a informação apresentada no pedido. No segundo caso (confirmação negativa), apenas é solicitada uma resposta no caso de não concordância com a informação indicada. Compreensivelmente, não consideramos adequado enveredar por pedidos de confirmação negativa, porquanto as não respostas podem ser entendidas como uma confirmação de saldo, o que não corresponde na maior parte dos casos à realidade. Assim sendo, e perante tal potencial distorção, consideramos que, exceto em casos muito específicos e circunstanciais, deverá ser sempre efetuado um pedido de confirmação positiva.

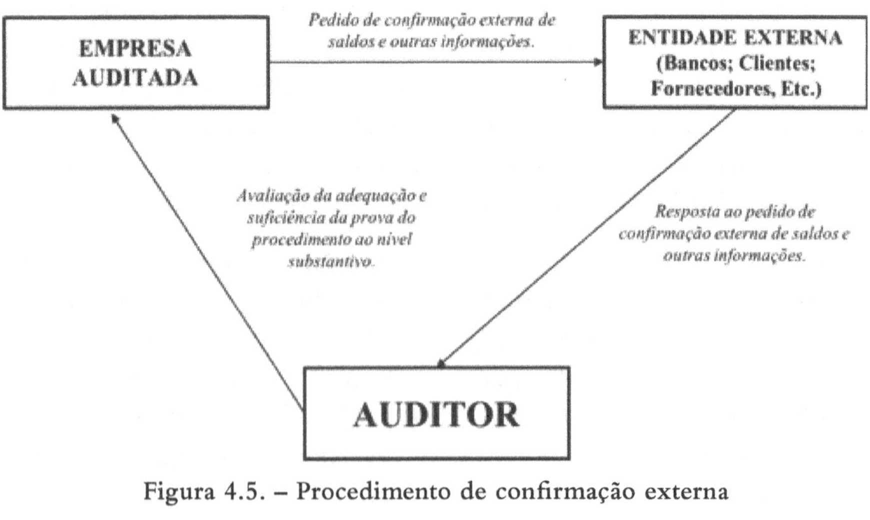

Figura 4.5. – Procedimento de confirmação externa

Outra questão não menos relevante que a anterior, ainda que não expressamente tratada no normativo, é a de incluir, ou não, no pedido de confirmação, os saldos ou a informação associada. Consideramos que, regra geral, deve ser dada, no pedido inicial, a indicação da informação a confirmar. Contudo, excecionamos os casos em que a organização contabilística da entidade auditada não apresenta a fiabilidade suficiente e adequada, ou os casos em que não é possível assegurar a informação de base. Porém, esta situação evidencia, *per se*, uma significativa fragilidade dos sistemas contabilístico e de controlo interno, o que coloca o risco de controlo em níveis bastante elevados.

O auditor deverá sempre avaliar se os resultados obtidos com o procedimento de confirmação externa proporcionam prova de auditoria relevante e fiável ou se são necessários elementos adicionais de prova, ou mesmo a procura de prova corroborativa.

Procedimentos analíticos substantivos

Estabelece o parágrafo 4 da ISA 520 que os procedimentos analíticos traduzem apreciações de informação financeira através da análise de relações plausíveis não só entre dados financeiros como também não financeiros. Abrangem igualmente a investigação que for necessária sobre flutuações ou relações identificadas que sejam inconsistentes com outra informação relevante ou que difiram de valores esperados numa quantia significativa. São exemplos de procedimentos analíticos, entre outros:

- A comparação de informação financeira entre dois ou mais períodos económicos;
- A análise dos resultados prospetivos da entidade, como sejam orçamentos ou outras previsões, ou expetativas do auditor, como uma estimativa de justo valor;
- A análise de informação similar do setor de atividade, como comparação de indicadores de desempenho económico-financeiros;
- A adequação dos gastos com o pessoal com o número de colaboradores;
- A adequação das depreciações e amortizações do período com as quantias brutas dos ativos fixos tangíveis e dos ativos intangíveis.

Nos casos em que os procedimentos analíticos evidenciarem flutuações ou relações inconsistentes com outra informação relevante, deve o auditor investigar tais flutuações e inconsistências, indagando os órgãos de governação sobre tais factos ou então implementando procedimentos adicionais e complementares que permitam ultrapassar de forma conclusiva essas divergências.

Declaração do órgão de gestão

O órgão responsável pela gestão deve garantir, em nome da entidade que representa, que não foram praticados nem omitidos quaisquer atos ou factos, realizadas operações ou assumidos compromissos com ela relacionados, afetando ou não o seu património, que não tenham sido transmitidos aos serviços competentes para o devido reconhecimento, quer para tratamento contabilístico quer para outro tratamento adequado. Este elemento de prova procura garantir a asserção de plenitude, devendo ser obtido antes da emissão do relatório e/ /ou da CLC. Tal como desenvolvido mais à frente, este elemento de prova deve integrar o arquivo corrente, porquanto se refere ao exame das demonstrações financeiras específicas de determinado período económico.

Em termos gerais, podemos sintetizar, entre outros, os seguintes objetivos relacionados com a declaração do órgão de gestão:

- Obter confirmação escrita de prova de revisão/auditoria;
- Explicitar as responsabilidades do órgão de gestão e de outros responsáveis;
- Limitar a responsabilidade do auditor/revisor relativamente a atos posteriores à conclusão do seu trabalho, onde o nome do auditor/ /revisor esteja diretamente envolvido, tais como a apresentação das demonstrações financeiras aos detentores do capital e a sua divulgação perante terceiros;
- Possibilitar esclarecimento sobre situações não constantes das demonstrações financeiras, tais como contingências ou responsabilidades não divulgadas, possibilidades efetivas de realização de determinados ativos e também aspetos de continuidade das operações.

Se o auditor concluir que, por ação ou omissão, as declarações escritas recebidas do órgão de gestão não são fiáveis, deverá determinar o seu possível efeito ao nível da opinião a emitir, em conformidade com a ISA 705. Em cumprimento dos princípios éticos e deontológicos que norteiam a profissão, o assunto deve ser discutido com a gerência, reavaliando-se a integridade da mesma e o possível efeito na relevância e fiabilidade da prova produzida em geral.

Após a data de corte de operações (*Cut-off*), vários são os acontecimentos que podem ocorrer e que, potencialmente, poderão afetar o relato financeiro do período económico em análise e consequentemente das demonstrações financeiras que lhe correspondem. Referimo-nos aos Acontecimentos Subsequentes, enquadrados na ISA 560 (e por nós ilustrados na Figura 4.6.).

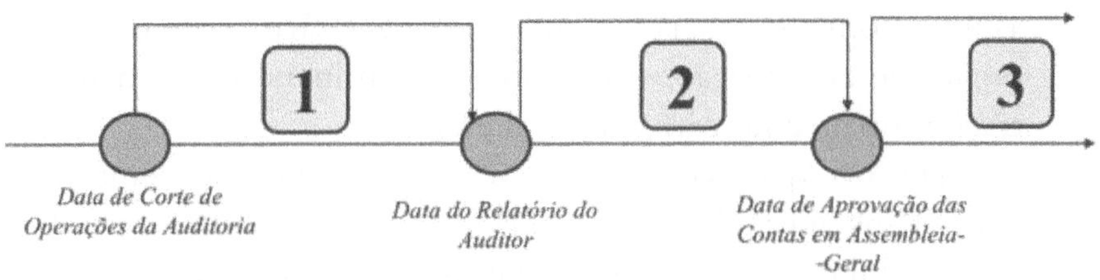

Figura 4.6. – Acontecimentos subsequentes

Os acontecimentos subsequentes são aqueles que ocorrem entre a data das demonstrações financeiras e a data do relatório do auditor, assim como os factos que o auditor toma conhecimento após a data do seu relatório. Assim sendo, são ilustrados, na figura acima, três períodos distintos, durante os quais as responsabilidades do auditor e do órgão de gestão são distintas:

- 1.º PERÍODO, que ocorre entre a data de corte de operações e a data do relatório do auditor: ao longo deste período é responsabilidade do auditor implementar procedimentos substantivos adequados que permitam identificar acontecimentos que proporcionem prova de condições que existiam à data das demonstrações financeiras (*v.g.* antiguidade das dívidas de clientes, transação não reconhecida contabilisticamente no período auditado, entre outros), assim como acontecimentos que proporcionem prova de condições que surgiram após a data das demonstrações financeiras (*v.g.* falência de cliente, desfecho de processo judicial em curso, entre outros). No final deste período deve ser obtida a declaração do órgão de gestão, nos termos da ISA 580;

- 2.º Período, que decorre entre a data do relatório do auditor e a data de emissão das demonstrações financeiras: a responsabilidade pela deteção de acontecimentos subsequentes é fundamentalmente do órgão de gestão, não tendo o auditor quaisquer responsabilidades na implementação de procedimentos de auditoria que os permitam detetar. Contudo, caso o auditor venha a tomar conhecimento de um facto que, caso ocorresse na data do seu relatório, pudesse determinar alterações, deve discutir o assunto com a gerência e, sempre que necessário, com os demais órgãos de governação, avaliando e determinando se as demonstrações financeiras carecem de alteração;
- 3.º Período, que ocorre após a data de emissão das demonstrações financeiras: tal como no período anterior, o auditor não tem responsabilidade de implementar quaisquer procedimentos de auditoria conducentes à identificação deste tipo de acontecimentos. Porém, caso venha a tomar conhecimento de algum acontecimento que pudesse fazer com que o relatório seja alterado, deverá discutir o assunto com a gerência e, nos casos aplicáveis, com os demais órgãos de governação e determinar se implementa procedimentos adicionais de auditoria ou se as demonstrações financeiras carecem de alteração (reexpressão). Em caso afirmativo, o novo relatório de auditoria, a emitir com data não anterior à alteração das demonstrações financeiras, deverá incluir um parágrafo de "Ênfase" ou de "Outras matérias", no qual seja feita referência às circunstâncias e às exigências da alteração das demonstrações financeiras.

Tal como já oportunamente referido, deve o auditor manter o arquivo da documentação que suporta a emissão de uma opinião não apenas para efeitos do controlo de qualidade levado a cabo pelo organismo tutelar dos profissionais de auditoria (*v.g.* OROC), mas também para que a prova seja disponibilizada nos casos em que tal se revele recomendável ou mesmo exigível (*v.g.* por ordem judicial).

A Figura 4.7. procura ilustrar os dois tipos de arquivo que são exigíveis no âmbito do exame às demonstrações financeiras, nos termos em que a ISA 230 consagra as exigências relativas à documentação de auditoria. Assim sendo, são dois os tipos de arquivo:

- Arquivo Permanente: inclui informação de natureza temporalmente transversal, relacionada com a entidade auditada como um todo, e que é utilizada ao longo dos diversos períodos económicos. Este arquivo deverá ser revisto e utilizado no início de cada auditoria. Integram este arquivo, regra geral, elementos como os estatutos da sociedade, legislação específica do setor, organigrama da empresa, contrato de auditoria (carta de compromisso, regra geral, de natureza plurianual);
- Arquivo Corrente: inclui informação específica de um exame, relativa a um determinado período económico, incluindo os elementos de prova que suportam a opinião. Integram igualmente este arquivo os elementos relativos ao planeamento da auditoria, assim como a documentação sobre a natureza, a oportunidade e a extensão dos procedimentos de auditoria executados.

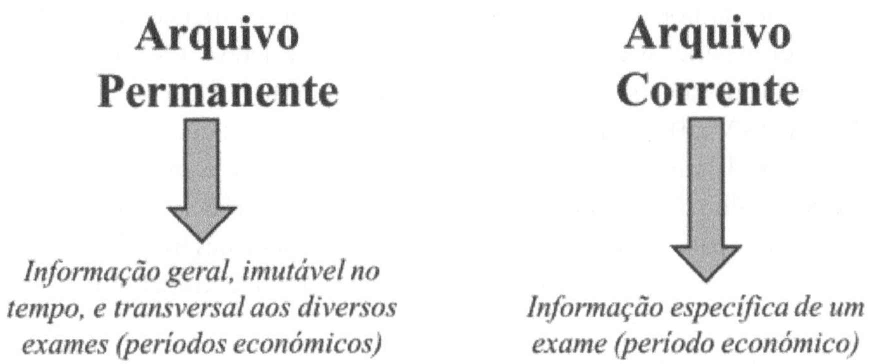

Figura 4.7. – Arquivo da documentação de auditoria

A organização do arquivo final de auditoria deve ser preparada, nos termos da ISQC 1, num prazo não superior a 60 dias após a data do relatório do auditor. Sem prejuízo dos revisores ou sociedades de revisores estabelecerem períodos mais restritivos, no âmbito do seu controlo interno de qualidade, os arquivos de auditoria devem ser preparados em tempo oportuno. Nesse sentido, devem os revisores ou as sociedades de revisores estabelecer políticas e procedimentos relacionados com a retenção da documentação de trabalho, a qual tem de ser mantida nos termos exigíveis por lei, normalmente por um período não inferior a cinco anos.

4.4. A AMOSTRAGEM EM AUDITORIA

O recurso a amostragem (estatística ou não estatística) é um dos meios disponíveis pelo auditor, nos termos da ISA 500, para selecionar os itens (unidades de amostragem) a incluir nos procedimentos substantivos (ou a montante deste exame, no âmbito dos procedimentos de controlo ou de conformidade). O recurso à amostragem assume uma natureza de normalidade sempre que não se efetua um exame a 100% ou sempre que não estão em análise itens específicos.

No âmbito deste ponto, importa reter que se incorre em risco de amostragem sempre que exista a probabilidade de a conclusão baseada numa amostra diferir da conclusão que se obteria caso se analisasse toda a população (sujeita ao mesmo tipo de procedimento). Assim, a dimensão da amostra varia em função de múltiplos fatores, nomeadamente da dimensão da população em análise, do nível de confiança que se pretende do exame, assim como da taxa de desvio tolerável (genericamente designada de taxa de erro da amostra). Nos apêndices 2 e 3 (cf. parágrafo A11) da ISA 530 são apresentados exemplos de fatores que influenciam a dimensão da amostra, ao nível dos testes de controlos e ao nível dos testes de detalhe. Contudo, pela sua pertinência e referência neste âmbito, remetemos para Cerejeira (1997) algumas considerações mais específicas sobre a amostragem em auditoria. Nestes termos, e considerando:

N – Dimensão da população

n1 – Dimensão da amostra para uma população infinita

n2 – Dimensão real da amostra (após ajustamento para uma população finita)
Z – Fator de confiança correspondente ao nível de confiança pretendido (de acordo com os parâmetros da distribuição normal)
r – Taxa de erro esperada
p – Taxa de precisão pretendida

a dimensão da amostra para uma população infinita (grande população) e consequente ajustamento para uma população finita é dada por:

$$n1 = [Z^2 \times r \times (1 - r)] \div p^2$$

$$n2 = n1 \times [1 + (n1 \div N)]$$

Relativamente aos métodos de seleção das amostras, ainda que não seja objeto desta obra desenvolvimentos significativos sobre a temática, sinalizamos de seguida os principais métodos de seleção, tal como enunciados no apêndice 4 da referida ISA (cf. parágrafo A13).

- Seleção aleatória
- Seleção sistemática
- Amostragem por unidade monetária
- Seleção ao acaso
- Seleção por bloco

O aumento da complexidade dos negócios e do seu nível de transacionalidade requer que o auditor, no âmbito de um exame sem finalidade específica às demonstrações financeiras, recorra cada vez mais às técnicas de amostragem para selecionar os itens a analisar durante esse exame. Independentemente da sua natureza (estatística ou não estatística) e do método de seleção seguido, a realização de exames baseada em amostras deve garantir, a um nível considerado aceitável, que o risco de amostragem é efetivamente mitigado. Será por isso possível afirmar que quanto menor o risco de amostragem menor será o risco de deteção e, consequentemente, menor o risco de auditoria.

Capítulo 5
A Fraude em Auditoria

5.1. ENQUADRAMENTO NORMATIVO DA FRAUDE

O termo "fraude" tem origem no latim (*fraudulentĭa*) e traduz, na língua portuguesa (Porto Editora, 2004), um "*1. Ato de má-fé praticado com o objetivo de enganar ou prejudicar alguém; burla; engano; logração; 2. qualidade do que pratica atos ilícitos e puníveis por lei; 3. qualidade do que revela ilegalidade ou fraude*". Do ponto de vista do normativo de auditoria, enquadrado na ISA 240, refere-se a um ato intencional praticado por um ou mais indivíduos entre a gerência, os encarregados da governação, empregados ou terceiros, envolvendo o uso da intenção deliberada para obter uma vantagem injusta ou ilícita. Contrapõe-se à noção de "Erro", *lato sensu*, por este não ter uma natureza intencional ou dolosa. Contudo, a ação negligente[1] nem sempre tem uma fronteira claramente definida, ainda que do nosso ponto de vista essa ação deva ser tratada no âmbito da fraude.

No contexto empresarial, podemos distinguir dois tipos de fraude, nomeadamente:

- Fraude organizacional: aquela que é feita em benefício da própria entidade, envolvendo práticas sobre entidades externas e que se traduzem em falsificações nas demonstrações financeiras ou em quaisquer outros registos da entidade (*v.g.* fraude fiscal,

[1] Do latim "*negligentia*", expressa a falta de cuidado, a desatenção ou a inação. Significa, por isso, desleixo, descuido, falta de zelo, falta de aplicação ao realizar determinada tarefa. Traduz-se numa ação em que se age de forma irresponsável ao assumir um compromisso.

falsificação de documentos, práticas para a obtenção de vantagem, prestação de falsas declarações aos órgãos de supervisão e regulação, entre outros);

- FRAUDE CONTRA A ENTIDADE: aquela que é feita a favor do sujeito que a comete e que consiste normalmente na apropriação indevida de ativos, no desfalque, na manipulação de registos para obtenção de vantagem, entre outras.

Importa referir que a responsabilidade primária pela prevenção e deteção de fraude é da gerência e dos demais encarregados da governação, a quem compete implementar mecanismos adequados que permitam prevenir ou detetar ocorrências dessa natureza. Neste contexto, é atribuída ao ambiente de controlo uma importância reforçada na criação de uma cultura de honestidade e de comportamentos éticos adequados, a qual deve ser reforçada por uma supervisão ativa dos encarregados da governação. Tal como referido no parágrafo 4 da ISA 240, essa supervisão "*inclui considerar a potencial derrogação de controlos ou outra influência inapropriada sobre o processo de relato financeiro, tais como esforços da gerência para gerir os resultados de modo a influenciar as perceções dos analistas quanto ao desempenho e rendibilidade da entidade*".

Quanto à responsabilidade do auditor, a mesma circunscreve-se à garantia razoável de fiabilidade de que o relato financeiro tomado como um todo está isento de distorção material causada por fraude ou por erro. Ainda que se possa advogar que o auditor não tem uma responsabilidade primária sobre a deteção de fraude, a verdade é que, no âmbito do exame realizado às demonstrações financeiras, deve implementar procedimentos de auditoria suficientemente profundos e robustos que permitam mitigar o risco de não detetar distorções materiais originadas por fraude. Contudo, é de sublinhar que o risco de não detetar uma distorção decorrente de fraude é muito maior pois, normalmente, à prática de fraude estão associados mecanismos de ocultação, ou de manipulação, que passam muitas vezes pela derrogação dos próprios controlos. Quer isto dizer que, por exemplo, a existência de conluios internos e/ou externos à entidade aumenta o risco de o auditor não detetar eventuais distorções decorrentes de fraude. Exceto nos casos em que a procura de fraude é intrínseca ao próprio objetivo da auditoria (auditoria forense), a deteção de fraude no âmbito de uma auditoria ao relato financeiro resulta dos procedimentos intrínsecos ao próprio exame. Ainda assim, sinalizamos que, independentemente da sua materialidade e do facto de vir ou não a qualificar a opinião, a fraude deve ser comunicada (interna e/ou externamente), nos termos previstos na lei em geral e nos normativos específicos em particular.

5.1.1. O erro e a fraude

Tal como já referido, o termo "Erro" refere-se a uma distorção não intencional nas demonstrações financeiras, incluindo o não reconhecimento de uma quantia ou a omissão de uma divulgação, contrariamente ao exigido. Assim, poderão ser enquadrados como tal, pese embora o julgamento e a avaliação profissional, e até comportamental, que se possa fazer no sentido de circunscrever a natureza intencional ou não intencional do ato, os seguintes factos:

- Engano na recolha ou processamento de dados a partir dos quais as demonstrações financeiras são preparadas;
- Incorreção numa estimativa contabilística, assente num ato de descuido ou má interpretação desse facto;
- Engano na aplicação de princípios contabilísticos relativos à mensuração, reconhecimento, classificação, apresentação ou divulgação.

Como facilmente se depreende do exposto, a identificação da natureza intencional ou não intencional do ato nem sempre é clara. Na verdade, os factos anteriormente descritos poderão resultar da derrogação de determinados procedimentos ou aprofundamento de conhecimentos, o que, do nosso ponto de vista, lhe incute uma natureza negligente e, consequentemente, não totalmente desprovida de intencionalidade.

O relato financeiro fraudulento envolve distorções intencionais incluindo omissões de quantias ou de divulgações no relato financeiro para enganar os utilizadores da informação. Regra geral, o relato financeiro fraudulento pode envolver:

- Manipulação, falsificação (incluindo viciação), ou alteração de registos contabilísticos ou de documentos de suporte, a partir dos quais são preparadas as demonstrações financeiras;
- Representação errónea ou omissão intencional nas demonstrações financeiras de acontecimentos, transações ou outras informações significativas;
- Má aplicação intencional de princípios contabilísticos relativos à mensuração, reconhecimento, classificação, apresentação ou divulgação.

Na verdade, o relato financeiro fraudulento envolve muitas vezes a derrogação de controlos pela gerência que de outra forma poderiam parecer estar a funcionar com eficácia. Tal como já sinalizado, o risco de deteção decresce significativamente quando estamos perante situações desta natureza. Ainda assim, uma vez que o auditor baseia a sua atividade na assunção básica de ceticismo profissional, os procedimentos de auditoria implementados podem não ser suficientemente profundos e robustos para detetar uma situação que, a montante, não seria suposto existir. Em complemento do já exposto sobre a ocorrência de fraude, apontamos um conjunto de práticas que consubstanciam a existência desses factos ilícitos.

- Registos contabilísticos fictícios, particularmente perto do fim do período económico, com o objetivo de manipular resultados ou atingir outros objetivos;
- Ajustamento de pressupostos de forma inapropriada no âmbito do reconhecimento de estimar saldos de conta (*v.g.* provisões, imparidades, acréscimos de gastos e de rendimentos, mensurações ao justo valor, reconhecimento de ativos por impostos diferidos, etc.);
- Omitir, avançar ou atrasar o reconhecimento nas demonstrações financeiras de acontecimentos e transações que tenham ocorrido durante o período económico;
- Esconder, ou não divulgar, factos que possam afetar as quantias registadas nas demonstrações financeiras;

- Elaborar transações complexas cuja estruturação tem como objetivo a representação indevida da posição financeira da entidade ou do seu desempenho financeiro;
- Alteração de registos e termos relacionados com transações significativas e não usuais;
- Utilização de operativas não usuais no desenvolvimento da atividade operacional, ou não autorizadas enquanto exceção.

Esta lista de factos que podem evidenciar a existência de fraude não se esgota em si mesma, porquanto apenas procura ilustrar algumas circunstâncias em que o ato ilícito é praticado. Na verdade, múltiplos são os exemplos de fatores de risco de fraude. Por não ser enquadrável neste âmbito a indicação de todos eles, assim como os consequentes desenvolvimentos, remetemos tais considerações e desenvolvimentos para o Apêndice 1 da ISA 240.

5.1.2. Apropriação indevida de ativos

A indevida apropriação de ativos envolve o furto dos ativos de uma entidade e é muitas vezes perpetrada por empregados em quantias individualmente pequenas e imateriais, mas quando agregadas podem representar grandezas consideradas materiais. Pode igualmente envolver a própria gerência, situação mais passível e mais eficaz de ocultar apropriações indevidas através de formas e mecanismos difíceis de detetar. Assim, elencamos algumas formas que são utilizadas para que seja consumada a apropriação indevida de ativos:

- Desfalque de recebimentos, nomeadamente apropriações indevidas de cobranças de contas a receber, ou então desviando recebimentos para contas bancárias pessoais;
- Furto de ativos físicos ou propriedade intelectual, como por exemplo furtando inventários para uso pessoal ou para venda, conluiando com um concorrente para divulgar dados tecnológicos ou informações estratégicas, a troco de obtenção pessoal de vantagem (pecuniária ou não pecuniária);
- Permitindo que uma entidade pague bens e serviços não recebidos a fornecedores fictícios, permitindo o pagamento de bens

e serviços que foram entregues ou prestados na esfera pessoal, recebimento de subornos por parte de fornecedores em troca de preços sobreavaliados, entre outros;
- Usando os ativos de uma entidade para uso pessoal, como por exemplo dando os ativos da entidade como garantia pessoal ou usando os mesmos na realização de atividades de natureza pessoal.

De salientar que a apropriação de ativos é muitas vezes acompanhada de registos ou documentos falsos ou suscetíveis de induzir em erro para esconder o facto de que os ativos estão em falta ou foram dados como garantia sem a devida autorização. Importa ainda sinalizar, neste contexto, que a apropriação indevida de ativos está fortemente entrosada nos mais elementares princípios éticos e que devem ser intrínsecos à condição humana. Estes princípios são inerentes ao próprio ambiente de controlo, cabendo aos órgãos de governação, em última instância, implementar mecanismos de controlo e regras de recrutamento capazes de identificar e avaliar os potenciais recursos humanos não apenas do ponto de vista técnico, mas também do ponto de vista ético.

5.1.3. Principais procedimentos de auditoria

O exame ao relato financeiro pressupõe, tal como abordado no Capítulo 3, o conhecimento preliminar da entidade auditada e do seu ambiente de controlo. Esse conhecimento está assente, entre outros aspetos, em indagações realizadas à gerência e aos restantes encarregados da governação. Essas indagações, no que à potencial existência de fraude diz respeito, inclui os seguintes procedimentos e mecanismos relacionados com fluxos de informação e comunicação. São, por isso, de destacar:

- A avaliação pela gerência do risco de que as demonstrações financeiras possam estar distorcidas, de forma material, em resultado da existência de fraude;
- A compreensão do processo instituído para identificar e responder a riscos de fraude, incluindo os riscos de fraude que a gerência já tenha identificado. Além disso, identificar os saldos de conta, classes de transações ou divulgações relativamente aos quais o risco inerente seja elevado no que respeita à potencial ocorrência de fraude;

- Identificação do circuito de comunicação entre o órgão de gestão e os demais encarregados da governação, no que respeita à identificação e à reposta a dar subsequentemente à deteção da fraude;
- Identificação dos mecanismos e procedimentos existentes entre o órgão de gestão e os colaboradores da empresa, no que respeita à compreensão dos mecanismos de negócio e aos comportamentos éticos exigíveis.

Para responder ao risco de derrogação de controlos pela gerência, ou demais encarregados da governação, o auditor deve conceber procedimentos de auditoria adequados, que permitam de forma eficiente e eficaz: 1. Testar a adequação dos registos contabilísticos e outros ajustamentos elaborados na preparação das demonstrações financeiras; 2. Rever as estimativas contabilísticas quanto à neutralidade da informação financeira; 3. Obter um conhecimento da razão de existência de transações significativas que estão fora do âmbito normal da atividade, ou que possam parecer não usuais, atendendo ao conhecimento da entidade e do seu ambiente geral e específico.

Tal como já aludido no âmbito da ISA 580, o auditor deve também obter declarações escritas nas quais a gerência reconheça a sua responsabilidade pela conceção e implementação de mecanismos de controlo interno que mitiguem o risco de ocorrência de fraude. Além disso, nessas declarações escritas, deve ser salvaguardo que o órgão de gestão reconheça que divulgou ao auditor os resultados da sua avaliação do risco de que as demonstrações financeiras possam estar materialmente distorcidas como resultado de fraude, independentemente dos órgãos envolvidos na mesma (*v.g.* empregados, responsáveis por funções de controlo, etc.). Além disso, deve ser assegurado que o órgão de gestão comunicou ao auditor o seu conhecimento de qualquer alegação de fraude, ou de simples suspeita, que afete as demonstrações financeiras e que tenha sido comunicada por empregados, antigos empregados, analistas, reguladores, ou outros[2].

---

[2] Incluem-se neste âmbito, por exemplo, as comunicações que, no setor financeiro, tenham de ser comunicadas à *UIF – Unidade de Informação Financeira* (unidade

Se, em consequência de uma distorção resultante de fraude ou de suspeita de fraude, o auditor encontrar circunstâncias que coloquem em causa a sua capacidade para continuar os trabalhos, deve avaliar, no âmbito das suas responsabilidades profissionais e legais, a quem deve comunicar tais circunstâncias (*v. g.* órgão contratante da auditoria, autoridades reguladoras, etc.). Poderá igualmente ponderar a retirada do trabalho, situação que carece de debate prévio com a gerência, com os demais encarregados da governação, ou mesmo com as autoridades reguladoras, sendo sempre necessário fundamentar as razões que, no seu entendimento, justificam essa retirada.

Estabelece o parágrafo 122 da ISA 315 que o auditor deve documentar, nos seus papéis de trabalho, a avaliação efetuada relativamente ao ambiente de controlo da entidade e à avaliação global do risco de distorção material, que inclua as indagações havidas e as consequentes decisões atingidas durante o debate com a equipa de trabalho, no que respeita ao risco de as demonstrações financeiras poderem estar materialmente distorcidas devido à prática de fraude (tanto ao nível das demonstrações financeiras como um todo, como ao nível de cada asserção individualmente considerada). A documentação prevista no parágrafo 73 da ISA 330 deve, por sua vez, incluir: 1. As respostas globais aos riscos avaliados, a natureza, oportunidade e extensão dos procedimentos de auditoria e a ligação destes procedimentos aos riscos avaliados; 2. Os resultados dos procedimentos de auditoria, incluindo aqueles que foram concebidos para tratar o risco

---

central da Polícia Judiciária), no que concerne a transacionalidade relacionada com o branqueamento de capitais e o financiamento do terrorismo. Aquela unidade tem competência para receber, analisar e difundir a informação resultante de comunicações de operações e atividades suspeitas do cometimento dos crimes de branqueamento de capitais e financiamento do terrorismo, bem como informação resultante de outras fontes quando relativas a atividades criminosas de que provenham fundos ou outros bens, nos termos do art.° 2.°, n.° 1, alínea jj) da Lei 83/2017, de 18 de agosto. Compete ainda a esta unidade cooperar com as congéneres internacionais e demais entidades competentes, internas e internacionais, para a prevenção e combate ao branqueamento de capitais e ao financiamento do terrorismo, ainda nos termos do art.° 2.°, n.° 1, alínea jj) da Lei 83/2017, de 18 de agosto. Nos termos do artigo 5.° do DL 42/2009, de 12 de fevereiro, compete-lhe igualmente o tratamento da informação relativa aos crimes tributários.

de derrogação de controlos por parte da gerência. Finalmente, deve igualmente documentar as comunicações que efetuou à gerência e aos demais encarregados da governação, no que respeita à temática da fraude.

Uma das questões críticas no âmbito da fraude é a de avaliar qual o impacto que a mesma deve ter para efeitos da emissão de uma opinião nos termos da ISA 700 (Figura 5.1.). Assim, sempre que existam distorções materialmente relevantes decorrentes de erro ou fraude, e sempre que essas distorções não sejam regularizadas nas demonstrações financeiras, deve o auditor/revisor modificar a sua opinião, emitindo uma opinião com reservas ou, no limite, emitir uma opinião adversa, caso as distorções, além de materiais, sejam neste último caso igualmente profundas. Admite-se que, também neste contexto, o auditor possa ponderar a retirada do compromisso, salvaguardados os efeitos e as exigências legais decorrentes dessa decisão. Caso o auditor não consiga obter prova suficiente e apropriada que permita validar a existência de erro e/ou fraude, deve o auditor//revisor emitir uma escusa de opinião ou uma opinião com reservas por limitação de âmbito. Neste último caso, estaremos perante uma impossibilidade de obtenção de prova que é material, mas que não é profunda.

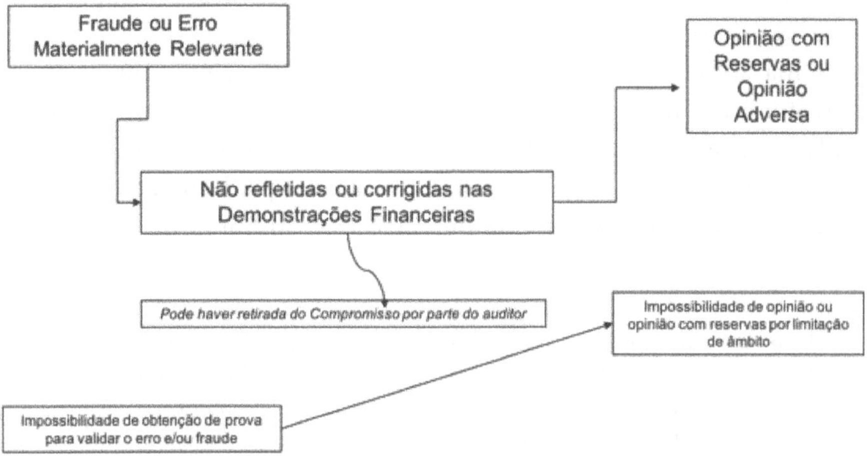

Figura 5.1. – O impacto da fraude na opinião de auditoria

Complementarmente, optámos por sinalizar, ainda neste contexto, a natureza específica e âmbito da *Auditoria Forense*. Este tipo de auditoria pode ser realizado do ponto de vista preventivo, embora a maioria dos casos possa ter objetivos detetivos. Enquadram-se no primeiro caso as análises regulares efetuadas por reguladores ou órgãos de supervisão (*v.g.* BdP[3]), as quais funcionam como instrumentos complementares das restantes avaliações efetuadas por esses reguladores e entidades de supervisão. No caso do setor financeiro, as auditorias forenses de natureza preventiva têm como objetivo avaliar as práticas do governo interno das instituições de crédito e sociedades financeiras, sendo realizadas, normalmente, por equipas independentes ao próprio regulador. Contrariamente, as auditorias forenses de natureza detetiva têm como base a suspeita da prática de crimes ou outros atos ilícitos, daí serem comummente associadas a casos mediáticos, muitas vezes a decorrer já no âmbito da esfera judicial.

Torna-se importante referir que a existência de auditorias forenses, para determinada entidade, tem normalmente um impacto imediato nos mercados de capitais e no valor de mercado das entidades, porquanto afeta de forma direta o seu risco reputacional. É neste contexto que enquadramos muitos dos casos mediáticos ocorridos nas últimas décadas, tanto na esfera nacional como internacional, que se traduziram em resoluções ocorridas no setor financeiro ou então no desaparecimento de organizações que tiveram um significativo impacto no quadro micro e macroeconómico.

Uma auditoria forense envolve normalmente a procura de prova corroborativa muito profunda, compreendendo a procura aprofundada de informações, incluindo quebras de sigilo bancário e fiscal (quando permitido por lei e com o devido enquadramento jurídico), a verificação exaustiva de documentação e circuitos de informação

[3] Incluem-se neste âmbito as auditorias realizadas na sequência do Programa Especial de Inspeções, criado pelo BdP em 2011, que tem como objetivo avaliar as práticas do governo interno das entidades por si reguladas. Aquele programa incluía ainda auditorias periódicas e transversais sobre a carteira geral de crédito ou sobre as classes de ativos que apresentavam um elevado grau de exposição à economia e aos mercados.

dentro da própria entidade, a análise documental interna e externa e a análise de dados nos sistemas da entidade e dos suspeitos individualmente considerados.

5.1.4. Comunicação da prática de fraude

A obrigatoriedade de comunicação de crimes às autoridades oficiais está prevista na Lei n.º 140/2015, de 7 de setembro, em particular nos seus artigos 113.º e 190.º. Prevê-se, no primeiro, que o revisor oficial de contas, no âmbito da responsabilidade penal, tem o dever de participação ao Ministério Público sempre que existam indícios de crimes. Ou seja, tendo o revisor oficial de contas conhecimento de factos que possam vir a ser qualificados como crime, deve comunicá-los ao Ministério Público competente, para efeitos de promoção da ação penal. Reforça-se no artigo 190.º da referida lei essa obrigatoriedade de comunicação, através da OROC, dos factos detetados no exercício das suas funções de interesse público, sempre que existam indícios da prática de crimes públicos. Tratando-se de crimes previstos na Lei n.º 25/2008, de 5 de junho (lei de combate ao branqueamento de capitais e do financiamento ao terrorismo), alterada pelo Decreto-Lei n.º 315/2009, de 30 de outubro, pelo Decreto-Lei n.º 242/2012, de 7 de novembro, Decreto-Lei n.º 18/2013, de 6 de fevereiro, e Decreto-Lei n.º 157/2014, de 24 de outubro, deve haver também comunicação à Unidade de Informação Financeira (UIF).

No âmbito dos deveres de comunicação, há também que abordar a obrigatoriedade de comunicar de forma atempada, ao órgão de gestão e aos demais órgãos de governo societário, sempre que seja detetada e evidenciada a prática de fraude ou sempre que existam suspeitas de que a mesma possa estar a ocorrer. Assim, no âmbito da ISA 240, a menos que os encarregados da governação estejam envolvidos na gestão da entidade, se o auditor tiver identificado ou suspeite de fraude que envolva a gerência (órgão executivo), os empregados que exerçam funções relevantes no âmbito do controlo interno, ou quando a fraude determinar distorções materialmente relevantes nas demonstrações financeiras, deve comunicar esses factos aos órgãos de governação e avaliar a natureza, a oportunidade e a extensão dos procedimentos subsequentes a adotar.

5.2. AS PRINCIPAIS FRAUDES INTERNACIONAIS DAS ÚLTIMAS DÉCADAS

Ao longo das últimas décadas, vários foram os escândalos (maioritariamente financeiros) que abalaram a atividade económica em geral, alguns dos quais envolvendo organizações, mas em muitos casos devido à ação ou inação de indivíduos ou órgãos de governo societário. Referimos, por exemplo, os casos norte-americanos da *Enron*, *Worldcom*, *Xerox*, *Merck*, *Enterasys Global Crossing*, *Tyco International*, *Duke Energy*, *Adelphia Communications*, *Lehman Brothers*, *Madoff Investments*, o caso francês da *Vivendi Universal*, o caso italiano *Parmalat*, os casos alemães *Siemens* e *Volkswagen*, o caso inglês HSBC, o caso japonês *Toshiba*, o caso brasileiro *Petrobras*, os casos portugueses *Banco Português de Negócios* e *Banco Espírito Santo/Grupo Espírito Santo*. Para melhor ilustrar a temática tratada ao longo do capítulo, apresentamos de seguida algumas considerações adicionais sobre alguns desses casos:

- ENRON: a empresa de energia, sediada no Texas, escondeu dívidas e prejuízos acumulados, resultantes de inúmeros projetos falhados, os quais estavam reconhecidos em veículos especiais (SPV[4]) e fora das demonstrações financeiras. A existência de uma contabilidade paralela foi mantida à margem de acionistas e auditores, tendo a empresa sido dissolvida em 2002. O relato financeiro fraudulento representou, à data, o maior escândalo financeiro conhecido, tendo conduzido igualmente à dissolução da empresa de auditoria.
- WORLDCOM: empresa de telecomunicações sediada nos Estados Unidos da América, faliu no verão de 2002, no seguimento da auditoria interna ter descoberto uma fraude contabilística que

[4] SPV – *Special Purpose Vehicle*: trata-se de uma entidade para fins especiais que uma empresa-mãe usa para isolar ou salvaguardar ativos, muitas vezes em base extrapatrimonial. As suas operações são limitadas à aquisição e financiamento de ativos específicos como forma de isolar o risco. Um veículo para fins especiais é uma empresa subsidiária com uma estrutura de ativo/passivo e enquadramento legal que torna as suas obrigações seguras, mesmo se a empresa controladora for à falência. Uma entidade SPV também é uma empresa subsidiária que é utilizada para servir como uma contraparte para instrumentos financeiros derivados sensíveis ao crédito.

ocultou a redução dos lucros através da sobrevalorização dos rendimentos, além da sobreavaliação de ativos. Após publicação das notícias da fraude, as ações da empresa desvalorizaram em mais de 94%.

- MERCK: a fim de equilibrar as suas contas, reconheceu numa das suas subsidiárias uma receita superior a 12.000 milhões de dólares. Porém, tal receita não era real, tendo os seus resultados sido sobrevalorizados. Ainda que não tenha abalado tecnicamente a empresa, viveram-se momentos turbulentos em Wall Street.
- PARMALAT: esta multinacional entrou em Portugal nos anos 90, foi patrocinadora da equipa principal do Sport Lisboa e Benfica, tendo adquirido a *Ucal* e tendo estado envolvida na fusão das cooperativas portuguesas do leite na *Lactogal*. Procedeu à subavaliação do passivo, resultado da utilização de *offshores* para a sua ocultação. Os fundos obrigacionistas que deveriam estar no *Bank of America* não existiam. Contudo, a empresa continua ainda hoje em atividade, tendo a marca igualmente sobrevivido.
- LEHMAN BROTHERS: classificada por muitos como o início da crise financeira de 2008, era uma das instituições mais expostas à crise do *subprime* e ao crédito hipotecário de alto risco. Tratou-se de uma falência sistémica e global, tendo os mercados financeiros caído por várias semanas consecutivas. As autoridades americanas injetaram elevados volumes de capitais na maior seguradora americana para que a mesma pudesse reembolsar a *Goldman Sachs*. A economia mundial entra em recessão no ano seguinte, o que conduziu ao resgate de países na zona euro, como são exemplos a Irlanda, a Grécia e Portugal.
- MADOFF INVESTMENT: o negócio era fictício e funcionava em pirâmide através de resultados prometidos aos investidores. O esquema negocial foi exposto quando os mercados financeiros entraram em queda, claramente arrastado pela queda do *Lehman Brothers*.
- SIEMENS: suspeito de subornos em troca de contratos relevantes, o grupo industrial alemão pagou uma multa recorde superior a 1,5 mil milhões de euros para pôr termo a um inquérito

que decorria nos Estados Unidos da América e Europa. Surge igualmente associada a suspeitas de suborno e branqueamento de capitais no âmbito da realização dos jogos olímpicos de Atenas de 2004.

- HSBC: o banco inglês, criado em Hong-Kong, está associado ao escândalo conhecido como *Swiss leaks*. Através de milhares de contas sediadas na sua filial da Suíça, o banco ajudava os clientes em procedimentos de evasão fiscal e a esconder rendimentos. Anteriormente a este processo, o banco foi acusado pelas autoridades norte-americanas de apoio aos cartéis de droga sul-americanos no âmbito do branqueamento de capitais.
- BES/GES: o caso continua hoje em investigação, envolvendo múltiplas sociedades do Grupo Espírito Santo (GES), entre as quais a *Espírito Santo International*, a *Rio Forte*, o BESA, a ESCOM e a ESFIL. Além da falsificação e manipulação das demonstrações financeiras e das questões relacionadas com o financiamento das sociedades do ramo financeiro e não financeiro do grupo, está em causa a venda de papel comercial na rede de retalho do *Banco Espírito Santo* (BES). Esta instituição bancária foi resolvida no início de agosto de 2014, estando atualmente em curso múltiplos processos judiciais nos mais diversos segmentos.
- Petrobras: associado ao caso Lava-jato, está em causa o crime de branqueamento de capitais através do pagamento de subornos a colaboradores da empresa em troca da obtenção de contratos a preços inflacionados. Além da queda do valor das ações nos mercados financeiros, o caso tem arrastado a economia brasileira, tendo inclusivamente afetado a esfera política brasileira.
- Toshiba: só em finais de 2015 ficou a ser conhecida a verdadeira extensão dos problemas contabilísticos, os quais se materializaram na sobrevalorização dos resultados ao longo de sete anos. A suspeita, levantada pela auditoria independente, recaía no facto de os objetivos de resultados impostos pela gestão às suas divisões operacionais serem inexequíveis.
- Volkswagen: a falsificação foi, neste caso, de natureza técnica. Após investigação norte-americana, o grupo alemão admitiu ter instalado um *software* nos carros a *diesel* que manipula os

resultados dos testes em laboratório, evidenciando um nível inferior de emissões. Além dos casos judiciais em curso, a empresa procedeu em massa à substituição do equipamento fraudulento, sendo, contudo, imprevisíveis os reais impactos financeiros futuros decorrentes de tal situação.

A temática da fraude, em particular a de natureza financeira, tem vindo a observar uma maior incidência e atenção, principalmente após a descoberta, em 2002, do caso *Enron*. Foi este caso que, verdadeiramente, veio espoletar a necessidade de alterações legislativas e implementação de regras de conduta que mitigassem os conflitos de agência, incluindo o desenvolvimento dos mais diversos códigos de governo societário. Além do aumento da atenção por parte de organismos externos, como sejam reguladores e supervisores setoriais, as próprias organizações vieram gradualmente a definir políticas e procedimentos que procuram mitigar o risco decorrente de fraude. Porém, uma vez que a prática de fraude está intrinsecamente associada a princípios éticos individuais e coletivos, a implementação de diversos mecanismos de controlo, independentemente da sua sofisticação, nunca eliminará as distorções decorrentes de atos que têm sempre na sua génese uma natureza intencional.

Capítulo 6
Auditoria ao Ciclo Operacional

6.1. PRINCIPAIS ASPETOS CONTABILÍSTICOS E FISCAIS

O ciclo operacional ou de exploração traduz, na sua rotação, uma das mais importantes fontes de sustentabilidade empresarial. A transformação dinâmica dos inventários adquiridos ou produzidos em meios financeiros líquidos permitirá à entidade financiar-se quer no curto quer no médio e longo prazo, abrangendo, por isso, as principais atividades geradoras de réditos. Desenvolvimentos adicionais sobre o conteúdo deste capítulo e dos dois capítulos seguintes podem ser encontrados em Lopes (2017), obra na qual se exploram os aspetos contabilísticos e fiscais, com especial incidência na sua mensuração e reconhecimento.

6.1.1. Meios financeiros líquidos

Os meios financeiros líquidos integram, regra geral, quer o dinheiro quer depósitos bancários, bem como ativos ou passivos financeiros mensurados ao justo valor[1], ou seja, integram-se neste grupo a caixa e os depósitos, assim como os instrumentos financeiros (*v.g.* derivados) que sejam mensurados ao justo valor e cujas flutuações de valor sejam reconhecidas na demonstração dos resultados.

---

[1] É a quantia pela qual um ativo pode ser trocado ou um passivo liquidado, entre partes conhecedoras e dispostas a isso, numa transação em que não exista relacionamento entre elas.

Caixa

Integra todas os meios de pagamento, nomeadamente notas e moedas[2] metálicas de curso legal (em moeda nacional[3] ou estrangeira), cheques e vales postais recebidos de terceiros. Desta forma, todos os outros elementos que façam parte do saldo de caixa em determinado momento (*v.g.* documentos comprovativos de despesa) devem ser regularizados para que esta conta evidencie efetivamente os meios de pagamento líquidos para fazer face a pequenas despesas.

Do ponto de vista de controlo interno e contabilístico, a entidade poderá criar as subcontas que considerar adequadas para o controlo dos influxos e exfluxos realizados através de caixa.

Depósitos à ordem

A rubrica (conta) *Depósitos à Ordem* integra todos os meios de pagamento existentes em contas à vista em instituições de crédito (nacionais ou estrangeiras) através de um contrato de depósito[4]. De acordo

---

[2] De acordo com a informação disponibilizada pelo Banco de Portugal, as notas e as moedas metálicas (numerário) são o meio de pagamento mais utilizado nas transações diárias, principalmente ao nível do pequeno comércio. Verifica-se, contudo, a crescente utilização de meios de pagamento eletrónicos, característica cada vez mais acentuada nas designadas economias mais desenvolvidas.

[3] Em 1 janeiro de 2002, entraram em circulação as notas e moedas de euro nos 12 Estados-Membros (incluindo Portugal) que tinham adotado o euro em 1 de janeiro de 1999 (a Grécia apenas em 1 de janeiro de 2001). Milhões de cidadãos desses países passaram a usar no dia a dia uma moeda com ampla utilização internacional, que trouxe inequívocas vantagens de natureza económica e social. Atualmente, a área do euro é composta por 19 países: Alemanha, Áustria, Bélgica, Espanha, Finlândia, França, Grécia, Irlanda, Itália, Luxemburgo, Países Baixos e Portugal, após a adesão da Eslovénia (1 de janeiro de 2007), Chipre e Malta (1 de janeiro de 2008), Eslováquia (1 de janeiro de 2009), Estónia (1 de janeiro de 2011), Letónia (1 de janeiro de 2014), Lituânia (1 de janeiro de 2015).

[4] Produto comercializado pelas instituições de crédito habilitadas a receber depósitos, que possibilita confiar fundos a essas instituições durante um determinado período de tempo ou por tempo indeterminado, bem como, nomeadamente, movimentar esses fundos de acordo com as condições previamente contratadas e beneficiar da escrituração e de reportes periódicos dos movimentos realizados. Dependendo do que for convencionado com as instituições de crédito, estas podem cobrar comissões e outros encargos relacionados com a manutenção das contas e a movimentação dos

com o Banco de Portugal, trata-se de uma "*operação bancária em que os bancos captam fundos, assumindo a qualidade de devedores perante os depositantes. Os fundos depositados poderão ou não ser remunerados com base numa determinada taxa de juro.*"

Regra geral, as contas de depósitos têm saldo devedor ou nulo. Nos casos em que as contas apresentem saldo credor (descoberto bancário ou equivalente), a sua relevação contabilística deverá ser feita na rubrica *Financiamentos obtidos – Descobertos Bancários*.

Outros depósitos bancários

Esta rubrica, de natureza complementar à anterior, integra todos os depósitos que não cumpram as características de depósitos à ordem (*v.g.* Depósitos a prazo[5]; Depósitos com pré-aviso[6]; Outros depósitos de poupança[7]). Os depósitos que assumam caráter de permanência (investimentos) deverão ser relevados em ativos correntes, em particular na rubrica *Outros investimentos financeiros*.

A movimentação contabilística desta conta é similar à anterior, sendo os juros registados, regra geral, na conta de depósitos à ordem. Normalmente, a movimentação destes depósitos antes da data prevista implica a penalização da taxa de juro.

Outros instrumentos financeiros

De acordo com o normativo contabilístico, esta rubrica visa reconhecer todos os instrumentos financeiros que não sejam relevados

---

fundos, bem como remunerar os fundos depositados pagando juros aos titulares das contas. O enquadramento legal do contrato de depósito está previsto nos artigos 1185.° a 1206.° do Código Civil.

[5] Operação bancária em que os bancos captam fundos, assumindo a qualidade de devedores perante os depositantes. Estes depósitos constituem uma aplicação de poupança, sendo regulados por um contrato que estabelece as condições aplicáveis (prazo, taxa de juro, penalizações por antecipação do levantamento, etc.).

[6] Depósitos com vencimento indeterminado, exigíveis depois de prevenido o depositário com a antecipação fixada na cláusula do pré-aviso, acordada entre as partes.

[7] Depósitos especiais, em contas de poupança ou caderneta, constituídos por particulares, à ordem ou com um prazo contratual renovável, cuja principal característica se traduz no facto de o seu titular se obrigar a efetuar entregas periódicas de harmonia com um plano previamente acordado com a instituição depositária.

nas contas anteriores e que sejam mensurados ao justo valor, cujas alterações sejam reconhecidas na demonstração dos resultados (*Perdas por flutuações de justo valor em instrumentos financeiros* ou *Ganhos por aumentos de justo valor em instrumentos financeiros*). Assim, também não deverão ser relevados nesta conta os instrumentos financeiros relacionados com dívidas a receber, empréstimos concedidos e participações de capital cuja relevação deverá ser efetuada em contas a receber ou em investimentos financeiros. Assim sendo, inclui, entre outros, os instrumentos financeiros e os Derivados[8]. Trata-se, por isso, de uma conta que releva a aplicação da liquidez gerada pelo negócio, nomeadamente no mercado à vista (*v.g.* Compra e venda de instrumentos de capital próprio de outras empresas, compra e venda de obrigações, entre outras), bem como as operações realizadas no mercado a prazo (operações com opções, *swaps*, futuros, entre outras) em mercados regulamentados.

---

[8] Um Derivado é um instrumento financeiro ou outro contrato com todas as três características seguintes: (a) O seu valor altera-se em resposta à alteração numa especificada taxa de juro, preço de instrumento financeiro, preço de mercadoria, taxa de câmbio, índice de preços ou de taxas, notação de crédito ou índice de crédito, ou outra variável, desde que, no caso de uma variável não financeira, a variável não seja específica de uma parte do contrato (por vezes denominada «subjacente»); (b) Não requer qualquer investimento líquido inicial ou requer um investimento inicial líquido inferior ao que seria exigido para outros tipos de contratos que se esperaria que tivessem uma resposta semelhante às alterações nos fatores de mercado; (c) É liquidado numa data futura. De acordo com o Banco de Portugal (2016): "Ativos financeiros com base em, ou derivados de um instrumento subjacente diferente. O instrumento subjacente é habitualmente outro ativo financeiro, mas pode ser também um bem ou um índice. Este instrumento financeiro inclui os derivados negociados em mercados organizados e em mercados de balcão desde que possam ser objeto de compensação no mercado (i.e., contratos em carteira para os quais é possível adquirir no mercado contratos de características exatamente simétricas, de tal forma que a posição se anule). Os derivados financeiros devem ser refletidos pelo seu valor de mercado ou, no caso de este não existir, pelo seu valor equivalente (*fair value*). Não se incluem neste instrumento os derivados que não sejam negociáveis e que não possam ser objeto de compensação no mercado nem o instrumento subjacente no qual o derivado financeiro se baseia. Incluem-se, nomeadamente opções transacionadas, quer em mercados organizados, quer em mercado de balcão (*over-the-counter market*); – *Warrants*; – Futuros; – Contratos de troca (swaps); – Contratos a prazo de taxa de juro (*forward rate agreements*)."

Outros ativos e passivos financeiros

Esta rubrica tem natureza residual e integra todos os instrumentos financeiros que não tenham enquadramento nas rubricas anteriores.

Reconhecimento, mensuração e divulgação

No que se refere ao reconhecimento, quando um ativo financeiro ou um passivo financeiro é inicialmente reconhecido, uma entidade deve mensurá-lo pelo seu justo valor. Os custos de transação que sejam diretamente atribuíveis à aquisição do ativo financeiro ou à emissão de um passivo financeiro devem ser incluídos no justo valor, no caso dos ativos e passivos financeiros cuja mensuração subsequente não seja ao justo valor. Desta forma, os dispêndios de transação, normalmente comissões e impostos, deverão ser reconhecidos como gastos na demonstração dos resultados.

De acordo com o normativo contabilístico, uma entidade deve mensurar ao justo valor todos os instrumentos financeiros que não sejam mensurados ao custo ou ao custo amortizado com contrapartida em resultados. São exemplos de instrumentos financeiros mensuráveis ao justo valor através de resultados:

- Os investimentos em instrumentos de capital próprio com cotações divulgadas publicamente, pois o normativo define a mensuração ao custo apenas para os restantes casos;
- Os instrumentos de dívida perpétua ou obrigações convertíveis;
- Os ativos financeiros classificados como detidos para negociação (1. Adquirido ou incorrido principalmente para a finalidade de venda ou de recompra num prazo muito próximo; 2. Faça parte de uma carteira de instrumentos financeiros identificados que sejam geridos em conjunto e para os quais exista evidência de terem recentemente proporcionado lucros reais).

Em síntese, o reconhecimento inicial deste tipo de instrumentos financeiros não deve incluir os dispêndios de transação, sendo os mesmos reconhecidos diretamente como gastos. As flutuações de justo valor ocorridas periodicamente deverão ser reconhecidas diretamente na demonstração dos resultados.

Práticas de controlo interno

Estabelece a ISA 315 que o Controlo Interno (CI) "*é um processo concebido, implementado e mantido pelos encarregados da governação, gerência e outro pessoal para proporcionar segurança razoável acerca da consecução dos objetivos de uma entidade com respeito à fiabilidade do relato financeiro, eficácia e eficiência das operações e cumprimento das leis e regulamentos aplicáveis*". Sendo a área dos meios financeiros líquidos uma área de risco inerente[9] elevado, devem as entidades implementar adequados sistemas de controlo interno (risco de controlo[10]) que permitam mitigar o risco.

Apresentam-se de seguida os principais controlos, preventivos[11] e detetivos[12], implementados pelas entidades com o objetivo de mitigar os níveis de risco e consequentemente garantir a observância das

---

[9] Risco inerente é a suscetibilidade de uma asserção relativa a uma classe de transações, saldo de conta ou divulgação a uma distorção que possa ser material, individualmente ou agregada com outras distorções, antes da consideração de quaisquer controlos relacionados.

[10] Risco de controlo associa-se ao risco de que a ocorrência de uma distorção relativa a uma classe de transações, saldo de conta ou divulgação e que possa ser material, individualmente ou agregada com outras distorções, não seja evitada ou detetada e corrigida em tempo oportuno pelo controlo interno da entidade.

[11] Tal como indicado no Capítulo 3, os controlos preventivos são aqueles que se destinam a dissuadir ou prevenir a ocorrência de factos indesejáveis. São controlos proativos que se destinam a evitar uma perda e que colocam a ênfase na sua qualidade. As aprovações, autorizações e verificações (manuais ou eletrónicas) são atividades de controlo e constituem um exemplo típico de controlos preventivos. São efetuados a montante das operações e têm como objetivos estabelecer os parâmetros sobre os quais os colaboradores estão autorizados a executar determinadas transações ou a desenvolver determinadas atividades. Existem por vezes transações que necessitam de prévia aprovação para serem executadas. Em qualquer dos casos torna-se necessária a verificação prévia para determinar se essa transação está de acordo com as políticas e procedimentos em vigor.

[12] Os controlos detetivos são aqueles que, tal como referido no Capítulo 3, se destinam a detetar atos indesejáveis. Proporcionam evidência de que determinada perda ocorreu ou de que os controlos preventivos estão a funcionar. As reconciliações, as revisões de *performance*, a análise de desvios, as contagens físicas ou as auditorias são os exemplos mais lineares de controlos detetivos. A sua aplicação a jusante das operações permite diagnosticar erros ou mesmo fraudes ou simplesmente aferir se os controlos preventivos estão ou não em funcionamento.

características da informação financeira produzida e divulgada aos utilizadores da informação.

Tabela 6.1. – Exemplos de controlos internos

Descrição	Preventivo	Detetivo
Segregação de funções	X	
Contagens periódicas de caixa	X	X
Conciliação bancária		X
Política de autorizações de pagamentos	X	
Fundo fixo de caixa	X	

A tabela anterior não traduz uma lista exaustiva dos controlos passíveis de serem implementados no âmbito do controlo dos meios financeiros líquidos. É responsabilidade do órgão de gestão implementar um adequado sistema de controlo interno[13] que permita mitigar o risco de ocorrência de erro[14] e/ou fraude, tal como já abordado nos Capítulos 3 e 5 desta obra.

6.1.2. Contas a receber e contas a pagar

Genericamente, a classe das contas a receber e das contas a pagar destina-se a registar as operações relacionadas com clientes, fornecedores, pessoal, Estado e outros entes públicos, financiadores, acionistas, bem como outras operações com terceiros que não tenham cabimento nas rubricas anteriores ou noutras classes específicas. Incluem-se ainda nesta classe os diferimentos (para permitir o registo dos gastos e dos rendimentos nos períodos a que respeitam) e as provisões. Regista as

[13] A abordagem mais recente do controlo interno identifica como tipologias de controlo os controlos *Hard* e os controlos *Soft* (Capítulo 3). Os primeiros são aqueles que são claramente identificáveis, quer do ponto de vista pessoal quer temporal. Incluem os controlos impostos pelos sistemas, pela existência de procedimentos, pelas medidas de segurança física, etc. Os controlos *Soft* são aqueles que não são claramente identificáveis: estão associados ao clima institucional, à ênfase atribuída à gestão do risco, à ênfase colocada nos controlos internos, etc.

[14] Enquanto o erro traduz um ato não intencional, a fraude refere-se a um ato intencional, a qual pode ser de natureza organizacional ou contra a entidade (ver Capítulo 5).

relações com os diversos agentes no que respeita aos diversos ciclos de transações (transações correntes, transações de investimento e desinvestimento, transações de financiamento, aplicação de resultados, entre outras).

Clientes

A rubrica de clientes releva as transações com os diversos compradores de mercadorias (empresa comercial), de produtos acabados (empresa industrial) ou de serviços. Genericamente, a conta de *Clientes c/c* debita-se pelo saldo inicial, pelo valor das vendas e prestações de serviços (operações a crédito[15]), pelos juros de mora e pelas diferenças de câmbio favoráveis e credita-se pelas devoluções de vendas, pelos recebimentos de clientes, pela regularização dos adiantamentos de clientes, pelos créditos incobráveis e pelas diferenças de câmbio desfavoráveis.

Das transações identificadas acima, destacam-se as transações de venda e de prestação de serviços (principais transações geradoras de réditos[16]). Para atividades não isentas de IVA e para aquelas em que não existe incidência do imposto, os movimentos desta conta integram também o valor do imposto.

Adiantamentos de clientes

Os adiantamentos de clientes podem ocorrer em dois cenários distintos: na situação em que o preço da encomenda já esteja previamente fixado e no caso contrário. Independentemente da situação, estas

[15] Contudo, do ponto de vista de controlo ou para fins estatísticos, existe, por vezes, interesse em que todas as transações comerciais passem pela conta de clientes.

[16] O rédito refere-se, neste contexto, a rendimentos que provêm da venda de bens, prestação de serviços, e uso por terceiros de ativos da entidade que produzam juros, *royalties* e dividendos. São igualmente atividades geradores de réditos aquelas que se enquadram no âmbito dos contratos de construção, o qual traduz um contrato especificamente negociado para a construção de um ativo ou de uma combinação de ativos que estejam intimamente inter-relacionados ou interdependentes em termos da sua conceção, tecnologia e função ou do seu propósito ou uso final. Desenvolvimentos adicionais sobre a temática do rédito podem ser encontrados na IFRS 15.

transações estão sujeitas a IVA, sendo o mesmo regularizado a favor do sujeito passivo no momento da concretização da transação.

A conta de *Adiantamentos de clientes* destina-se a registar as entregas feitas à entidade relativas a fornecimentos, sem preço fixado, a efetuar a terceiros. Pela emissão da fatura, estas verbas serão transferidas para as respetivas subcontas da rubrica *Clientes*. Quando as entregas feitas à entidade dizem respeito a fornecimentos de bens e serviços cujo preço esteja previamente fixado, utilizar-se-á a conta de *Adiantamentos por conta de vendas*.[17] Tal como no caso anterior, pela emissão da fatura, estas verbas serão transferidas para as respetivas contas da rubrica *Clientes c/c*.

Perdas por imparidade em dívidas a receber

A problemática da imparidade de ativos ou de uma unidade geradora de caixa está prevista na IAS 36 e na NCRF 12, traduzindo o excedente da sua quantia escriturada[18] em relação à sua quantia recuperável. Assim, compete à entidade determinar a existência de eventuais imparidades.

No caso dos ativos, existe imparidade sempre que a quantia escriturada dessas dívidas seja superior à sua quantia recuperável. As indicações de existência de imparidades podem advir de fontes internas ou externas, sendo responsabilidade da entidade testar numa base anual a existência de potenciais imparidades. Este exercício pode ser feito durante o processo de certificação legal das contas, nomeadamente no que diz respeito à aferição dos justos valores por parte do ROC. Contudo, o órgão de gestão é responsável pelas mensurações e divulgações incluídas nas demonstrações financeiras. Como parte do cumprimento desta responsabilidade, de acordo com a ISA 540, a gerência necessita de:

a) Estabelecer um processo de relato contabilístico e financeiro para determinar as mensurações e divulgações ao justo valor;

---

[17] Tendo por base o Sistema de Normalização Contabilística (SNC).

[18] Quantia escriturada é a quantia pela qual um ativo é reconhecido no Balanço ou na Demonstração da Posição Financeira, após a dedução de qualquer depreciação/ /amortização acumulada e de perdas por imparidade acumuladas inerentes.

b) Selecionar métodos de valorização apropriados;
c) Identificar e suportar adequadamente quaisquer pressupostos significativos usados;
d) Preparar a valorização; e
e) Assegurar que a apresentação e divulgação das mensurações ao justo valor estão de acordo com a estrutura conceptual de relato financeiro aplicável.

A problemática do reconhecimento das imparidades tem vindo a ganhar cada vez mais importância devido ao aumento dos níveis de risco a que as organizações estão sujeitas. A volatilidade dos mercados, associada à complexidade das transações e ao desenvolvimento de novos modelos de negócio, tem vindo a requerer que as organizações implementem modelos que permitam mensurar com fiabilidade os valores a reconhecer como imparidades[19].

Fornecedores

A rubrica de fornecedores releva os movimentos com os vendedores de bens e de serviços, com exceção dos destinados aos investimentos da entidade. Estes passivos financeiros resultam da aquisição de bens e serviços para venda ou consumo no decurso da atividade operacional da entidade, sendo por isso mesmo parte integrante do ciclo de exploração. Genericamente, pode-se afirmar que são passivos que se originam em aquisições de bens que se destinam aos inventários da entidade, sejam sob a forma de mercadorias ou de matérias consumíveis, ou ainda sob a forma de aquisições de serviços.

[19] O enquadramento fiscal das perdas por imparidade em dívidas a receber está previsto nos artigos 28.º-A e 28.º-B do CIRC. Neles estão previstos, entre outros aspetos, as percentagens correspondentes aos montantes anuais acumulados de perdas por imparidade de créditos. A propósito das imparidades em dívidas a receber (créditos concedidos), é de sinalizar o facto de as instituições financeiras deverem implementar modelos adequados de avaliação e monitorização dos níveis de imparidade (Análise individual e Análise coletiva), os quais ficam sujeitos à apreciação e controlo por parte dos órgãos de controlo interno e externo, incluindo os órgãos de regulação e supervisão.

Adiantamentos a fornecedores

Os adiantamentos a fornecedores, tal como apontado para os adiantamentos de clientes, podem ocorrer em dois cenários distintos: na situação em que o preço da encomenda já esteja previamente fixado e no caso contrário. Ambas as situações são transações sujeitas a IVA, sendo o imposto regularizado a favor do Estado no momento em que a aquisição for concretizada. Assim, a conta *Adiantamentos a fornecedores* regista as entregas feitas pela entidade relativas a fornecimentos (sem preço fixado) a efetuar por terceiros. Pela receção da fatura, estas verbas serão transferidas para as respetivas subcontas da conta *Fornecedores c/c*. A conta *Adiantamentos por conta de compras*[20] regista as entregas feitas pela entidade relativas a compras cujo preço esteja previamente fixado. Pela receção da fatura, estas verbas devem ser, tal como no caso anterior, transferidas para a conta *Fornecedores c/c*.

Pessoal

A rubrica *Pessoal* regista as operações relacionadas com o pessoal e com os órgãos sociais (remunerações, adiantamentos, cauções, entre outras). Regista um passivo sempre que um empregado tiver prestado serviços em troca de benefícios de empregados[21] que a entidade terá de pagar no futuro. Contudo, as remunerações a pagar constituem a operação mais regular e comum que é registada nesta conta,

---

[20] De acordo com o quadro de contas do Sistema de Normalização Contabilística (SNC).

[21] Os benefícios dos empregados incluem: "(a) Benefícios a curto prazo dos empregados, tais como salários, ordenados e contribuições para a segurança social, licença anual paga e licença por doença paga, participação nos lucros e bónus (se pagáveis dentro de doze meses do final do período) e benefícios não monetários (tais como cuidados médicos, habitação, automóveis e bens ou serviços gratuitos ou subsidiados) relativos aos empregados correntes; (b) Benefícios pós-emprego tais como pensões, outros benefícios de reforma, seguro de vida pós emprego e cuidados médicos pós-emprego; (c) Outros benefícios a longo prazo dos empregados, incluindo licença de longo serviço ou licença sabática, jubileu ou outros benefícios de longo serviço, benefícios de invalidez a longo prazo e, se não forem pagáveis completamente dentro de doze meses após o final do período, a participação nos lucros, bónus e remunerações diferidas; (d) Benefícios de cessação de emprego; e (e) Benefícios de remuneração em capital próprio."

a qual, do ponto de vista contabilístico, pode ser ilustrada em três fases distintas: Fase I – pelo processamento dos ordenados, salários e outras remunerações, dentro do mês a que respeitem; Fase II – pelo processamento dos encargos sobre remunerações (parte patronal), dentro do mês a que respeitem; Fase III - no momento da entrega ao Estado das retenções efetuadas aos trabalhadores (*v.g.* IRS a pagar até ao dia 20 do mês seguinte, TSU a pagar até ao dia 15 do mês seguinte).

Estado e outros entes públicos

Registam-se nesta conta as relações com o Estado, autarquias locais e outros entes públicos que tenham características de impostos e taxas, ou seja, são nela relevadas todas as transações que a entidade estabelece com o Estado. Além de suportarem o apuramento contabilístico de alguns impostos, refletem a exigibilidade de impostos e taxas em determinado momento. Pela sua importância, apresentamos de seguida uma breve descrição dos principais impostos que são relevados nesta rubrica.

Imposto sobre o rendimento de pessoas coletivas

O imposto sobre o rendimento das pessoas coletivas (IRC[22]) "*incide sobre todas as pessoas coletivas de direito público ou privado com sede ou direção efetiva em território português. O ponto de partida para a definição da incidência subjetiva foi, assim, o atributo da personalidade jurídica. No entanto, sujeitaram-se igualmente a IRC entidades com sede ou direção efetiva em território português que, embora desprovidas de personalidade jurídica, obtêm rendimentos que não se encontram sujeitos a pessoas singulares ou coletivas que as integram. Deste modo, consideram-se passíveis de imposto determinados entes de facto, quando razões de ordem técnica ou outras tornem particularmente difícil uma tributação individualizada, evitando-se que a existência de tributação ou o imposto aplicável fiquem dependentes da regularidade do processo de formação dos entes coletivos*" (Preâmbulo do CIRC). De acordo com o artigo 1.º do CIRC, este imposto incide sobre os rendimentos obtidos,

---

[22] O CIRC foi republicado pela Lei n.º 2/2014, de 16 de janeiro, e atualizado pelo Decreto-Lei n.º 47/2016, de 22 de agosto.

mesmo quando provenientes de atos ilícitos, no período de tributação, pelos respetivos sujeitos passivos.

O apuramento do lucro tributável é efetuado a partir do resultado líquido do período ao qual são adicionadas algebricamente as variações patrimoniais (que não estejam refletidas naquele resultado), bem como as correções fiscais exigíveis nos termos do CIRC, situação por nós ilustrada no Capítulo 9 desta obra.

Imposto sobre o rendimento de pessoas singulares

A base do IRS incide sobre o valor anual dos rendimentos das categorias indicadas abaixo, mesmo quando provenientes de atos ilícitos, depois de efetuadas as correspondentes deduções e abatimentos (artigo 1.º do CIRS). Estão sujeitos a este imposto os rendimentos da Categoria A (Trabalho dependente), Categoria B (Rendimentos empresariais e profissionais), Categoria E (Rendimentos de capitais), Categoria F (Rendimentos prediais), Categoria G (Incrementos patrimoniais) e Categoria H (Pensões). Além das situações de retenção já identificadas, pode-se afirmar que serão registadas nesta conta as situações previstas no artigo 71.º do CIRS, relativamente à aplicação das taxas liberatórias de retenção de imposto.

Imposto sobre o valor acrescentado

O imposto sobre o valor acrescentado (IVA) é um imposto que tem como objetivo tributar todo o consumo de bens materiais e serviços, abrangendo na sua incidência todas as fases do circuito económico, ou seja, desde a produção ao retalho. Contudo, a base tributável do imposto está limitada ao valor acrescentado em cada fase desse circuito económico. Assim, no que respeita à sua incidência objetiva, estão sujeitas a imposto sobre o valor acrescentado:

a) As transmissões de bens e as prestações de serviços efetuadas no território nacional, a título oneroso, por um sujeito passivo agindo como tal;
b) As importações de bens;

c) As operações intracomunitárias efetuadas no território nacional, tal como são definidas e reguladas no Regime do IVA nas Transações Intracomunitárias.

Quanto à sua incidência subjetiva, de acordo com o art.º 2.º do CIVA, são sujeitos passivos do imposto, entre outros:

> "a) As pessoas singulares ou coletivas que, de um modo independente e com caráter de habitualidade, exerçam atividades de produção, comércio ou prestação de serviços, incluindo as atividades extrativas, agrícolas e as das profissões livres, e, bem assim, as que, do mesmo modo independente, pratiquem uma só operação tributável, desde que essa operação seja conexa com o exercício das referidas atividades, onde quer que este ocorra, ou quando, independentemente dessa conexão, tal operação preencha os pressupostos de incidência real do imposto sobre o rendimento das pessoas singulares (IRS) ou do imposto sobre o rendimento das pessoas coletivas (IRC);
> b) As pessoas singulares ou coletivas que, segundo a legislação aduaneira, realizem importações de bens;
> c) [...]"

Além das isenções previstas no artigo 9.º do CIVA, é de realçar a isenção do imposto nas exportações tal como previsto no art.º 14.º do mesmo código. No caso das importações intracomunitárias[23], a entidade terá de fazer a designada autoliquidação de IVA que corresponde a, em simultâneo, liquidar e deduzir o imposto. Nas importações provenientes de países terceiros, o IVA será pago no âmbito de desalfandegamento dos bens.

---

[23] Para desenvolvimentos sobre esta temática, ver o RITI – Regime de IVA nas transações intracomunitárias, que transpôs a Diretiva n.º 91/680/CEE, de 16 de dezembro, alterando o CIVA no que respeita às transmissões intracomunitárias.

Imposto do Selo

O imposto do selo (IS) é o imposto mais antigo do sistema fiscal português[24] e era considerado, até à sua reforma, operada em 2000, um imposto anacrónico. A reforma fiscal operada no início do século XX veio alterar profundamente a estrutura normativa do imposto, eliminando do seu universo de incidência vários tipos de tributação que se revelavam desajustados à realidade económico-social.

O IS incide, objetivamente, "*sobre todos os atos, contratos, documentos, títulos, papéis e outros factos previstos na Tabela Geral, incluindo as transmissões gratuitas de bens*" (artigo 1.º do CIS) e, subjetivamente, são sujeitos passivos deste imposto, entre outros, "*os notários, conservadores dos registos civil, comercial, predial e de outros bens sujeitos a registo, outras entidades públicas, incluindo os estabelecimentos e organismos do Estado, bem como todas as entidades ou profissionais que autentiquem os documentos particulares, relativamente aos atos, contratos e outros factos em que sejam intervenientes, com exceção dos celebrados perante notários relativos a crédito e garantias concedidos por instituições de crédito, sociedades financeiras ou outras entidades a elas legalmente equiparadas e por quaisquer outras instituições financeiras, e quando, nos termos da alínea n) do artigo 5.º, os contratos ou documentos lhes sejam apresentados para qualquer efeito legal*" (artigo 2.º do CIS).

Pagamentos por conta

Os pagamentos por conta estão previstos nos artigos 104.º a 108.º do CIRC e têm por base a coleta de imposto do exercício imediatamente anterior, deduzida das eventuais retenções na fonte. Assim, de acordo com o n.º 4 do art.º 104.º, "os sujeitos passivos são dispensados de efetuar pagamentos por conta quando o imposto do exercício de referência para o respetivo cálculo for inferior a € 200".

No âmbito do n.º 2 e n.º 3 do artigo 105.º do CIVA, os pagamentos por conta dos sujeitos passivos cujo volume de negócios do período de tributação imediatamente anterior àquele em que se devam efetuar esses pagamentos seja igual ou inferior a 500.000,00 € correspondem a 80% do montante do imposto referido no número anterior, repartido

---

[24] Criado em 24 de dezembro de 1660.

por três montantes iguais, arredondados, por excesso, para euros. Corresponderá a 95%, nos casos em que volume de negócios do período de tributação imediatamente anterior àquele em que se devam efetuar esses pagamentos seja superior a 500.000,00 €.

Pagamentos adicionais por conta

Sem prejuízo das obrigações fiscais previstas nos artigos 104.º e seguintes do CIRC, os sujeitos passivos ficam obrigados a pagamentos adicionais por conta. O valor dos pagamentos adicionais por conta devidos nos termos da alínea a) do n.º 1 do artigo 104.º-A é igual ao montante resultante da aplicação das taxas previstas na tabela específica sobre a parte do lucro tributável superior a 1.500.000 € relativo ao período de tributação anterior: de mais de 1.500.000 € até 7.500.000 € – 2,5%; de mais de 7.500.000 € até 35.000.000 € – 4,5%; superior a 35.000.000 € – 6,5%. As especificidades adicionais sobre os pagamentos adicionais por conta estão previstas no artigo 105.º-A do CIRC.

As entidades que exerçam, a título principal, uma atividade de natureza comercial, industrial ou agrícola e os não residentes com estabelecimento estável devem proceder ao pagamento da derrama estadual nos termos seguintes em três pagamentos adicionais por conta, de acordo com as regras estabelecidas no CIRC.

Contribuições para a segurança social e outros tributos

As contribuições para a segurança social[25] (as que são retidas aos trabalhadores e as que constituem encargos da entidade patronal) são registadas na conta Contribuições para a segurança social, ambas por contrapartida da conta Gastos com o pessoal – Encargos sobre remunerações. Os tributos a entregar às autarquias locais são registados na conta Tributos das autarquias locais. Referimo-nos ao IMI, ao IMT, ao imposto único

[25] As taxas de TSU são, genericamente, as seguintes: 11% por conta dos beneficiários do regime geral e 9,3% por conta dos órgãos sociais em geral (11% no caso de exercerem cargos de gerência ou de administração). Os encargos da entidade ascendem a 23,25% aos quais acresce um encargo de 0,5% para financiamento do risco de doença profissional. No caso dos órgãos sociais, a taxa é de 20,3%.

de circulação de veículos (IUC), entre outros. As especificidades destes impostos encontram-se na legislação que lhes seja aplicável.

Reconhecimento, mensuração e divulgação

As contas a receber e as contas a pagar são ativos e passivos financeiros, respetivamente. O seu reconhecimento como um ativo financeiro, um passivo financeiro ou um instrumento de capital próprio apenas deverá acontecer quando a entidade se torne uma parte das disposições contratuais do instrumento. Complementarmente, todos os ativos e passivos financeiros são mensurados, em cada data de relato, quer: (a) Ao custo ou custo amortizado menos qualquer perda por imparidade; ou (b) Ao justo valor com as alterações de justo valor a serem reconhecidas na demonstração dos resultados.

Práticas de controlo interno

Além de uma adequada segregação de funções, devem ser feitas regularmente conciliações dos saldos que a entidade mantém com as diversas entidades externas. Ainda que muitos desses procedimentos sejam realizados no âmbito da certificação legal de contas (quando aplicável), torna-se determinante que alguns desses procedimentos constituam uma prática de gestão corrente. Referimo-nos, por exemplo, à contagem física de ativos, à confirmação externa dos saldos das contas correntes, à adequada valorização dos ativos e passivos bem como à existência de uma política de autorizações atualizada e adequada às necessidades da organização.

6.1.3. Inventários e ativos biológicos

Os inventários são ativos:

(a) Detidos para venda no decurso ordinário da atividade empresarial, ou seja, no decurso do ciclo de exploração;
(b) No processo de produção conducente à venda; ou
(c) Na forma de materiais ou consumíveis a serem aplicados no processo de produção ou na prestação de serviços.

O custo dos inventários engloba os custos de compra (inclui o preço de compra, direitos de importação, impostos não dedutíveis, custos de transporte, custos de manuseamento, entre outros), os custos de conversão (inclui mão de obra direta e gastos gerais de conversão[26]) e outros custos incorridos para colocar esses inventários no seu local e na sua condição de venda ou consumo. Não integram por isso o custo dos inventários os dispêndios de natureza comercial, administrativa ou financeira[27].

Sistemas de inventário

No registo dos movimentos de inventários, existem dois tipos de inventários. Contudo, as entidades a que seja aplicável o SNC ou as normas internacionais de contabilidade adotadas pela União Europeia ficam obrigadas à utilização do sistema de inventário permanente[28]. Assim:

- Sistema de inventário permanente (SIP): consiste no registo sistemático das entradas e saídas de inventários pelo que é possível a qualquer momento conhecer o valor dos inventários em armazém bem como o seu custo ou o resultado bruto das vendas. De acordo com o art.º 12.º do diploma que instituiu o SNC, as entidades ficam obrigadas a proceder a contagens físicas com referência ao final do exercício (ou ao longo do exercício de forma rotativa), bem como a identificar os bens quanto à sua natureza, quantidade, custos unitários e globais. Estes procedimentos têm como objetivo verificar, de forma permanente, a correspondência entre essas contagens físicas e os registos contabilísticos apresentados pela entidade.
- Sistema de inventário intermitente ou periódico (SII): o valor dos inventários é determinado através de inventariação e contagem

[26] A contabilidade analítica ou de gestão trata, entre outros aspetos, do apuramento do custo industrial dos produtos acabados. Este corresponde ao somatório de três grandezas de fatores: matérias-primas, mão de obra direta e gastos gerais de fabrico.

[27] Exceto nos casos enquadrados no normativo aplicável aos "Custos dos empréstimos obtidos".

[28] Os casos em que é dispensada a adoção do sistema de inventário permanente estão previstos no artigo 12.º do Decreto-Lei n.º 158/2009, de 13 de julho, com a redação dada pelo Decreto-Lei n.º 98/2015, de 2 de junho. A este propósito, realçamos que este sistema de inventário não se aplica, entre outras situações, às microentidades.

direta. O valor do custo dos inventários vendidos e das matérias consumidas é determinado pela aplicação da fórmula CIVMC = $I_{Inicial}$ + Compras – I_{Final} ± Regularizações de inventários.

A problemática do sistema de inventário a utilizar, além dos aspetos de relevação contabilística, entronca igualmente com questões de controlo interno, nomeadamente no que à salvaguarda dos ativos da entidade diz respeito. Assim, e tal como legalmente previsto, a adoção do sistema de inventário intermitente afigura-se hoje como de utilização residual.

Valorimetria de saída

Estabelece o normativo contabilístico em geral que o custo dos inventários de itens que não sejam geralmente intermutáveis e de bens ou serviços produzidos e segregados para projetos específicos deve ser atribuído pelo uso da identificação específica dos seus custos individuais. A movimentação dos restantes inventários deve ser efetuada pelo uso da fórmula "primeira entrada, primeira saída" (FIFO[29]) ou da fórmula do custeio médio ponderado. Por motivos de consistência e de comparabilidade do relato financeiro, uma entidade deve usar a mesma fórmula de custeio para todos os inventários que tenham uma natureza e um uso semelhantes para a entidade. O uso de outras fórmulas de custeio[30] é, contudo, admissível para os inventários que tenham outra natureza ou uso.

---

[29] §27 NCRF 18: "A fórmula FIFO pressupõe que os itens de inventário que foram comprados ou produzidos primeiro sejam vendidos em primeiro lugar e consequentemente os itens que permanecerem em inventário no fim do período sejam os itens mais recentemente comprados ou produzidos. Pela fórmula do custo médio ponderado, o custo de cada item é determinado a partir da média ponderada do custo de itens semelhantes no começo de um período e do custo de itens semelhantes comprados ou produzidos durante o período. A média pode ser determinada numa base periódica ou à medida que cada entrega adicional seja recebida, o que depende das circunstâncias da entidade."

[30] Por exemplo o Custo Específico. Significa que são atribuídos custos específicos a elementos identificados de inventários. É o tratamento apropriado para os itens que sejam segregados para um projeto específico, independentemente de eles terem sido comprados ou produzidos (§24 da NCRF 18).

As mercadorias são bens adquiridos por uma entidade com o objetivo de os vender, sem que ocorra qualquer transformação na empresa. Ou seja, este tipo de bens é vendido no estado em que é adquirido. Sempre que a quantia escriturada for superior ao seu valor realizável líquido[31], estamos perante uma perda por imparidade, a qual deve ser reconhecida nas demonstrações financeiras.

As matérias-primas são bens incorporáveis no processo produtivo e integram o grupo das matérias diretas. As matérias subsidiárias são bens que concorrem para a produção de produtos embora a sua integração não ocorra de forma direta. Por outro lado, os produtos acabados são bens que resultam do processo produtivo de uma empresa industrial, estando em condições de entrarem no circuito comercial. Tal como as mercadorias, apesar de na maior parte dos casos estarem nos armazéns da empresa, podem acontecer situações em que a sua localização esteja à guarda de terceiros. Esse facto deverá ser relevado contabilisticamente utilizando as contas *Mercadorias em poder de terceiros* e *Produtos em poder de terceiros*, respetivamente. De notar que, do ponto de vista de controlo interno e de auditoria, em quaisquer dos dois casos apresentados, deverão ser implementados procedimentos que garantam a sua existência e a sua custódia.

Os subprodutos são produtos secundários que resultam do processo de produção dos designados produtos principais. Normalmente possuem um valor comercial residual, sendo vendidos à medida que vão sendo produzidos. Segue-se normalmente o critério do lucro nulo[32] ou do custo nulo[33] na sua mensuração. Os resíduos têm, normalmente, um tratamento similar ao seguido para os subprodutos. Contudo, sempre que o tratamento do resíduo implique dispêndios, ou são considerados custos específicos do mesmo ou são imputados aos produtos principais que lhes deram origem.

---

[31] O valor realizável líquido refere-se à quantia líquida que uma entidade espera realizar com a venda do inventário no decurso ordinário da atividade empresarial. O justo valor reflete a quantia pela qual o mesmo inventário poderia ser trocado entre compradores e vendedores conhecedores e dispostos a isso.

[32] Pelo critério do lucro nulo, o custo de produção do subproduto corresponde ao seu valor de venda deduzido dos seus gastos específicos (*v.g.* gastos de distribuição).

[33] Por este critério, os produtos principais suportam o custo de produção dos subprodutos pelo que o seu valor de venda corresponde ao lucro bruto a eles associado.

Produtos e trabalhos em curso

Os produtos e trabalhos em curso são produtos que se encontram em determinada fase de produção, não estando ainda em condições de entrar no circuito comercial.

Variação nos inventários de produção

A diferença entre os inventários, no final e no início do período, dos produtos acabados e intermédios, dos subprodutos, dos resíduos e refugos, dos produtos e trabalhos em curso, aos ativos biológicos é relevada na conta *Variação nos inventários da produção.*

Os ativos biológicos são plantas ou animais vivos no âmbito da atividade agrícola desenvolvida por uma determinada entidade. A sua mensuração inicial e subsequente deve ser feita pelo seu justo valor, deduzido dos custos estimados no ponto de venda, exceto nos casos em que não seja possível determinar esse justo valor com fiabilidade. Nestes casos, a mensuração será feita ao custo, deduzidos de quaisquer depreciações ou perdas por imparidade acumuladas.

A conta *Reclassificação e regularização de inventários e ativos biológicos* é, em síntese, uma conta intermédia cuja frequência de movimentação depende do sistema de inventário utilizado. São relevados, nesta conta, um conjunto de transações diversificadas, maioritariamente internas, tais como: quebras e sobras de inventários (normais ou anormais), ofertas de inventários a/de terceiros, transferências entre contas de inventários, beneficiação em mercadorias usadas, transferências para/de ativos fixos tangíveis ou em curso.

Em sistema de inventário permanente, o seu saldo é transferido para a conta de inventários correspondente numa base sistemática, ou seja, após cada transação. Em sistema de inventário intermitente, a conta será saldada no processo de apuramento contabilístico do Custo dos Inventários Vendidos e das Matérias Consumidas.

Reconhecimento, mensuração e divulgação

Os inventários devem ser, de acordo com a NCRF 18 ou com a IAS 2, mensurados pelo custo ou valor realizável líquido, dos dois o mais baixo. Assim, sempre que este seja inferior àquele, deverá ser reconhecida a respetiva perda por imparidade. Similarmente, os ativos biológicos deverão ser reconhecidos ao justo valor, deduzido este de quaisquer custos estimados no ponto de venda, sendo as flutuações (perdas ou ganhos) de justo valor reconhecidas em gastos ou em rendimentos.

Práticas de controlo interno

A área de inventários, em particular a área de compras, é uma área fundamental ao nível do sistema de controlo interno de uma organização. Assim, de acordo com Morais e Martins (2007), o conteúdo básico desta área funcional abarca, entre outros, pontos fundamentais como a receção e inspeção dos bens e serviços, o registo contabilístico e operacional das compras de acordo com a sua natureza. A par dos mecanismos de controlo interno administrativo, deve a entidade implementar os mecanismos adequados de controlo contabilístico para que seja salvaguardada a observância dos postulados dos respetivos normativos.

6.1.4. Provisões e contingências

Uma provisão é, por definição, um passivo de tempestividade ou quantia incerta. Contingências são ativos ou passivos possíveis, em resultado de acontecimentos não totalmente controlados pela entidade. No entanto, do ponto de vista normativo, um passivo contingente:

> "*(a) É uma obrigação possível que provenha de acontecimentos passados e cuja existência somente será confirmada pela ocorrência ou não de um ou mais acontecimentos futuros incertos não totalmente sob controlo da entidade; ou*
>
> *(b) É uma obrigação presente que decorra de acontecimentos passados, mas que não é reconhecida porque:*
>
> *(i) Não é provável que um exfluxo de recursos incorporando benefícios económicos seja exigido para liquidar a obrigação; ou*
>
> *(ii) A quantia da obrigação não pode ser mensurada com suficiente fiabilidade.*"

Similarmente, um ativo contingente é um possível ativo proveniente de acontecimentos passados e cuja existência somente será confirmada pela ocorrência, ou não ocorrência, de um ou mais acontecimentos futuros incertos, não totalmente sob o controlo da entidade.

A rubrica *Provisões* serve para registar as responsabilidades cuja natureza esteja claramente definida e que à data do balanço sejam de ocorrência provável ou certa, mas incertas quanto ao seu valor ou data de ocorrência. As diversas subcontas, que identificam a natureza e o objetivo da provisão (impostos, garantias a clientes, processos judiciais em curso, acidentes de trabalho e doenças profissionais, matérias ambientais[34], contratos onerosos, reestruturações, entre outras), devem ser utilizadas diretamente pelos dispêndios para que foram reconhecidas, sem prejuízo das reversões a que haja lugar. A mensuração das provisões é feita, genericamente, pela melhor estimativa do dispêndio que seja exigido para liquidar a obrigação presente à data do balanço, sendo essa estimativa a quantia que uma entidade racionalmente pagaria para liquidar ou para a transferir para uma terceira parte.

Como já foi possível aferir, as provisões são fundamentalmente estimativas pelo que poderão constituir um campo fértil de discricionariedade no âmbito da designada contabilidade criativa. Independentemente do seu enquadramento fiscal[35], têm os órgãos de

---

[34] Neste caso, o seu reconhecimento e procedimentos subsequentes deverão estar em concordância com o previsto relativo a Matérias ambientais. O termo "*ambiente*" refere-se, de acordo com esta norma, ao meio físico natural, incluindo o ar, a água, a terra, a flora, a fauna e os recursos não renováveis como por exemplo os combustíveis fósseis e os minerais.

[35] De acordo com n.º 1 do art.º 39.º do CIRC, "Podem ser deduzidas para efeitos fiscais as seguintes provisões: a) As que se destinem a fazer face a obrigações e encargos derivados de processos judiciais em curso por factos que determinariam a inclusão daqueles entre os gastos do período de tributação; b) As que se destinem a fazer face a encargos com garantias a clientes previstas em contratos de venda e de prestação de serviços; c) As provisões técnicas constituídas obrigatoriamente, por força de normas emanadas pelo Instituto de Seguros de Portugal, de caráter genérico e abstrato, pelas empresas de seguros sujeitas à sua supervisão e pelas sucursais em Portugal de empresas seguradoras com sede em outro Estado membro da União Europeia; d) As constituídas com o objetivo de fazer face aos encargos com a reparação dos danos de caráter ambiental dos locais afetos à exploração, sempre que tal seja obrigatório nos termos da legislação aplicável e após a cessação desta." *(Redação da Lei n.º 82-D/2014, de 31 de dezembro).*

fiscalização um papel acrescido na aferição dos valores relevados nestas subcontas, de forma a não distorcer a realidade económico-financeira do relato financeiro.

Múltiplas são as situações que podem conduzir ao reconhecimento nas demonstrações financeiras de provisões. As especificidades de cada natureza de provisão encontram-se identificadas no normativo contabilístico, bem como os pressupostos que devem servir de base ao seu reconhecimento. Chamamos a atenção para o caso das provisões para reestruturações empresariais cujos critérios de reconhecimento, pela sua importância e amplitude, se encontram. Nelas se refere que este tipo de provisão só deve incluir os dispêndios diretos provenientes dessa reestruturação, não sendo passível de incluir outros dispêndios associados a comercializações futuras, a investimento em novos sistemas e redes de distribuição ou a treino ou deslocalização de pessoal.

Práticas de controlo interno

As exigências neste domínio são sobretudo de controlo administrativo e contabilístico pois trata-se fundamentalmente de garantir a razoabilidade das estimativas que servem de base à constituição das provisões. Reforçamos a ideia da importância dos órgãos de fiscalização (internos e externos) na aferição daquelas estimativas e na divulgação informativa imposta pelos diversos normativos.

6.1.5. Outras transações do ciclo operacional

As problemáticas abordadas neste ponto são principalmente três: 1. Especialização económica no âmbito do pressuposto do regime do acréscimo; 2. Diferimentos; e 3. Contratos de construção. Por considerarmos que se trata de um enquadramento mais adequado, as rubricas *Financiamentos obtidos* e *Acionistas (Sócios)* serão tratadas no âmbito do ciclo do financiamento.

Devedores e credores por acréscimos

A garantia da fiabilidade das demonstrações financeiras assenta, além de noutros aspetos, no facto de as mesmas estarem preparadas de acordo com o pressuposto contabilístico do acréscimo (ou da periodização económica). Através deste pressuposto, os efeitos das transações e de outros acontecimentos são reconhecidos quando ocorrem (e não quando caixa ou equivalentes de caixa sejam recebidos ou pagos), sendo registados contabilisticamente e relatados nas demonstrações financeiras dos períodos com os quais se relacionam.

Assim a rubrica de acréscimos de gastos e de rendimentos regista a contrapartida dos rendimentos (*v.g.* serviços prestados a clientes mas faturados no período seguinte; juros relativos ao período corrente mas apurados e liquidados postecipadamente) e dos gastos (*v.g.* juros de empréstimos bancários a vencerem em períodos seguintes; consumos de eletricidade e água relativos ao período corrente mas faturados *a posteriori*; previsão de férias e subsídio de férias do ano N mas processada e paga em N+1) que devam ser reconhecidos no próprio período, ainda que não tenham documentação vinculativa, cuja receita ou despesa só venha a ocorrer em período ou períodos subsequentes.

Diferimentos

Tal como a anterior, a rubrica *Diferimentos* tem como objetivo garantir a observância do pressuposto do acréscimo (ou periodização económica dos períodos contabilísticos). Assim, compreende os gastos e os rendimentos que devem ser reconhecidos nos períodos seguintes. A rubrica *Gastos a reconhecer* (ou equivalente) regista a débito, por crédito da conta de terceiros mais adequada à transação, os gastos processados no período económico corrente, mas que devem ser imputados ao período seguinte (*v.g.* seguros, cujo vencimento é, regra geral, antecipado; rendas referentes aos períodos seguintes, mas processadas ou pagas antecipadamente; juros financeiros antecipados, entre outros). A rubrica *Rendimentos a reconhecer* (ou equivalente) regista a crédito, por débito da correspondente conta de terceiros, os rendimentos imputáveis aos períodos seguintes, mas que já foram processados no período corrente (*v.g.* recebimento de rendas antecipadas; faturação de produtos ou serviços a fornecer ou prestar em períodos subsequentes, entre outros).

Contratos de construção

A problemática da periodização económica, pela sua natureza e importância na garantia da qualidade do relato financeiro, tem particular aplicabilidade aos contratos de construção. O normativo contabilístico prescreve o tratamento a dar aos réditos e custos associados aos contratos de construção pois a data em que a atividade do contrato é iniciada e a data em que a atividade é concluída abrangem períodos contabilísticos distintos. Nesse sentido, revela-se de extrema importância o rigor na imputação do rédito do contrato[36] e dos custos do contrato aos períodos contabilísticos em que o trabalho de construção seja efetivamente executado.

Por definição, um contrato de construção *é um contrato especificamente negociado para a construção de um ativo ou de uma combinação de ativos que estejam intimamente inter-relacionados ou interdependentes em termos da sua conceção, tecnologia e função ou do seu propósito ou uso final.* Importa também referir, neste contexto, que enquanto um contrato de preço fixado é um contrato em que a entidade contratada concorda com um determinado preço fixado ou com uma taxa fixada por unidade de "*output*", um contrato de *"cost plus"* é um contrato de construção em que a entidade contratada para executar o contrato de construção é reembolsada pelos custos elegíveis ou de outra forma definidos, acrescidos de uma percentagem desses custos ou uma remuneração contratualmente fixada.

O desfecho de um contrato de construção, independentemente de ser de custo fixo ou de "*cost plus*", está dependente da observância de um conjunto de condições, nomeadamente: a) seja provável que os benefícios económicos futuros fluam para a entidade; b) os custos associados ao contrato possam ser claramente identificados e fiavelmente mensurados.

Um dos aspetos principais desta temática é o reconhecimento do rédito e dos gastos em função da percentagem de acabamento[37]. Através deste método, procede-se ao balanceamento do rédito contratual com os gastos contratuais já incorridos, reconhecendo-se esses réditos,

---

[36] O rédito do contrato deve compreender: "(a) A quantia inicial de rédito acordada no contrato; e (b) Variações no trabalho, reclamações e pagamentos de incentivos do contrato: (i) Até ao ponto que seja provável que resultem em rédito; e (ii) Estejam em condições de serem fiavelmente mensurados." Neste âmbito, os réditos são mensurados pelo justo valor da retribuição recebida ou a receber.

[37] Pelo método do Lucro Nulo, o rédito somente deve ser reconhecido até ao ponto em que seja provável que os custos já incorridos do contrato sejam recuperáveis.

gastos e margens na proporção do trabalho já executado. Este reconhecimento é efetuado na demonstração dos resultados dos períodos contabilísticos em que os trabalhos foram efetivamente executados.

6.2. INVENTÁRIOS, LITÍGIOS E RECLAMAÇÕES: ASPETOS PARTICULARES DE AUDITORIA

Ao longo deste ponto, procurar-se-á identificar, no âmbito da ISA 501, os principais procedimentos substantivos a realizar na área dos inventários, litígios e reclamações, com o intuito de se recolher prova suficiente e apropriada relativamente às asserções relativas às contas conexas com estas temáticas.

Relativamente aos inventários, o auditor deve assistir às contagens físicas (procedimento de observação), avaliando as instruções e procedimentos da gerência instituídos para efeitos de registo e controlo dos resultados dessa contagem. Além disso, deve observar os procedimentos de contagem, inspecionar os inventários e executar contagens de teste. A garantia da asserção de existência e condição dos inventários deve incluir a execução de procedimentos sobre os registos finais de inventário da entidade para determinar se refletem com exatidão os resultados reais da contagem. É de assinalar a importância de analisar a suficiência e adequação das imparidades em inventários tanto no âmbito do normativo contabilístico como no âmbito do normativo fiscal aplicável.

Importa ainda sinalizar, neste âmbito, a necessidade de se executarem procedimentos para inventários sob custódia e controlo de um terceiro (vulgo "*em consignação*"), condição em que o auditor deverá igualmente obter prova suficiente e apropriada da existência e do controlo desses inventários. Do ponto de vista prático, deverá ser solicitada confirmação do terceiro (circularização) quanto às quantidades e condições dos inventários detidos em nome da entidade, implementando procedimentos de inspeção ou outros procedimentos que se revelem adequados nas circunstâncias.

Por vezes, coloca-se a questão de saber sobre a obrigatoriedade de a entidade auditada implementar procedimentos, no âmbito do controlo interno ou no âmbito da auditoria, relativos a ativos/passivos de terceiros que a entidade auditada tenha em seu poder sob custódia (inventários, passivos financeiros, como sejam, neste último caso, o papel comercial, obrigações ou outros instrumentos financeiros). Porém, ainda que tanto a teoria como a prática não evidenciem situações que requeiram tal controlo por parte da entidade custodiante, consideramos que a mesma é desejável tendo em atenção os impactos, ainda que indiretos, que daí possam resultar. Referimo-nos por exemplo ao risco reputacional da entidade custodiante, o qual poderá ser afetado tanto pela condição dos inventários em seu poder, e consequentemente pela transacionalidade direta a eles associada, como pela fiabilidade dos produtos financeiros que estão a ser transacionados pela entidade auditada. Neste último caso, consideramos fundamental a existência de um procedimento sistemático de análise de risco dos emitentes, independentemente de serem, ou não, partes relacionadas. Dir-se-ia que, no caso de serem partes relacionadas, o risco deverá ser acautelando tendo em conta os eventuais conflitos de interesses e o eventual risco de contágio associado à transacionalidade.

No que respeita aos litígios e reclamações (enquadrados na temática global das provisões e contingências), o auditor deverá implementar procedimentos de auditoria que permitam identificar litígios e reclamações que se possam vir a traduzir, subsequentemente, em exfluxos prováveis ou possíveis para a entidade. Nesse sentido, deve o auditor indagar a gerência e, nos casos em que tal se revele adequado e exigível, rever as atas das reuniões dos encarregados da governação e a correspondência existente entre a entidade e o assessor jurídico, além de rever as contas de gastos com advogados. Sublinhamos que estas contas deverão ser objeto de circularização, nos termos desenvolvidos no Capítulo 4, avaliando-se subsequentemente a razoabilidade das provisões constituídas e/ou das divulgações efetuadas. Complementarmente, deve o auditor solicitar à gerência ou aos encarregados da governação declarações escritas (temática incluída na declaração do órgão de gestão, no âmbito da ISA 580) sobre litígios e reclamações que sejam conhecidos, reais ou potenciais, e cujos efeitos devam ser avaliados e considerados na preparação das demonstrações financeiras, de acordo com o referencial contabilístico aplicável.

Sublinhamos ainda o facto de a ISA 501 identificar também procedimentos de auditoria no que concerne ao relato por segmentos. Porém, pela sua amplitude e especificidade, trataremos esta temática no Capítulo 9 desta obra.

Finalmente, identificamos alguns procedimentos de auditoria que devem ser observados no âmbito das contas a receber e das contas a pagar de natureza operacional. Assim, são de destacar: 1. Confirmação externa de saldos (circularização, tal como ilustrado na Figura 4.5.); 2. Avaliação da adequação e suficiência do nível de imparidades de acordo com o normativo contabilístico, e respetivo enquadramento no âmbito fiscal; 3. Verificação do cumprimento das obrigações fiscais (*v.g.* IRS; IRC; IVA; Imposto do Selo; etc.). Ainda que não se trate de uma lista exaustiva, a adoção de procedimentos de auditoria que permitam certificar os saldos de conta, ou as classes de transações, no que respeita às contas a receber e contas a apagar desta natureza, requer do auditor a implementação de procedimentos ou testes que permitam obter prova corroborativa para as diversas asserções. O julgamento profissional, associado às dimensões qualitativa e quantitativa da materialidade, permitirão identificar, em cada caso concreto, a natureza, a pertinência, a oportunidade e a extensão dos procedimentos/testes adotados.

Capítulo 7
Auditoria ao Ciclo do Investimento

7.1. PRINCIPAIS ASPETOS CONTABILÍSTICOS E FISCAIS

O Ciclo do Investimento agrega o conjunto de atividades e decisões empresariais associadas aos investimentos e desinvestimentos, os quais integram, no Balanço ou na Demonstração da Posição Financeira, o grupo designado de "*Ativo Não Corrente*". Além dos investimentos/desinvestimentos de natureza financeira, inclui os investimentos/ /desinvestimentos em propriedades de investimento, em ativos fixos tangíveis e intangíveis e os investimentos em curso. Ainda que relevados no ativo corrente da entidade, este ciclo está igualmente associado aos ativos não correntes detidos para venda e/ou a transações relacionadas com atividades descontinuadas. Regra geral, traduz os ativos adquiridos com caráter de permanência, independentemente da sua forma de financiamento, cuja rotação influencia os mais diversos indicadores de gestão.

Múltiplos são os métodos de valorização dos ativos que integram aquele grupo de ativos, nomeadamente os que devem ser seguidos para ativos fixos tangíveis/ativos intangíveis, propriedades de investimento ou investimentos financeiros. Globalmente, caso seja utilizado o modelo da revalorização na mensuração subsequente dos ativos fixos tangíveis e ativos intangíveis, poderá a opção passar pela utilização de subcontas na evidenciação do seu custo de aquisição/produção e das suas revalorizações. Se estas revalorizações originarem um decréscimo do valor do ativo, essa diminuição deverá ser relevada, total ou parcialmente, na classe de gastos. Se originar um aumento do valor do ativo, esse aumento deverá ser relevado, total ou parcialmente, e de forma direta, no capital próprio da entidade. Contrariamente ao referido, a valorização das propriedades de investimento deverá seguir o modelo do justo valor, relevando-se em resultados as flutuações, tanto positivas como negativas, ocorridas nesse justo valor.

7.1.1. Ativos fixos tangíveis

Os ativos fixos tangíveis são itens tangíveis que: (a) Sejam detidos para uso na produção ou fornecimento de bens ou serviços, para arrendamento a outros ou para fins administrativos; (b) Se espera que sejam usados durante mais do que um período. Devem ser reconhecidos enquanto tal, se cumprirem com os requisitos necessários para o reconhecimento como ativo, ou seja, seja provável que existam benefícios económicos futuros que fluam para a entidade e quando o seu custo[1] puder ser mensurado com fiabilidade. Genericamente, trata-se de bens móveis ou imóveis que a entidade utiliza na sua atividade económica por um período superior a um ano. São igualmente integrados nesta rubrica os bens móveis ou imóveis adquiridos em regime de locação financeira.

Os ativos fixos tangíveis integram, como já referido, o ativo não corrente da entidade, sendo sujeitos à depreciação periódica resultante da sua utilização normal e ao reconhecimento de eventuais perdas por imparidade sempre que o seu valor recuperável líquido seja inferior à sua quantia escriturada. Pela sua tipologia diferenciada, apresenta-se de seguida uma breve descrição das suas subcontas com as principais referências ao seu tratamento contabilístico.

Terrenos e Recursos Naturais

Registam-se nesta conta os terrenos e recursos naturais que estejam afetos à atividade operacional da empresa, como é o caso de indústrias extrativas ou similares (plantações de natureza permanente, pedreiras,

[1] O custo de um ativo fixo tangível é a quantia de caixa ou seus equivalentes paga ou o justo valor de outra retribuição dada para adquirir um ativo no momento da sua aquisição ou construção ou, quando aplicável, a quantia atribuída a esse ativo aquando do reconhecimento inicial de acordo com os requisitos específicos de outras normas contabilísticas.

minas, exploração de águas, etc.). São de incluir nesta conta os dispêndios com a preparação dos terrenos (desbravamentos, drenagens, entre outros).

Edifícios e outras construções

Englobam-se nesta conta todos os edifícios e outras construções que estejam afetos à atividade operacional da empresa quer sejam para fins industriais, comerciais ou administrativos. Os edifícios e outras construções, cedidos em arrendamento, não são aqui relevados, mas sim na conta *Propriedades de investimento.*

Equipamento básico

O equipamento básico de uma entidade engloba as máquinas, ferramentas e utensílios diretamente associados às atividades que a entidade desenvolve. São bens diretamente associados ao processo de transformação de bens conducente à produção de um produto acabado ou à prestação de um serviço.

Equipamento de transporte

Inclui os bens de transporte adquiridos ou produzidos pela entidade que não constituam o objeto social da entidade (classificados nesse caso como inventários), tais como veículos, barcos, aviões, empilhadores, gruas, entre outros de natureza similar. Independentemente da forma de financiamento, os bens desta natureza devem ser relevados nesta conta.

Equipamento administrativo

Relevam-se nesta conta os equipamentos sociais e o mobiliário diverso, ou seja, os elementos patrimoniais afetos à área administrativa de entidade.

Equipamento biológico

São reconhecidos nesta conta os animais e plantas vivos que reúnam os requisitos de reconhecimento como investimento e que não se enquadrem no âmbito do normativo contabilístico relacionado com a Agricultura.

Outros ativos fixos tangíveis

Trata-se de uma conta de natureza residual pois engloba os ativos fixos tangíveis que não tenham enquadramento específico nas contas anteriores.

Reconhecimento e mensuração

Genericamente, o custo de um ativo fixo tangível compreende:

1. O seu preço de compra, incluindo os direitos de importação e os impostos de compra não reembolsáveis, após dedução dos descontos e abatimentos;
2. Os custos diretamente atribuíveis para colocar o ativo na localização e condição necessárias para o mesmo ser capaz de funcionar da forma pretendida;
3. A estimativa inicial dos custos de desmantelamento e remoção do item e de restauração do local no qual este está localizado, em cuja obrigação uma entidade incorre seja quando o item é adquirido seja como consequência de ter usado o item durante um determinado período para finalidades diferentes da produção de inventários durante esse período.

Integram o custo do ativo fixo tangível todos os dispêndios com a sua aquisição ou produção, assim como todos os dispêndios necessários para o colocar no seu local de utilização e em funcionamento (dispêndios em instalação e formação, entre outros). São igualmente de incluir os impostos não dedutíveis como sejam o IVA não dedutível nas viaturas ligeiras de passageiros ou o IMT[2] na transmissão de imóveis a título oneroso.

Não integram os custos do ativo os dispêndios relacionados com custos administrativos, custos de natureza comercial como aqueles relacionados com o lançamento de novos produtos/serviços,

---

[2] O imposto municipal sobre as transmissões onerosas de imóveis (IMT) incide sobre as transmissões, a título oneroso, do direito de propriedade sobre imóveis e das figuras parcelares desse direito, podendo estes direitos transmitir-se sob diversas formas ou ocorrer na constituição ou extinção de diversos tipos de contratos.

incluindo dispêndios em publicidade, bem como os custos com reestruturações empresariais ou outros similares. Em casos particulares, é possível imputar ao custo inicial de um ativo os encargos financeiros associados ao seu financiamento, desde que enquadrados no respetivo normativo contabilístico. Ilustram-se, na figura seguinte, os principais elementos que podem integrar o custo inicial de um ativo fixo tangível.

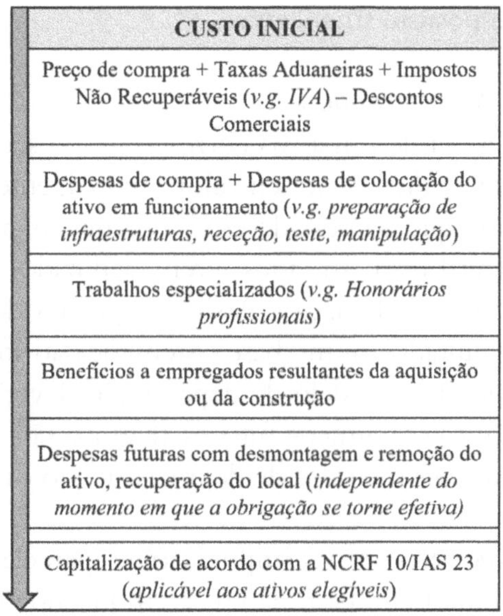

Figura 7.1. – Mensuração inicial dos Ativos Fixos Tangíveis

Os ativos que integram esta conta são mensurados inicialmente ao seu custo, tal como descrito anteriormente. Porém, na sua mensuração subsequente, a entidade deverá definir a política contabilística a seguir, optando por um dos seguintes modelos:

1. Modelo do Custo;
2. Modelo da Revalorização.

Caso a política contabilística a seguir seja o modelo do custo, a quantia escriturada do ativo corresponderá ao seu custo inicial, deduzido das depreciações acumuladas e das perdas por imparidade acumuladas. Caso a opção recaia sobre o modelo da revalorização, o ativo é expresso pelo seu justo valor à data da revalorização, deduzido das depreciações e perdas por imparidade ocorridas após a mensuração inicial. É de notar que a adoção deste modelo pressupõe que o justo valor possa ser determinado com fiabilidade e cuja regularidade possa colmatar divergências materialmente relevantes entre o justo valor na data da mensuração e o justo valor verificado na data do balanço ou demonstração da posição financeira.

Depreciações e amortizações

A quantia depreciável de um ativo corresponde ao seu custo ou ao seu custo revalorizado, deduzido do seu valor residual, entendido este como a quantia estimada que a entidade espera recuperar pela sua alienação no final da vida útil do bem, após serem deduzidos os custos necessários para efetivar essa alienação. Assim, a quantia depreciável deverá ser imputada a resultados numa base sistemática ao longo da vida útil do bem. Regra geral, o modelo de depreciação deverá refletir a forma como os benefícios económicos futuros fluem e são consumidos pela entidade. Os principais métodos de depreciação são os seguintes:

1. Método da linha reta: imputação em parcelas iguais ao longo da vida útil do bem, caso não se verifique alteração no seu valor residual;
2. Método do saldo decrescente: o valor a reconhecer durante a vida útil do bem é decrescente ao longo desse período. Normalmente, a principal justificação está associada ao facto de os gastos de manutenção desses ativos terem um comportamento inverso durante a vida útil do mesmo. Consegue-se desta forma observar um alisamento dos gastos globais com o ativo ao longo do período em que o mesmo está afeto à atividade;
3. Método das unidades de produção: a imputação das depreciações aos resultados do período surge indexado à atividade (produção) e ao uso esperado do bem. Trata-se de um método baseado na produção efetiva, o que, do nosso ponto de vista, é o método mais aderente ao conceito de depreciação.

Em consequência da adoção das IAS e do SNC, e decorrente da revisão do CIRC, o decreto Regulamentar n.º 25/2009, de 14 de setembro, veio rever o enquadramento dado às depreciações e amortizações. Este diploma legal enquadra as principais exigências sobre o tratamento fiscal a dar a esta problemática, embora existam diferenças terminológicas que o legislador optou por não alinhar com o prescrito pelo sistema de normalização contabilística em vigor. Assim, preconizam-se neste diploma fiscal os seguintes métodos de depreciação e amortização:

1. MÉTODO DAS QUOTAS CONSTANTES: "[...] *a quota anual de depreciação ou amortização que pode ser aceite como gasto do período de tributação é determinada aplicando-se aos valores depreciáveis as taxas de depreciação ou amortização específicas fixadas na tabela I anexa ao presente decreto regulamentar, e que dele faz parte integrante, para os elementos do ativo dos correspondentes ramos de atividade ou, quando estas não estejam fixadas, as taxas genéricas mencionadas na tabela II anexa ao presente decreto regulamentar, e que dele faz parte integrante* [...]".

Excetuam-se do disposto no número anterior os seguintes casos, em que as taxas de depreciação ou amortização são calculadas com base no correspondente período de utilidade esperada, o qual pode ser corrigido quando se considere que é inferior ao que objetivamente deveria ter sido estimado: a) Bens adquiridos em estado de uso; b) Bens avaliados para efeitos de abertura de escrita; c) Grandes reparações e beneficiações[3]; d) Obras em edifícios e em outras construções de propriedade alheia[4].

2. MÉTODO DAS QUOTAS DECRESCENTES OU DEGRESSIVAS: "[...] *a quota anual de depreciação que pode ser aceite como gasto do período de tributação determina-se aplicando à quantia depreciável, que ainda não*

[3] As que aumentem o valor ou a duração provável dos elementos a que respeitem.

[4] As que, tendo sido realizadas em edifícios e em outras construções de propriedade alheia, e não sendo de manutenção, reparação ou conservação, ainda que de caráter plurianual, não deem origem a elementos removíveis ou, dando-o, estes percam então a sua função instrumental.

tenham sido depreciados, as taxas aplicáveis às quotas constantes, corrigidas pelos seguintes coeficientes máximos: a) 1,5, quando o período de vida útil do elemento seja inferior a cinco anos; b) 2, quando o período de vida útil do elemento seja de cinco ou seis anos; c) 2,5, quando o período de vida útil do elemento seja superior a seis anos [...]".

De acordo com o referido diploma, no ano em que o ativo fique disponível para uso, pode ser praticada a quota anual de depreciação ou amortização determinada a partir dessa quota anual, correspondente ao número de meses contados desde o mês da entrada em funcionamento ou utilização desses ativos (*Critério dos Duodécimos*).

Tal como previsto no normativo contabilístico em geral e no DR n.º 25/2009, de 14 de setembro, deverá ser garantida a convergência de métodos e critérios para os mesmos grupos de ativos e ao longo dos períodos contabilísticos. Sem prejuízo das correções fiscais decorrentes das alterações verificadas nesses métodos e critérios, torna-se necessário incluir no relato financeiro os efeitos decorrentes de eventuais alterações às políticas contabilísticas. Neste âmbito, deverá ser seguido o estipulado no normativo relacionado com as alterações às políticas contabilísticas, estimativas e erros.

Imparidades

Refere-se ao excedente da quantia escriturada desse ativo (ou unidade geradora de caixa) em relação à sua quantia recuperável. Esta quantia recuperável resulta, regra geral, do justo valor desse ativo ou unidade geradora de caixa, deduzido dos dispêndios necessários à sua alienação no final da sua vida útil. O reconhecimento da imparidade é feito na demonstração dos resultados.

Abates e alienações

O desreconhecimento de um ativo fixo tangível das demonstrações financeiras ocorre no momento da sua alienação ou sempre que cessem os benefícios económicos futuros a ele associados. O ganho ou a perda resultante desse desreconhecimento deverá ser relevado numa rubrica de *Gastos em investimentos não financeiros* ou de *Rendimentos em investimentos não financeiros*.

7.1.2. Propriedades de Investimento

Uma propriedade de investimento é, no âmbito das IFRS e do SNC, uma propriedade (terreno ou um edifício - ou parte de um edifício - ou ambos) detida pelo dono ou pelo locatário numa locação financeira, para obter rendas, para valorização do capital ou para ambas as finalidades. Estes ativos não se destinam a serem usados na produção, no fornecimento de bens ou serviços, para finalidades administrativas ou para venda no decurso ordinário do negócio. Os terrenos ou edifícios (ou ambos) têm tratamentos contabilísticos distintos, consoante a sua finalidade. Apesar de não se enquadrarem no âmbito das propriedades de investimentos serão tratados como:

1. Inventários: quando se destinem à venda no decurso normal da atividade ou estejam em vias de construção ou desenvolvimento para tal finalidade;
2. Contratos de Construção: sempre que a propriedade esteja a ser construída ou desenvolvida por conta de terceiros;
3. Ativos Fixos Tangíveis: quando a propriedade esteja ocupada pelo proprietário mesmo que seja para uso subsequente. São ainda tratados, neste âmbito, os imóveis que estejam em construção e em desenvolvimento, mas que se destinem a serem utilizados no futuro como propriedade de investimento.

Reconhecimento e mensuração

Na mensuração inicial, o custo das propriedades de investimento inclui os dispêndios com a sua aquisição (preço de aquisição), bem como os custos diretamente atribuíveis à propriedade tais como dispêndios com serviços de natureza legal (*v.g.* registos notariais, entre outros), impostos (*v.g.* IMT) e outros custos de transação. Não se incluem no seu custo, regra geral, os custos de arranque, as perdas operacionais incorridas antes de a propriedade ter atingido o nível de ocupação previsto, bem como as quantidades anormais de fatores de produção (materiais e humanos) utilizados na sua construção e desenvolvimento. A mensuração subsequente das propriedades de investimento difere da apresentada para os ativos fixos tangíveis.

A entidade poderá optar por mensurar todas as suas propriedades de investimento por um dos seguintes modelos:

1. Modelo do Custo: de acordo com este modelo, é reconhecida a depreciação do bem, por analogia ao estipulado para os ativos fixos tangíveis, bem como as eventuais perdas por imparidade;
2. Modelo do Justo Valor: as flutuações de justo valor[5] (ganhos ou perdas) são reconhecidas na demonstração dos resultados, respetivamente nas rubricas *Ganhos por aumentos de justo valor – Em propriedades de investimento* ou na rubrica *Perdas por reduções de justo valor – Em propriedades de investimento.*

7.1.3. Ativos intangíveis

A procura de uma definição universalmente aceite que possa traduzir a essência daquilo que a literatura em geral, e a contabilística em particular, tem consagrado como "*Ativos Intangíveis*" já foi objeto de ampla abordagem pelo autor desta obra (Lopes, 2013).

A necessidade de particularizar o caso dos ativos intangíveis resulta, além de outras razões científicas, da necessidade de demonstrar que o valor de uma empresa não reside apenas naquilo que é atualmente divulgado no relato financeiro de uma organização, mas também de impulsionadores de valor que, pela sua dificuldade de identificação e consequente mensuração, têm passado à margem da corrente contabilística-financeira.

Um ativo intangível traduz um potencial de retorno futuro e que não possui substância física ou financeira. No contexto da literatura de gestão ou mesmo na literatura jurídica, designações como "Intangíveis", "Ativos do Conhecimento" ou "Capital Intelectual" (Lopes, 2013) têm sido utilizadas de forma indiferenciada. No entanto, quando os direitos a eles associados ficam legalmente protegidos, a designação

[5] Os ajustamentos decorrentes da aplicação do justo valor não concorrem para a formação do lucro tributável, sendo imputados como rendimentos ou gastos no período de tributação em que os elementos ou direitos que lhes deram origem sejam alienados, exercidos, extintos ou liquidados (n.º 9 art.º 18.º do CIRC). Esta matéria será abordada no Capítulo 9 desta obra.

mais comum tem sido a de "*Propriedade Intelectual*". Na verdade, o valor destes ativos está intrinsecamente associado aos direitos que a sua posse possa conferir aos seus detentores.

Assim, um Ativo Intangível é tudo aquilo que não possui existência física ou é um investimento, mas possui valor para a organização. São normalmente ativos de longo prazo, não podem ser fielmente mensurados a não ser no momento em que a organização é transacionada (total ou parcialmente), sendo a sua generalidade referenciada com a designação de *Goodwill*[6]. A visão algo redutora, que em nossa opinião apresenta, é igualmente associada ao capital intelectual de uma empresa. Por este motivo, atribuímos alguma relevância, do ponto de vista da substância, à associação feita entre ativos intangíveis e recursos intangíveis. Os ativos intangíveis são a base para a capacidade de inovação de uma organização e por isso a fonte primordial dos benefícios económicos futuros.

Na verdade, nem todos os recursos intangíveis satisfazem os critérios de reconhecimento como ativos pelo que apenas alguns são reconhecidos como ativos intangíveis e apresentados no balanço da organização. Esses dispêndios serão reconhecidos como gastos quando forem incorridos, embora devam ser, no nosso entendimento, objeto de divulgação (Lopes, 2013).

O reconhecimento contabilístico dos intangíveis não é tarefa fácil ou mesmo transparente. Mas o seu reconhecimento como gastos em

---

[6] *Goodwill* pode ser genericamente entendido como a diferença entre o valor de compra e o valor patrimonial. Rodrigues (2006) entende o *Goodwill* "como uma forma de valorização das capacidades superiores que apresenta uma empresa e ou um grupo (como forma de assegurar vantagens competitivas de médio e longo prazo, que se traduzirão em rendimentos acrescidos), e que acabam por se revelar de importância num contexto de aquisições empresariais, ao reconhecer que o preço pago pela aquisição supera o valor contabilístico e mesmo o justo valor do património da sociedade adquirida". Refere ainda a autora que "o goodwill tem, todavia, existência própria, apesar da sua imaterialidade e até da sua difícil separabilidade da empresa como um todo, independentemente de existir ou não uma aquisição". No entanto, ainda segundo a autora, a capacidade de gerar ganhos futuros não advém da diferença entre dois valores mas sim de um conjunto de ativos intangíveis possuídos pela empresa adquirida e que são considerados no momento da aquisição por estarem associados a benefícios económicos futuros.

determinado período não coincide temporalmente com o possível retorno desse esforço de captação e fluidez de benefícios económicos futuros. Significa isto que o tradicional método das partidas dobradas se revela totalmente desajustado num contexto em que surgem fortes indícios de que os intangíveis são uma poderosa fonte de valor. Ainda que exista clara consciência de tal desajustamento e das suas implicações nos mercados de capitais, a natureza incerta dos bens de conhecimento e a ainda persistente resistência por parte de muitos gestores, analistas financeiros e investidores institucionais provocam uma inércia crónica na construção de eventuais sistemas que possam refletir esta realidade.

Podendo ser inicialmente mensurados pelo seu custo, o seu reconhecimento depende, no entanto, de duas condições fundamentais, nomeadamente a probabilidade de que os benefícios económicos futuros atribuíveis a esses ativos fluirão para a organização e a possibilidade de o seu valor poder ser fielmente determinado. Relativamente ao registo desses intangíveis, ao seu custo deverão ser deduzidas todas as amortizações acumuladas bem como quaisquer perdas por imparidade acumuladas. Sobre a sua possível revalorização, o normativo contabilístico é vinculativo ao esclarecer que um ativo só poderá ser revalorizado se tiver sido previamente reconhecido ou se existir um mercado ativo para esses intangíveis e até ao limite do seu justo valor.

Goodwill

Esta rubrica regista o *Goodwill* gerado pela aplicação do método da compra nas concentrações de atividades empresariais, na situação em que o justo valor dos ativos e passivos identificáveis é inferior ao custo de aquisição. Contudo, não se reconhece como um ativo intangível o *Goodwill* gerado internamente.

Projetos de desenvolvimento

Esta rubrica regista a capitalização dos dispêndios em desenvolvimento de produtos/serviços e/ou processos, entendidos estes como a aplicação de descobertas derivadas da pesquisa e aplicáveis à conceção de novos ativos ou ao melhoramento substancial dos existentes.

Este reconhecimento está dependente da prova de que existirão benefícios económicos futuros que fluirão para a entidade.

Programas de computador

Regista os programas de computador adquiridos pela entidade e que se espera que sejam utilizados no exercício da atividade. Não devem ser relevados nesta conta os programas que fazem parte integrante de equipamentos e que sem os quais não poderão funcionar. Nesses casos, serão relevados na correspondente conta de ativos fixos tangíveis.

Propriedade industrial

Esta rubrica integra, regra geral, os ativos intangíveis sujeitos a proteção legal, como sejam patentes, marcas, licenças, concessões, direitos de exploração e utilização, direitos de autor, entre outros. Sublinhe-se, contudo, que, de acordo com o normativo contabilístico aplicável, existe uma grande panóplia de dispêndios que não podem ser reconhecidos como ativos intangíveis (*v.g.* dispêndios com marcas, cabeçalhos, títulos de publicações, listas de clientes, desde que gerados internamente).

Outros ativos intangíveis

Trata-se de uma rubrica de natureza residual que deve englobar os ativos intangíveis que devem ser reconhecidos à luz das normas, mas que, pela sua natureza, não se enquadram nas contas anteriores (*v.g.* protótipos, modelos, entre outros).

Do ponto de vista normativo, existe uma distinção objetiva entre os ativos intangíveis adquiridos ao exterior e os ativos intangíveis desenvolvidos internamente, neste último caso com maiores restrições ao seu efetivo reconhecimento. Consideramos que as normas contabilísticas sobre ativos intangíveis são normas demasiado herméticas no que se refere aos critérios de reconhecimento, compreendendo, contudo, que se trata de ativos para os quais existem dificuldades acrescidas na determinação fiável do seu valor.

Reconhecimento e mensuração

Ainda que diferenciados na sua substância, os modelos de reconhecimento e mensuração dos ativos intangíveis são os mesmos que explanámos para os ativos fixos tangíveis, com as devidas adaptações terminológicas. Nesse sentido, dispensamo-nos de repetir o enquadramento teórico desses modelos.

Os constrangimentos ao reconhecimento subsequente deste tipo de ativos, tendo por base o seu justo valor, não diferem da generalidade dos ativos. Contudo, a sua intangibilidade, e por vezes unicidade, não permite aferir com fiabilidade esse justo valor, optando-se por aplicar o modelo do custo. Ainda que possamos compreender esta opção para efeitos de relevação contabilística, é nosso entendimento que tal situação requer divulgações acrescidas tal como evidenciaremos em ponto próprio.

Pela sua importância e pertinência, apresentamos, neste contexto, as abordagens mais usuais na determinação do valor dos ativos intangíveis, pese embora as limitações impostas pelo normativo contabilístico. São três as principais abordagens seguidas na mensuração e valorização dos ativos intangíveis, independentemente da sua relevação no balanço da entidade.

1. Mensuração baseada no custo: tem o seu núcleo fundamental no conceito de custo, particularmente o custo de reprodução ou o custo de reposição. O primeiro refere-se aos dispêndios associados à construção ou aquisição de uma réplica exata (desprezando a existência de eventuais mercados ativos e concorrenciais) do ativo intangível. O segundo toma em consideração os dispêndios associados à recriação (e não criação pois aquele envolve os custos de duplicação de um ativo já existente) da utilidade económica (ou seja, trata-se de repor o nível de satisfação apesar da subjetividade intrínseca a esta abordagem) do referido ativo intangível.
2. Mensuração baseada no preço de mercado: o valor é indicado através de duas categorias de procedimentos: a primeira assente numa recolha de dados sobre transações num mercado ativo, seja pela venda ou pelo licenciamento; a segunda pelo

acesso às condições desse mercado e que possam influenciar o preço. Trata-se de um processo analítico complexo, no qual não são excluídos os conceitos e os fundamentos das abordagens baseadas no custo ou no rendimento.

3. Mensuração baseada no rendimento esperado: assenta na asserção de que o valor de um ativo intangível está no valor presente dos rendimentos económicos futuros a ele associados, os quais devem ser geridos pelo seu proprietário ou detentor. Trata-se, por isso, de uma abordagem totalmente prospetiva para a qual é necessária uma determinada taxa de retorno. Esta taxa de retorno é, na verdade, e em conjunto com a estimativa de retorno expectável, o aspeto fundamental porquanto está fortemente imbuída de risco e incerteza.

Amortizações e imparidades

A amortização dos ativos intangíveis é, tal como para os ativos fixos tangíveis, reconhecida numa base sistemática ao longo da sua vida útil. Porém, para este tipo de ativos, a vida útil pode ser considerada indefinida sempre que não se consiga determinar o horizonte temporal em que o ativo deixe de gerar influxos de caixa líquidos a fluir para a entidade detentora. Nos casos em que a vida útil do ativo é considerada indefinida, não se reconhecerão quaisquer amortizações.[7] Para os ativos intangíveis com vidas úteis finitas, os métodos de amortização podem ser o método da linha reta, o método degressivo ou o método da unidade de produção.

A fixação da vida útil de um ativo intangível, além do enquadramento fiscal dado pelo DR n.º 25/2009[8], de 14 de setembro, deverá

---

[7] Exceto nos casos do SNC, em que está prevista a sua amortização num período não superior a dez anos.

[8] Do ponto de vista fiscal, os ativos intangíveis são amortizáveis quando sujeitos a deperecimento, designadamente por terem uma vigência temporal limitada. São amortizáveis os seguintes ativos intangíveis: a) Despesas com projetos de desenvolvimento; b) Elementos da propriedade industrial, tais como patentes, marcas, alvarás, processos de produção, modelos ou outros direitos assimilados, adquiridos a título oneroso e cuja utilização exclusiva seja reconhecida por um período limitado de tempo.

ter em conta a obsolescência técnica, tecnológica (*v.g.* desvalorização de *software* devido a avanços tecnológicos), comercial (*v.g.* período em que se mantêm os direitos contratuais de concessão) ou de outro tipo.

O reconhecimento de imparidades está dependente de existir evidência de que a quantia escriturada do ativo é superior ao seu valor recuperável líquido. Caso deixe de se verificar tal condição, a eventual imparidade reconhecida deverá ser revertida.

A divulgação dos intangíveis

A problemática em torno da não inclusão dos intangíveis nos relatos financeiros, embora com reconhecimento por parte dos investidores nas suas decisões de investimento, já é uma evidência inquestionável. Tradicionalmente, o desenvolvimento económico-financeiro em torno dos intangíveis tem estado centrado na procura de medidas que possam traduzir em unidades monetárias esses mesmos recursos intangíveis. Se é verdade que casos existem em que essa mensuração se revela linear (dispêndios em desenvolvimento, por exemplo), outros casos existem em que a sua mensuração não se revela exequível e por isso não podem ser desprezadas outras alternativas de monitorização e de divulgação. Significa isto que a parte visível das organizações coexiste com uma parte invisível (Ativos intangíveis).

Englobam-se naquele último grupo as estruturas internas e externas das organizações associadas à dimensão das suas competências e aptidões. Pretendemos dizer que os ativos intangíveis, determinantes na criação de valor nas organizações, podem não ser objeto de mensuração monetária, mas sim monitorizados e integrados no relato financeiro das organizações. Estaremos certamente a convergir para a garantia das características qualitativas da informação financeira da compreensibilidade e da relevância, denominador comum dos mais atuais normativos contabilísticos.

7.1.4. Investimentos financeiros

Os investimentos financeiros englobam as aplicações financeiras de caráter permanente, assumindo por isso uma natureza estratégica para a entidade. Resultam da expansão das atividades empresariais, tanto por processos de integração horizontal como vertical, permitindo à entidade atingir um posicionamento estratégico e financeiro mais diversificado e diferenciado.

Enquanto as aplicações financeiras registadas nesta rubrica têm caráter de permanência e continuidade, as aplicações financeiras relevadas em meios financeiros líquidos são aplicações de curto prazo, influenciando diretamente o ciclo de tesouraria.

Um grupo económico é constituído por uma empresa-mãe e todas a suas subsidiárias, exercendo sobre estas uma Percentagem de Controlo e tendo nelas, complementarmente, uma Percentagem de Interesse. Entende-se por percentagem de controlo o poder de gerir as políticas financeiras e operacionais da sociedade dependente ou de uma atividade económica com o objetivo de obter benefícios da participação. Legalmente, esse controlo é representado pela percentagem de direitos de voto na entidade participada, tanto por via das participações diretas como indiretas. Concorrerão também para este controlo os eventuais acordos que possam existir e que atribuam à entidade participante um controlo acrescido.

A percentagem de interesse está associada à parte de capital ou parcela do património da participada, detida de forma direta ou indireta. Sendo um conceito de base patrimonial, corresponde à parcela do capital próprio da entidade que caberia à entidade participante caso se verificasse a partilha do património societário da participada, em resultado da liquidação ou extinção da sociedade. Relativamente ao controlo exercido, há que distinguir entre:

1. Controlo Exclusivo;
2. Controlo Conjunto;
3. Influência Significativa.

Assim, o controlo exclusivo (ou efetivo) ocorre sempre que a sociedade participante detém uma percentagem de participação superior a 50% (Empresas Subsidiárias). O controlo conjunto traduz a partilha de controlo, por via contratual, entre os empreendedores. Neste caso, é exigida unanimidade sobre as decisões estratégicas financeiras e operacionais. Finalmente, a influência significativa (controlo superior ou igual a 20%) traduz-se no poder de participar nas decisões das políticas financeira e operacional da participada. Esta influência significativa pode ser obtida através da posse de ações ou mesmo por via dos estatutos ou acordos.

Mensuração dos investimentos financeiros

Os investimentos financeiros que representem participações de capital são mensurados, regra geral, pelo Método da Equivalência Patrimonial, com as exceções e particularidades previstas em cada norma. A tabela seguinte, na qual são indicados os métodos de mensuração dos instrumentos financeiros, é meramente indicativa pois o tratamento particular está previsto na correspondente NCRF ou IAS.

Participações	Nas contas individuais	Nas contas consolidadas
Em subsidiárias.	Regra geral, pelo método da equivalência patrimonial.	Método da consolidação integral.
Em associadas.	Regra geral, pelo método da equivalência patrimonial.	Método da equivalência patrimonial.
Em empreendimentos conjuntos (entidades conjuntamente controladas).	Método da consolidação proporcional ou método da equivalência patrimonial.	Método da consolidação proporcional.
Noutras entidades.	Método do custo ou método do justo valor.	Método do custo ou método do justo valor.

Assim, enumeramos os seguintes métodos de mensuração:

- Método do Custo: caracterizado pelo facto de o investimento ser valorizado pelo seu preço de aquisição acrescido dos custos de transação[9].
- Método do Custo Amortizado: o investimento é valorizado pelo custo amortizado, entendendo-se este como a quantia pela qual esse investimento é mensurado no reconhecimento inicial,

[9] São custos incrementais que sejam diretamente atribuíveis à aquisição, emissão ou alienação de um ativo ou passivo financeiro. Um custo incremental é aquele que não seria incorrido se a entidade não tivesse adquirido, emitido ou alienado o instrumento financeiro.

menos os reembolsos de capital, mais ou menos a amortização cumulativa, usando o método do juro efetivo[10], de qualquer diferença entre essa quantia inicial e a quantia na maturidade[11]. São ainda de deduzir as reduções provenientes de eventuais imparidades ou incobrabilidades.

- MÉTODO DO JUSTO VALOR: corresponde à valorização subsequente dos investimentos financeiros cujas flutuações de justo valor sejam reconhecidas diretamente em resultados (*Perdas por reduções de justo valor – Em investimentos financeiros* ou *Ganhos por aumentos de justo valor – Em investimentos financeiros*).
- MÉTODO DA EQUIVALÊNCIA PATRIMONIAL: trata-se de um método de contabilização pelo qual o investimento (ou interesse) é inicialmente reconhecido pelo custo (sendo o *Goodwill* respetivo apresentado separadamente) e posteriormente ajustado em função das alterações verificadas, após a aquisição, na quota-parte do investidor ou do empreendedor nos ativos líquidos da investida ou da entidade conjuntamente controlada. Os resultados do investidor ou empreendedor incluem a parte que lhe corresponda nos resultados da investida ou da entidade conjuntamente controlada. Ou seja, a valorização da participação reflete a todo o momento as alterações verificadas no capital próprio da participada.

De acordo com o método anterior, o custo de aquisição de uma participação será acrescido ou reduzido da: 1. Quantia correspondente à proporção nos resultados líquidos da entidade participada; 2. Quantia correspondente à proporção noutras variações nos capitais próprios da entidade participada; 3. Quantia dos lucros distribuídos à participação; e 4. Quantia da cobertura de prejuízos que tenha sido deliberada.

---

[10] Método do juro efetivo é um método de calcular o custo amortizado de um ativo financeiro ou de um passivo financeiro (ou grupo de ativos financeiros ou de passivos financeiros) e de imputar o rendimento dos juros ou o gasto dos juros durante o período relevante. A taxa de juro efetiva é a taxa que desconta exatamente os pagamentos ou recebimentos de caixa futuros estimados durante a vida esperada do instrumento financeiro ou, quando apropriado, um período mais curto na quantia escriturada líquida do ativo financeiro ou do passivo financeiro.

[11] Corresponde aos fluxos de caixa na(s) data(s) de vencimento das operações.

No momento da aplicação do método da equivalência patrimonial pela primeira vez, devem ser atribuídas às partes de capital as quantias correspondentes à fração dos capitais próprios que elas representavam no início do período, por contrapartida da rubrica *Ajustamentos em ativos financeiros – Relacionados com o método da equivalência patrimonial – Ajustamentos de transição.* No caso particular das contas consolidadas, no âmbito das concentrações de atividades empresariais[12], destacam-se ainda o *Método de Consolidação Integral* e o *Método de Consolidação Proporcional.*

- Método de Consolidação Integral: método de combinação das demonstrações financeiras da empresa-mãe, e das suas subsidiárias, linha a linha adicionando, pela sua totalidade, os itens idênticos de ativos, passivos, capital próprio, rendimentos e ganhos e gastos e perdas. Neste método serão identificados os interesses minoritários nos ativos líquidos das subsidiárias consolidadas e relevados separadamente do capital próprio dos acionistas da empresa-mãe.
- Método de Consolidação Proporcional: método de combinação das demonstrações financeiras das entidades conjuntamente controladas, adicionando linha a linha, pela percentagem de participação, os itens idênticos de ativos, passivos, capital próprio, rendimentos e ganhos e gastos e perdas. Neste caso não aparecem evidenciados os interesses minoritários.

A participação numa entidade conjuntamente controlada poderá ser mensurada pelo método da consolidação proporcional ou pelo método da equivalência patrimonial, se o empreendedor não tiver de elaborar contas consolidadas. Se o empreendedor elaborar contas consolidadas, então terá de, nas suas contas individuais, mensurar a participação na entidade conjuntamente controlada pelo método da equivalência patrimonial.

Nos casos em que a entidade passe da aplicação do Método do Custo para o Método da Equivalência Patrimonial, os ajustamentos de

[12] Refere-se à junção de entidades ou atividades empresariais separadas numa única entidade que relata.

transição deverão ser relevados na conta *Ajustamentos em Ativos Financeiros – Ajustamentos de transição,* por contrapartida da rubrica onde está refletido o valor da participação (*Investimentos financeiros*).

Empréstimos concedidos

A concessão de empréstimos é uma atividade que está reservada a instituições financeiras, tal como previsto no Decreto-Lei n.º 238/92, de 3 de dezembro (Regime Geral das Instituições de Crédito e Sociedades Financeiras), com as sucessivas alterações ocorridas desde então. Contudo, a concessão de crédito por parte das Sociedades Gestoras de Participações Sociais (SGPS) às empresas suas participadas é permitida até ao montante do valor correspondente à sua participação e que conste no seu último balanço aprovado.

Não traduzem operações de crédito a celebração de Contratos de Suprimento[13] e outras formas contributivas por parte dos sócios nem as transações de tesouraria legalmente realizadas entre sociedades que se encontrem numa relação de domínio ou de grupo. Na contabilidade da sociedade participada, estes empréstimos serão relevados na rubrica *Financiamentos obtidos – Subsidiárias, associadas e empreendimentos conjuntos.*

Outros investimentos financeiros

Esta rubrica assume uma natureza residual pois engloba os investimentos financeiros que não traduzem participações sociais noutras entidades. Englobam-se, neste âmbito, os investimentos financeiros em obrigações e outros títulos, os fundos de investimento, os depósitos bancários com maturidade superior a um ano, entre outras aplicações. O seu reconhecimento deverá ser efetuado de acordo com o normativo contabilístico aplicável aos instrumentos financeiros e mensurados ao custo, ao custo amortizado ou ao justo valor.

---

[13] Considera-se contrato de suprimento o contrato pelo qual o sócio empresta à sociedade dinheiro ou outra coisa fungível, ficando aquela obrigada a restituir outro tanto do mesmo género e qualidade, ou pelo qual o sócio convenciona com a sociedade o diferimento do vencimento de créditos seus sobre ela, desde que, em qualquer dos casos, o crédito fique tendo caráter de permanência (n.º 1 do artigo 243.º do CSC).

Imparidades

As imparidades em investimentos financeiros são reconhecidas na rubrica *Perdas por imparidade acumuladas.* Assim, na data de cada relato financeiro, compete à entidade que relata avaliar a imparidade de todos os ativos financeiros que não sejam mensurados ao justo valor através de resultados. A constatação de uma imparidade é reconhecida na demonstração dos resultados na rubrica *Perdas por imparidade – Em investimentos financeiros.* A sua eventual reversão será registada na rubrica *Reversões de perdas por imparidade em investimentos financeiros.*

Outras transações do ciclo do investimento

O ciclo do investimento agrega, como já referido no início deste capítulo, o conjunto de atividades e decisões empresariais associadas aos investimentos (e desinvestimentos), os quais integram a massa patrimonial "*Ativo Não Corrente*", apresentada no balanço. Porém, existem outros ativos que ainda não estão afetos à exploração por não se encontrarem concluídos e outros que, não estando afetos à atividade, se encontram disponíveis para venda. Incluem-se também neste último grupo os ativos associados a operações que, entretanto, foram descontinuadas e como tal estão igualmente disponíveis para alienação.

Investimentos em curso

Consideram-se investimentos em curso todos aqueles que ainda não se encontram concluídos, incluindo os investimentos em autoconstrução. São igualmente relevados nesta conta os adiantamentos efetuados por conta de investimentos em curso desde que o respetivo preço esteja previamente fixado. Caso contrário, o valor desse adiantamento deverá ser relevado na rubrica *Adiantamentos a fornecedores de investimentos.* Tal como para os restantes ativos, no final de cada período, a entidade deverá realizar testes de imparidade e fazer refletir nas respetivas subcontas os eventuais excedentes entre a quantia escriturada e o valor recuperável líquido, quando este valor for inferior à quantia escriturada. Uma vez concluído o investimento, o saldo da conta de imparidades acumuladas deverá ser transferido para as contas dos respetivos ativos.

Ativos não correntes detidos para venda

A classificação de ativos como detidos para venda está associada ao facto de a sua quantia escriturada vir a ser recuperada através de uma transação de venda e não do seu uso continuado. Esta reclassificação contabilística traduz-se na evidenciação no ativo corrente de todos os ativos cuja alienação seja provável[14] num prazo inferior a um ano. Uma vez realizada esta reclassificação, cessam as eventuais depreciações ou amortizações associadas ao referido ativo. Esta rubrica regista os ativos a que se refere o normativo contabilístico relacionado com *Ativos não correntes detidos para venda e unidades operacionais descontinuadas*[15]. Regra geral, os passivos associados a ativos não correntes detidos para venda mantêm a sua mensuração e apenas deverão ser identificados para efeitos de divulgação. A mensuração do ativo não corrente detido para venda ou grupo para alienação deverá ser efetuada pelo menor dos seguintes valores: 1. Quantia escriturada; 2. Justo valor (valor realizável líquido deduzido dos custos de venda). Nesse sentido, sempre que a quantia escriturada for superior ao seu justo valor, deverá ser previamente reconhecida uma perda por imparidade, evidenciando o saldo da rubrica *Ativos não correntes detidos para venda* o menor dos dois valores identificados.

Relativamente à evidenciação dos passivos associados à venda dos ativos reclassificados para a conta em análise, os mesmos não deverão ser compensados com os ativos correspondentes, devendo por isso ser apresentados no balanço de forma separada.

---

[14] "Para que a venda seja altamente provável, a hierarquia de gestão apropriada deve estar empenhada num plano para vender o ativo e deve ter sido iniciado um programa para localizar um comprador e concluir o plano. Além disso, o ativo deve ser amplamente publicitado para venda a um preço que seja razoável em relação ao seu justo valor corrente. Deve, ainda, esperar-se que a venda se qualifique para reconhecimento como venda concluída, regra geral, dentro de um ano, a partir da data da classificação, e as ações necessárias para concluir o plano devem indicar a improbabilidade de alterações significativas no mesmo ou de o mesmo ser retirado [...]."

[15] Entende-se por unidade operacional descontinuada "*um componente de uma entidade que seja alienado ou esteja classificado como detido para venda e: (a)Represente uma importante linha de negócios separada ou uma área geográfica operacional; (b)Seja parte integrante de um único plano coordenado para alienar uma importante linha de negócios separada ou área geográfica operacional, ou (c) Seja uma subsidiária adquirida exclusivamente com vista à revenda*".

A transferência para a rubrica *Ativos não correntes detidos para venda* requer a regularização dos eventuais excedentes de revalorização e passivos por impostos diferidos que estejam reconhecidos no capital próprio da entidade (ver desenvolvimento no Capítulo 9).

No que respeita a divulgações, uma entidade deve divulgar informação que permita aos utentes das demonstrações financeiras avaliar os efeitos financeiros das unidades operacionais descontinuadas e das alienações de ativos não correntes, ou grupos para alienação.

7.2. PRÁTICAS DE CONTROLO INTERNO E PROCEDIMENTOS DE AUDITORIA

Os procedimentos de controlo a implementar na área dos investimentos são similares aos aplicáveis às restantes áreas funcionais da organização, em particular no que se refere aos procedimentos de compra e salvaguarda dos ativos. Contudo, além de se garantir a existência dos documentos comprovativos e demais registos contabilísticos subjacentes a esta classe de ativos, torna-se necessário assegurar, de forma corroborativa, a sua existência e avaliar o seu funcionamento eficaz ao longo do período económico.

A organização, com o objetivo permanente de mitigar o risco de controlo, deve implementar procedimentos que garantam a eficiência de uma política de aprovações adequada a este tipo de ativos, assim como a aplicação adequada dos modelos e critérios contabilísticos de reconhecimento e mensuração. Ainda que todas as asserções subjacentes às demonstrações financeiras tenham de ser globalmente asseguradas, assume especial relevância na classe dos investimentos a garantia das asserções de existência, valorização e mensuração.

Relativamente aos procedimentos substantivos (testes de detalhe e procedimentos analíticos substantivos), são de aplicar, nos casos em que tal se revele adequado e exequível, os mesmos procedimentos que se aplicam à auditoria aos ativos e passivos correntes. Contudo, destacamos a necessidade de se implementarem procedimentos substantivos que englobem: 1. A avaliação dos modelos de reconhecimento inicial e reconhecimento subsequente; 2. A verificação da adequação dos critérios de capitalização; 3. A verificação da adequação dos métodos de depreciação e amortização; 4. A garantia da existência e da funcionalidade dos ativos não correntes, em particular dos ativos fixos tangíveis; 5. A verificação da existência de subsídios governamentais para ativos depreciáveis ou amortizáveis; 6. A conformidade de todo o processo relacionado com os ativos não correntes detidos para venda.

O ciclo do investimento, tal como mencionado ao longo do capítulo, integra elementos que podem ser mensurados ao justo valor e, por conseguinte, requerem do auditor a implementação de procedimentos de auditoria adicionais e específicos que permitam a aferição desses valores, nomeadamente os seus pressupostos, em linha com o previsto na ISA 540. Assim, deve o auditor incidir a sua avaliação sobre se a mensuração da estimativa contabilística é suficientemente fiável para satisfazer os critérios de reconhecimento previstos no referencial de relato financeiro aplicável. Poderá ainda haver a necessidade de divulgações adicionais ou então a necessidade de divulgações das circunstâncias que levaram ao não reconhecimento da estimativa. Desenvolvimentos adicionais sobre mensurações e divulgações ao justo valor, segundo diferentes referenciais de relato financeiro, podem ser encontrados no apêndice à ISA 540.

Capítulo 8
Auditoria ao Ciclo do Financiamento

8.1. PRINCIPAIS ASPETOS CONTABILÍSTICOS E FISCAIS

O ciclo de financiamento está associado às origens de fundos, indispensáveis ao desenvolvimento e manutenção da atividade económica das organizações, assim como à implementação da sua política de investimentos. De uma forma sustentada, a identificação de adequadas fontes de financiamento faz parte integrante do processo de planeamento das organizações. Estão refletidas nas demonstrações financeiras previsionais, as quais fazem parte integrante do orçamento anual. Estas fontes de financiamento poderão ter como origens o capital alheio ou o capital próprio. Optámos por incluir também, neste contexto, os subsídios ao investimento atribuídos à entidade, por constituírem origens de fundos externas, cujo objetivo é financiar, normalmente de natureza não reembolsável, a aquisição ou desenvolvimento de um ativo não corrente ou o apoio à atividade no seu todo (Figura 8.1. e Figura 8.2.).

As fontes de financiamento em sede de capital alheio aqui identificadas estão associadas tanto às transações de médio e longo prazo como às transações de tesouraria (gestão corrente). Por exemplo, o desconto de letras ou as transações de *factoring/confirming* podem constituir a forma de a organização obter/reter meios financeiros líquidos imediatos para suprir necessidades pontuais de tesouraria. Contudo, fontes de financiamento como a locação financeira ou o empréstimo bancário têm, regra geral, horizontes temporais de longo prazo pois surgem normalmente associadas ao ciclo do investimento.

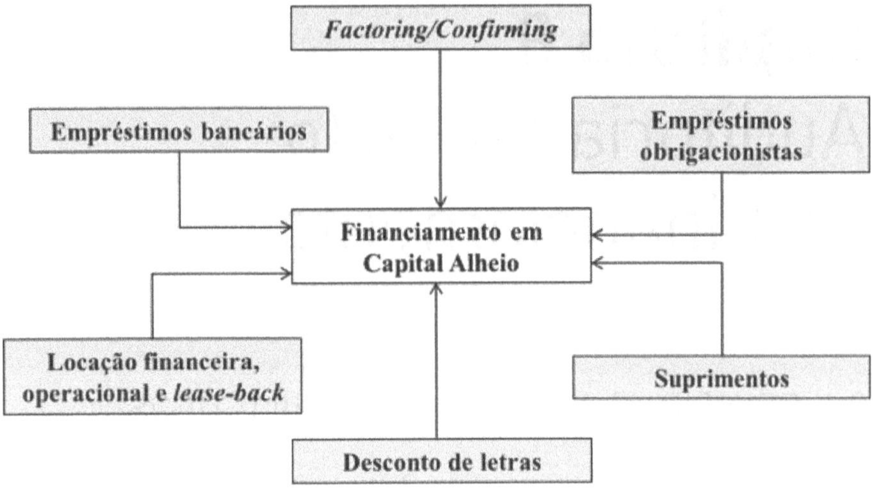

Figura 8.1. – Principais fontes de financiamento em capital alheio

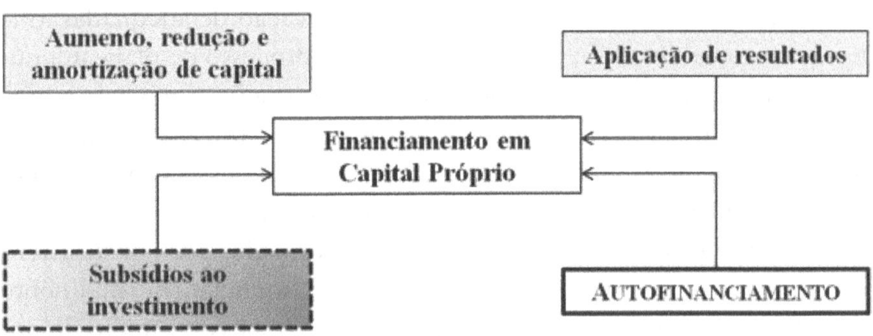

Figura 8.2. – Principais fontes de financiamento em capital próprio

O capital próprio é definido como o interesse residual nos ativos da entidade depois de deduzir todos os seus passivos. Por consideramos que se trata de uma abordagem excessivamente redutora, entendemo-lo como o valor patrimonial da organização, refletindo, ou não, o justo valor dos ativos e passivos, mas sendo simultaneamente uma importante fonte de financiamento e de decisão sobre a sustentabilidade da própria organização.

O enquadramento legal associado às transações de capital próprio, como por exemplo a constituição de reservas legais, além de consagrarem uma medida de proteção dos efeitos de eventuais perdas, são uma forma de autofinanciamento pois tais resultados não se traduzirão em exfluxos de capitais para os detentores do capital. Neste âmbito, as decisões tomadas em sede de capital próprio determinam objetivamente o financiamento da organização por via dos recursos dos investidores. Como é apanágio dos sistemas contabilístico-financeiros anglo-saxónicos, deve privilegiar-se o financiamento através do capital próprio em detrimento do financiamento em capital alheio, tradicionalmente uma estratégia seguida pelos países que adotam sistemas contabilísticos de base europeia-continental[1].

8.1.1. O capital próprio

A classe *Capital, Reservas e Resultados Transitados* traduz o valor do património líquido da entidade, ou seja, corresponde ao valor atribuído ou distribuído aos detentores do capital. Neste âmbito, o SNC foi mais longe do que o antigo normativo, ao especificar um conjunto de conceitos relacionados com a manutenção do capital e com a determinação do resultado. Esta dupla abordagem está intrinsecamente associada às necessidades de informação dos utilizadores das demonstrações financeiras, intrinsecamente assente no facto de esses utilizadores privilegiarem a manutenção do capital investido ou, em alternativa, privilegiarem a capacidade operacional da entidade (do nosso ponto de vista a sua sustentabilidade económica numa perspetiva de médio e longo prazo).

- Manutenção do capital financeiro (al. a) do §102 EC): "[...] *um lucro só é obtido se a quantia financeira dos ativos líquidos no fim do período exceder a quantia financeira dos ativos líquidos do começo do período, após exclusão de quaisquer distribuições aos, e contribuições dos proprietários durante o período. A manutenção do capital financeiro pode ser mensurada quer em unidades monetárias nominais quer em unidades de poder de compra constante* [...]".
- Manutenção do capital físico (al. b) do §102 EC): "[...] *um lucro só é obtido se a capacidade física produtiva (capacidade operacional)*

[1] Note-se que a evolução macroeconómica da última década, associada ao aumento do risco em determinados setores (em particular no setor financeiro), tem determinado por parte dos reguladores a exigência de aumentos de capital por parte dos acionistas como mecanismo de mitigar o risco.

> *da entidade (ou os recursos ou os fundos necessários para conseguir essa capacidade) no fim do período exceder a capacidade física produtiva no começo do período, depois de excluir quaisquer distribuições aos, e contribuições dos proprietários durante o período [...]".*

Esta dupla perspetiva de abordagem do conceito de manutenção do capital determina objetivamente a estratégia de financiamento a seguir pela organização. Consideramos que, ainda com alguma ousadia na abordagem, caso seja privilegiada a ótica de manutenção do capital físico, também será privilegiado o financiamento através do capital próprio e não através de fontes externas (relevadas no capital alheio da entidade). Entendemos que a manutenção do capital físico e consequentemente o retorno proveniente das atividades operacionais constitui o mais elementar indicador de sustentabilidade empresarial.

No âmbito desta classe, consideram-se instrumentos de capital próprio "qualquer contrato que evidencie um interesse residual nos ativos de uma entidade após dedução de todos os seus passivos". As transações registadas nesta classe têm de ser relevadas em função da especificidade e da forma jurídica das empresas[2]. Esse enquadramento deverá ser efetuado de acordo com o Código das Sociedades Comerciais (CSC). Assim, não tendo este livro como objetivo debater os aspetos jurídicos dos diversos tipos de sociedades, apenas abordaremos os aspetos contabilísticos das diversas contas que compõem a classe. Contudo, desenvolvimentos adicionais podem ser encontrados em Martins e Lopes (2016).

Capital subscrito[3]

Esta rubrica destina-se a evidenciar o capital subscrito, devendo a parcela de capital ainda não realizada ser evidenciada no ativo na rubrica

---

[2] Distinguem-se, neste âmbito, as empresas individuais (Comerciante em nome individual – artigo 13.° do Código Comercial; Estabelecimento Individual de Responsabilidade Limitada – EIRL – Decreto-Lei n.° 248/86, de 23 de agosto; Sociedade Unipessoal por quotas – artigo 270.°-A do CSC) e as empresas coletivas (Sociedades em nome coletivo – artigo 175.° CSC; Sociedades por quotas – artigo 197.° CSC; Sociedades unipessoais por quotas – artigo 270.°-A CSC; Sociedades anónimas – artigo 271.° CSC; Sociedades em comandita – artigo 465.° CSC).

[3] Dependendo do normativo, podem ser encontradas outras designações, como por exemplo: capital social, ou simplesmente capital.

Capital subscrito e não realizado (ou equivalente) ou na rubrica *Quotas não liberadas* (ou equivalente).

A constituição de uma sociedade dá lugar, regra geral, a transações de subscrição e de liberação (realização) do capital. Contudo, no caso particular das sociedades anónimas, o processo revela-se mais complexo, envolvendo as fases que estão ilustradas na Figura 8.3.

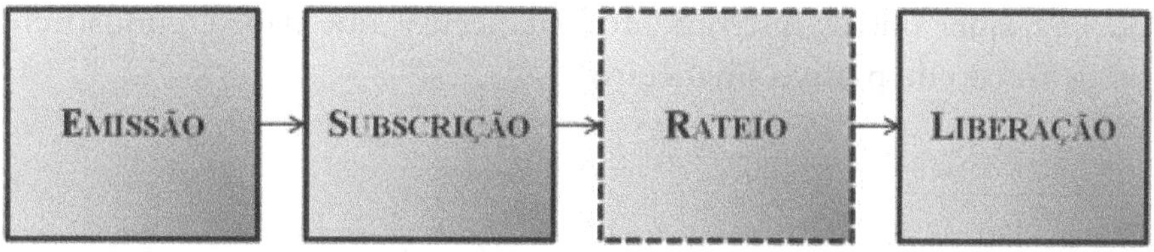

Figura 8.3. – Emissão de ações: fases contabilísticas

A emissão corresponde ao lançamento (incluindo divulgação) ao público-alvo do número de ações emitidas e demais condições de emissão, podendo haver lugar a subscrição pública (artigo 279.º do CSC). A subscrição corresponde ao compromisso assumido pelos potenciais titulares do capital de virem a entregar à sociedade os valores necessários à constituição do capital social. Após a subscrição, e caso o número de ações subscritas seja superior ao número de ações emitidas, haverá lugar a rateio. Esta transação implica a devolução aos subscritores dos eventuais valores pagos em excesso. Pode ainda acontecer que a subscrição seja incompleta, situação em que o número de ações subscritas é inferior ao número de ações emitidas. Neste caso, deverá ser observado o estipulado no artigo 280.º do CSC, destacando-se o facto de ser dever dos promotores "*requerer o cancelamento do registo provisório e publicar um anúncio em que informem os subscritores de que devem levantar as suas entradas. Segundo anúncio deve ser publicado, decorrido um mês, se, entretanto, não tiverem sido levantadas todas as entradas.*" As entradas de capital poderão ser realizadas em dinheiro ou em espécie, sendo neste último caso necessária a emissão de um relatório elaborado por um revisor oficial de contas (ROC) que não tenha interesses na sociedade e que seja designado por deliberação dos sócios. Nesta deliberação não poderão votar os sócios que pretendam efetuar as entradas em bens (artigo 28.º CSC).

Ações (quotas) próprias

As transações com ações (quotas) próprias encontram-se reguladas pelo CSC, em particular nos seus artigos 220.º (sociedades por quotas)[4] e 316.º a 325.º-B (sociedades anónimas)[5].

Outros instrumentos de capital próprio

Esta rubrica será utilizada para reconhecer as prestações suplementares ou quaisquer outros instrumentos financeiros que não se enquadrem na definição de passivo financeiro[6].

---

[4] Artigo 220.º CSC: "*1 – A sociedade não pode adquirir quotas próprias não integralmente liberadas, salvo o caso de perda a favor da sociedade, previsto no artigo 204.º; 2 – As quotas próprias só podem ser adquiridas pela sociedade a título gratuito, ou em ação executiva movida contra o sócio, ou se, para esse efeito, ela dispuser de reservas livres em montante não inferior ao dobro do contravalor a prestar.*"

[5] Artigo 319.º CSC: "*A aquisição de ações próprias depende, salvo o disposto no n.º 3 deste artigo, de deliberação da assembleia-geral, da qual obrigatoriamente devem constar: a) O número máximo e, se o houver, o número mínimo de ações a adquirir; b) O prazo, não excedente a 18 meses a contar da data da deliberação, durante o qual a aquisição pode ser efetuada; c) As pessoas a quem as ações devem ser adquiridas, quando a deliberação não ordenar que elas sejam adquiridas em mercado regulamentado e seja lícita a aquisição a acionistas determinados; [Redação dada pelo Decreto-Lei n.º 76-A/2006, de 29 de março] d) As contrapartidas mínimas e máxima, nas aquisições a título oneroso.*" Artigo 324.º CSC: "*Enquanto as ações pertencerem à sociedade, devem: a) Considerar-se suspensos todos os direitos inerentes às ações, exceto o de o seu titular receber novas ações no caso de aumento de capital por incorporação de reservas; b) Tornar-se indisponível uma reserva de montante igual àquele por que elas estejam contabilizadas.*"

[6] Qualquer passivo que seja: (a) Uma obrigação contratual: (i) De entregar dinheiro ou outro ativo financeiro a uma outra entidade ou (ii) De trocar ativos financeiros ou passivos financeiros com outra entidade em condições que sejam potencialmente desfavoráveis para a entidade; ou (b) Um contrato que seja ou possa ser liquidado em instrumentos de capital próprio da própria entidade e que seja: (i) Um não derivado para o qual a entidade esteja ou possa estar obrigada a entregar um número variável de instrumentos de capital próprio da própria entidade ou (ii) Um derivado que seja ou possa ser liquidado de forma diferente da troca de uma quantia fixa em dinheiro ou outro ativo financeiro por um número fixo dos instrumentos de capital próprio da própria entidade. Para esta finalidade, os instrumentos de capital próprio da própria entidade não incluem instrumentos que sejam eles próprios contratos para futuro recebimento ou entrega dos instrumentos de capital próprio da própria entidade.

Como já anteriormente referido, o enquadramento das prestações suplementares[7] encontra-se previsto no artigo 210.º do CSC. De acordo com este diploma, se o contrato de sociedade assim o permitir, podem os sócios deliberar que lhes sejam exigidas prestações suplementares, as quais têm sempre dinheiro por objeto. Contudo, as mesmas não vencem quaisquer juros.

Reservas

As reservas, em conjunto com os resultados transitados, correspondem ao capital adquirido pela entidade, tendo como objetivo proporcionar à entidade e aos seus credores uma medida adicional de proteção dos efeitos de perdas. A criação de reservas obrigatórias é imposta pela legislação comercial ou em alguns casos pelos estatutos da própria entidade. Contudo, existem reservas que, não sendo provenientes de lucros adquiridos, resultam de transações complementares, como sejam a revalorização de ativos fixos tangíveis e ativos intangíveis, bem como, em alguns normativos contabilísticos, os subsídios ao investimento atribuídos. A assembleia geral da entidade poderá sempre deliberar a constituição de reservas facultativas (reservas livres), as quais são igualmente relevadas numa subconta da rubrica *Outras reservas.*

A reserva legal a constituir deve, para as sociedades anónimas, observar o previsto no CSC e que versa o seguinte: "*uma percentagem não inferior à vigésima parte dos lucros da sociedade é destinada à constituição da reserva legal e, sendo caso disso, à sua reintegração, até que aquela represente a quinta parte do capital social. No contrato de sociedade podem fixar-se percentagem e montante mínimo mais elevados para a reserva legal*" (n.º 1 do artigo 295.º do CSC). No caso das sociedades por quotas, aplica-se o

---

[7] Não devem ser confundidas prestações suplementares com prestações acessórias. Estas encontram-se previstas no artigo 209.º do CSC (sociedades por quotas) que prevê: "*1 – O contrato de sociedade pode impor a todos ou a alguns sócios a obrigação de efetuarem prestações além das entradas, desde que fixe os elementos essenciais desta obrigação e especifique se as prestações devem ser efetuadas onerosa ou gratuitamente. Quando o conteúdo da obrigação corresponder ao de um contrato típico, aplica-se a regulamentação legal própria desse tipo de contrato. 2 – Se as prestações estipuladas forem não pecuniárias, o direito da sociedade é intransmissível.*" [Retificado pelo Decreto-Lei n.º 280/87, de 8 de julho]. O enquadramento para as sociedades anónimas está previsto no artigo 287.º do CSC.

estipulado para as sociedades anónimas, embora, de acordo com o n.º 2 do artigo 218.º, a reserva legal nunca possa ser inferior a 2.500 euros.

Resultados transitados

A rubrica de resultados transitados acolhe, no início de cada ano, a transferência do resultado líquido apurado no período anterior (lucro ou prejuízo). Será igualmente movimentada pelas deliberações da assembleia geral no que respeita à aplicação dos resultados. Além disso, é de salientar que são relevados nesta conta os ajustamentos de grande significado (materialmente relevantes) efetuados às contas dos anos anteriores, no âmbito da NCRF 4/IAS 8. Assim, no caso de:

1. Alterações de políticas contabilísticas: deve a entidade ajustar o saldo de abertura de cada componente do capital próprio afetado para o período anterior mais antigo apresentado e as outras quantias comparativas divulgadas para cada período anterior apresentado, como se a nova política tivesse sido sempre aplicada.
2. Alterações numa estimativa contabilística: deve ser, exceto nos casos devidamente excecionados, reconhecido prospetivamente, incluindo essa alteração nos resultados do período de alteração (se a alteração afetar apenas esse período); ou no período de alteração e períodos subsequentes, caso essa alteração afete ambas as situações.
3. Erros materiais: a entidade deve corrigir os erros materiais de períodos anteriores de forma retrospetiva em relação ao primeiro conjunto de demonstrações financeiras aprovadas após a sua descoberta da seguinte forma: 1. Reexpressando as quantias comparativas para o(s) período(s) anterior(es) apresentado(s) em que tenha ocorrido o erro; ou 2. Se o erro ocorreu antes do período anterior mais antigo apresentado, reexpressando os saldos de abertura dos ativos, passivos e capital próprio para o período mais antigo apresentado.

Ajustamentos em ativos financeiros

Esta rubrica evidencia os ajustamentos decorrentes, de forma particular, da utilização do método da equivalência patrimonial (MEP) em subsidiárias, associadas e entidades conjuntamente controladas.

Excedentes de revalorização de ativos fixos tangíveis e intangíveis

A movimentação desta rubrica foi já abordada no âmbito da mensuração dos ativos fixos tangíveis e dos ativos intangíveis, no caso em que a empresa opte pelo modelo da revalorização. Regra geral, esta conta é creditada em consequência da revalorização dos ativos fixos tangíveis e intangíveis e é debitada por contrapartida da conta *Resultados transitados*, em função da realização do excedente de revalorização. Essa realização ocorre pela depreciação, abate ou venda do ativo. Será também debitada sempre que se proceda à revalorização, ajustando também as depreciações acumuladas (método do valor de reposição depreciado, ou seja, quando a empresa opte por reexpressar tanto a quantia bruta do ativo como as suas depreciações acumuladas).

As diminuições de um ativo por revalorização serão debitadas nesta conta até que o saldo existente seja totalmente revertido. A parcela da diminuição que ultrapasse aquele saldo será imputada como gasto do período na correspondente subconta da conta *Perdas por imparidade*. Se a revalorização do ativo originar a reversão de uma perda por imparidade reconhecida em períodos anteriores, essa reversão será imputada aos rendimentos do período na correspondente subconta da conta *Reversões de perdas por imparidade*.

A revalorização de ativos implica, à luz do CIRC, que a base contabilística dos ativos difira da sua base fiscal, havendo lugar ao reconhecimento de ativos e passivos por impostos diferidos, de acordo com a NCRF 25/IAS 12. Assim, a rubrica *Revalorizações decorrentes de diplomas legais* ou a rubrica *Outros excedentes Impostos diferidos* serão debitadas por contrapartida da rubrica *Passivos por impostos diferidos* pelo montante do imposto correspondente ao excedente não aceite para efeitos de tributação (n.º 9 do artigo 18.º do CIRC). Esta temática será por nós abordada no ponto 9.1. desta obra.

Aquando da realização do excedente de revalorização, as subcontas do capital próprio identificadas no parágrafo anterior serão creditadas pela correspondente parcela do imposto, por débito da conta *Resultados transitados*. Por outro lado, a rubrica *Passivos por impostos diferidos* será debitada por contrapartida da rubrica *Imposto sobre o rendimento*.

Outras variações no capital próprio

Esta rubrica assume uma natureza residual, registando diversas transações como sejam:

i. O ajustamento cambial derivado da transposição das contas de uma unidade operacional estrangeira para as contas da entidade que relata;
ii. Os subsídios relacionados com ativos;
iii. Os ajustamentos decorrentes dos efeitos fiscais que resultem da transposição das demonstrações financeiras de uma entidade ou unidade operacional estrangeira para outra moeda de relato;
iv. As doações;
v. O reconhecimento do ganho ou perda resultante da alienação de ações/quotas próprias.

Relativamente aos subsídios ao investimento[8], após o seu reconhecimento inicial, os mesmos deverão ser imputados numa base sistemática, para rendimentos (rubrica *Imputação de subsídios para investimentos*), ao longo do seu período de vida útil, período durante o qual o mesmo será depreciado ou amortizado.

O capital próprio constitui, do nosso ponto de vista e tal como já por diversas vezes afirmado, a mais relevante fonte de sustentabilidade de uma organização no horizonte temporal de médio e longo prazo. O autofinanciamento assume, neste âmbito, uma importância determinante na maximização da rotação do ciclo de exploração da entidade e no financiamento dos investimentos da organização. Ainda que, na perspetiva do acionista, seja privilegiado o retorno do capital investido, a otimização desse retorno também está dependente da produtividade (eficiência) e sustentabilidade desse mesmo investimento.

O próximo ponto será dedicado às fontes de financiamento externas cujas opções no mercado são diversas. Contudo, o acesso a essas fontes de financiamento pode estar bastante condicionado, sendo necessária a

---

[8] Esta operação origina também o reconhecimento de ativos e passivos por impostos diferidos (NCRF 25/NIC 12), sendo por isso tratada no Capítulo 9 desta obra.

demonstração, por parte da entidade, da sua capacidade financeira para solver os seus compromissos futuros. A evolução das economias em geral tem vindo, cada vez mais, a condicionar o acesso a estas fontes de financiamento, fruto do aumento verificado tanto no risco económico (ou de negócio) como no risco financeiro. Em todo o caso, as organizações deverão optar por uma política de financiamento integrada na qual se ponderem os investimentos a realizar, as diversas opções de financiamento disponíveis e os encargos globais associadas a cada uma delas.

8.1.2. O capital alheio

Os financiamentos obtidos através de instituições de crédito e outras sociedades financeiras representam a principal origem de fundos, para qualquer organização, em sede de capital alheio. Incluem-se também neste âmbito o financiamento proveniente dos mercados de capitais ou os empréstimos concedidos pelos atuais detentores do capital (suprimentos).

Ainda que na gestão corrente de uma organização existam medidas de gestão que possam configurar operações de financiamento do ciclo de exploração (*v.g.* gestão do prazo médio de recebimentos e pagamentos, rendimentos provenientes de aplicações de excedentes de tesouraria, etc.), ocupar-nos-emos, neste ponto, das transações de financiamento de maior maturidade e com uma amplitude estratégica mais sustentada (empréstimos bancários, empréstimos obrigacionistas, locação financeira e operacional, entre outras). De acordo com os principais normativos contabilísticos, um passivo financeiro[9] deverá

[9] Passivo financeiro: é qualquer passivo que seja: (a) Uma obrigação contratual: (i) De entregar dinheiro ou outro ativo financeiro a uma outra entidade ou (ii) De trocar ativos financeiros ou passivos financeiros com outra entidade em condições que sejam potencialmente desfavoráveis para a entidade; ou (b) Um contrato que seja ou possa ser liquidado em instrumentos de capital próprio da própria entidade e que seja: (i) Um não derivado para o qual a entidade esteja ou possa estar obrigada a entregar um número variável de instrumentos de capital próprio da própria entidade, ou (ii) Um derivado que seja ou possa ser liquidado de forma diferente da troca de uma quantia fixa em dinheiro ou outro ativo financeiro por um número fixo dos instrumentos de capital próprio da própria entidade. Para esta finalidade, os instrumentos de capital próprio da própria entidade não incluem instrumentos que sejam eles próprios contratos para futuro recebimento ou entrega dos instrumentos de capital próprio da própria entidade.

ser reconhecido apenas quando a entidade se torne uma parte das disposições contratuais do instrumento, reconhecimento que é feito ao custo ou ao custo amortizado[10]. Contudo, a adoção deste último método de mensuração está dependente da observância de um conjunto de condições, nomeadamente:

> "[...] 1. Seja à vista ou tenha uma maturidade definida;
> 2. O retorno para o seu detentor seja de montante fixo, de taxa de juro fixa durante a vida do instrumento ou de taxa variável que seja um indexante típico de mercado para transações de financiamento (*v. g. Euribor*) ou que inclua um *spread* sobre esse mesmo indexante;
> 3. Não contenha nenhuma cláusula contratual que possa resultar para o seu detentor em perda do valor nominal e do juro acumulado, com as exceções tipificadas na lei [...]."

Estas transações são, regra geral, relevadas na rubrica *Financiamentos obtidos*, a qual integra o passivo da entidade, quer na sua dimensão "*Não Corrente*" quer "*Corrente*".

Instituições de crédito e sociedades financeiras

Registam-se nesta rubrica os financiamentos obtidos através de entidades que sejam supervisionadas diretamente pelo Banco de Portugal (BdP) ou diretamente pelo Banco Central Europeu[11]. Incluem-se neste âmbito os empréstimos bancários tradicionais (incluindo descobertos bancários), a locação financeira e o *factoring*. Estas contas são, regra geral, creditadas pelo valor do empréstimo (reconhecido

---

[10] Custo amortizado é a quantia pela qual o passivo financeiro é mensurado no reconhecimento inicial, menos os reembolsos de capital, mais ou menos a amortização cumulativa, usando o método do juro efetivo, de qualquer diferença entre essa quantia inicial e a quantia na maturidade, e menos qualquer redução quanto à imparidade ou incobrabilidade.

[11] Mecanismo Único de Supervisão, o qual entrou em vigor em 4 de novembro de 2014. Atualmente estão sobre supervisão direta do Banco Central Europeu as seguintes instituições financeiras portuguesas: CGD, BPI, BCP, Novo Banco. As restantes são consideradas não significativas pelo que estão sob supervisão direta do BdP.

pelo valor presente[12]) e debitadas pelas amortizações desses financiamentos. São ainda de reconhecer nesta conta as eventuais diferenças de câmbio que possam existir à data do relato.

Descobertos bancários

A utilização de descobertos bancários é uma opção de financiamento corrente, regra geral, utilizada para suprir necessidades pontuais de tesouraria. Tem normalmente um limite de crédito associado, assumindo muitas vezes a forma de conta-corrente caucionada. Os juros associados à sua utilização são, por norma, calculados diariamente.

Sempre que a conta de depósitos bancários tem um saldo credor, este deve ser transferido para a conta *Financiamentos obtidos – Descobertos bancários*. Deverá ser feita a movimentação contabilística inversa logo que o saldo da conta de depósitos assim o permita.

Locações

Uma locação financeira[13] é um acordo pelo qual o locador transfere ao locatário, substancialmente, todos os riscos e vantagens inerentes à posse de um ativo. O título de propriedade pode ou não ser eventualmente transferido. Tendo por base a prevalência da substância sobre a forma, os ativos adquiridos em locação financeira devem ser reconhecidos no ativo da entidade, registando-se ao longo do período de locação as respetivas rendas periódicas. Neste caso, o ativo será depreciado nos mesmos moldes que outro ativo fixo tangível e desreconhecido nos moldes aplicáveis aos restantes investimentos.

---

[12] Valor presente (Estrutura Conceptual do SNC): os passivos são escriturados pelo valor presente descontado dos futuros exfluxos líquidos de caixa que se espera que sejam necessários para liquidar os passivos no decurso normal dos negócios.

[13] É de assinalar a entrada em vigor, em 1 de janeiro de 2019, da IFRS 16 relativa a locações. Contudo, o normativo nacional português continua a consagrar a diferença entre locações financeiras e locações operacionais. Nesta obra, o nosso intuito é apenas o de contextualizar as locações enquanto área objeto de auditoria, pelo que não efetuaremos quaisquer desenvolvimentos contabilísticos sobre o novo enquadramento contabilístico.

De acordo com a NCRF 9 (§19): "*no começo do prazo de locação, os locatários devem reconhecer as locações financeiras como ativos e passivos nos seus balanços por quantias iguais ao justo valor da propriedade locada ou, se inferior, ao valor presente dos pagamentos mínimos da locação, cada um determinado no início da locação. A taxa de desconto a usar no cálculo do valor presente dos pagamentos mínimos da locação é a taxa de juro implícita na locação, se for praticável determinar essa taxa; se não for, deve ser usada a taxa incremental de financiamento do locatário. Quaisquer custos diretos iniciais do locatário são adicionados à quantia reconhecida como ativo.*"

Ainda que não exista um total consenso sobre o assunto, é nosso particular entendimento que deve ser seguido tratamento similar para os ativos adquiridos através de outras opções de financiamento, nomeadamente o aluguer de longa duração (ALD) e até, em certos casos, o *Renting*[14] (ou opção de financiamento equivalente).

Não podíamos deixar de particularizar o caso específico do *lease-back*, transação pela qual uma entidade vende, equipamentos ou edifícios, a uma sociedade de *leasing*, a qual os aluga ou arrenda ao vendedor, reconhecendo-se em simultâneo a possibilidade de exercer a opção de compra no final do período de locação. Para melhor ilustração desta transação, veja-se a Figura 8.4., na página ao lado.

Desconto de Letras

Salientamos, uma vez mais, que se trata de uma opção de financiamento de curto prazo em que a entidade remete ao banco os títulos de crédito que tem em carteira, antes da data do seu vencimento. Esta transação implica o recebimento do valor líquido do desconto (V_0), mediante o pagamento de encargos bancários (E), incluindo os juros correspondentes ao período de financiamento.

---

[14] Trata-se de uma opção que permite aos seus clientes, sejam particulares ou empresas, a utilização de ativos, em regime de aluguer, através da qual o cliente, além de dispor desse ativo, tem acesso a um conjunto de serviços relacionados com o funcionamento do mesmo (seguros, manutenção, limpeza, entre outros), mediante o pagamento de uma renda mensal. Contudo, tem sido tratado como locação operacional, reconhecendo-se as rendas periódicas na demonstração dos resultados.

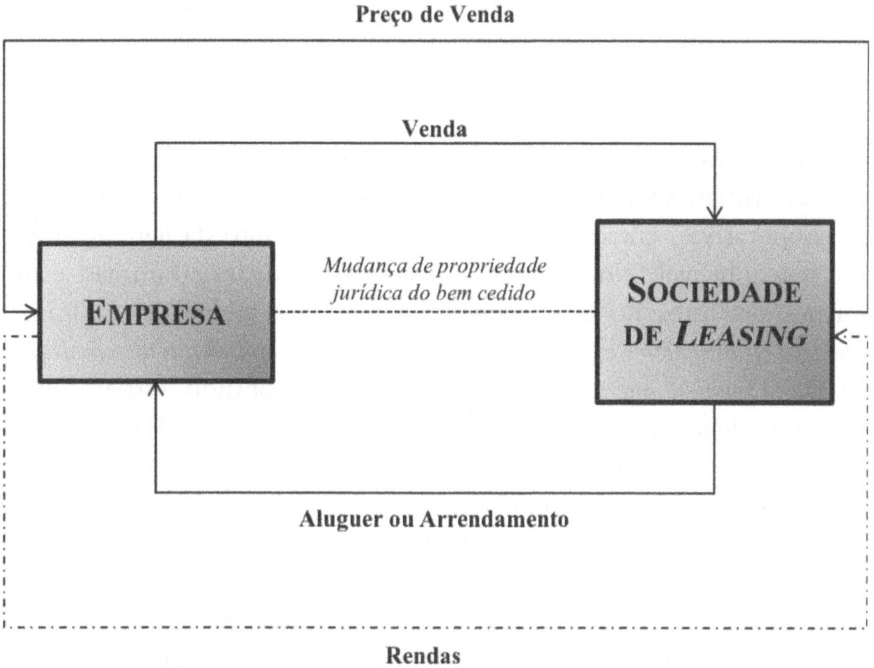

Figura 8.4. – Operação de *lease-back*

Factoring

É de realçar que na conta de financiamentos obtidos é apenas relevada a situação do *factoring* com recurso pois a cedência de créditos ao fator pode ser revertida caso o devedor não liquide a dívida que tem para com a entidade. Do ponto de vista da mensuração, o registo deverá ser efetuado ao custo ou ao custo amortizado, opções previstas nos principais normativos contabilísticos. Caso se opte pelo método do custo amortizado, é necessário calcular a taxa de juro efetiva, tal como indicado no enquadramento geral da rubrica *Instituições de crédito e sociedades financeiras.*

Mercado de valores mobiliários

A designação genérica *Mercado de Valores Mobiliários* (MVM) refere-se ao mercado financeiro onde são transacionados diversos produtos relacionados com valores mobiliários (*v.g.* ações, obrigações) e instrumentos financeiros derivados. As ações representam uma parcela do capital próprio da entidade, enquanto as obrigações representam um empréstimo concedido à entidade e, como tal, relevado no passivo do seu balanço.

Várias são as entidades que podem emitir obrigações[15] (sociedades anónimas, sociedades por quotas, o Estado, as autarquias locais, as cooperativas, entre outras entidades), no âmbito da legislação que lhe seja aplicável. No caso particular das sociedades anónimas, e nos termos previstos no artigo 348.º do CSC, as sociedades anónimas "*podem emitir valores mobiliários que, numa mesma emissão, conferem direitos de crédito iguais e que se denominam obrigações*". Contudo, esta possibilidade está dependente da inteira liberação do capital social ou então de, pelo menos, estarem colocados em mora todos os acionistas que não hajam liberado oportunamente as suas ações. De acordo com o mesmo código "[...] podem, nomeadamente, ser emitidas obrigações que:

a) Além de conferirem aos seus titulares o direito a um juro fixo, os habilitem a um juro suplementar ou a um prémio de reembolso, quer fixo quer dependente dos lucros realizados pela sociedade;
b) Apresentem juro e plano de reembolso, dependentes e variáveis em função dos lucros;
c) Sejam convertíveis em ações;
d) Confiram o direito a subscrever uma ou várias ações;
e) Apresentem prémios de emissão [...]."

A emissão de obrigações é suportada por uma deliberação do órgão de gestão, devendo ser observadas as formalidades previstas nos artigos 349.º e seguintes do CSC. Nesta fase, são identificadas as condições em que a emissão vai ser efetuada, nomeadamente a identificação do montante global do empréstimo, o valor nominal e o preço de emissão (emissão ao par, acima do par ou abaixo do par), a taxa de juro

[15] É de referir que a emissão de valores mobiliários coloca o emitente na condição de Entidade de Interesse Público (EIP), pelo que lhe serão aplicáveis todos os requisitos e procedimentos exigíveis.

associada, entre outras informações relevantes. De notar que as condições referidas são sujeitas a aprovação por parte da CMVM. Tal como nas ações, a subscrição corresponde ao reconhecimento da responsabilidade de entregar, ao emitente, os meios financeiros líquidos em troca das referidas obrigações. A fase de liberação, ou de realização, corresponde à entrega dos valores monetários ao emitente. O reembolso corresponde à fase de amortização das obrigações, a qual ocorre normalmente pelo recurso a sorteio.

A eventual criação de outras sub-rubricas na rubrica *Mercado de valores mobiliários* está dependente do desenvolvimento dos próprios mercados de capitais, pelo que se sugere a sua desagregação em função das especificidades dos produtos transacionados. Do nosso ponto de vista, o aparecimento de novos produtos financeiros, transacionados no mercado de capitais, não altera, em substância, os princípios inerentes ao seu reconhecimento contabilístico.

Participantes de capital

Esta rubrica regista as transações relacionadas com empréstimos dos sócios/acionistas (*v.g.* contrato de suprimento[16]) bem como as transações associadas à restituição das prestações suplementares.

8.2. Práticas de controlo interno e procedimentos de auditoria

O controlo interno associado aos financiamentos obtidos pela organização assenta fundamentalmente na identificação de quem tem poderes para representar a sociedade, na monitorização dos diversos financiamentos e na garantia da periodização económica dos encargos financeiros que lhe estão subjacentes. Além de garantir a existência dos contratos e das deliberações que suportam as decisões de financiamento, há que garantir que os documentos foram assinados por

[16] Contrato pelo qual o sócio empresta à sociedade dinheiro ou outra coisa fungível, ficando a sociedade obrigada a restituir outro tanto do mesmo género e qualidade, ou pelo qual o sócio convenciona com a sociedade o diferimento do vencimento de créditos seus sobre ela, desde que, em qualquer dos casos, o crédito fique tendo caráter de permanência, considerando-se para este efeito um prazo superior a um ano (artigo 243.° CSC).

quem tenha efetivamente poderes para representar a entidade perante o exterior.

Os procedimentos de auditoria a implementar no âmbito do ciclo do financiamento são idênticos aos aplicáveis para os restantes grupos de transações, sendo de garantir as diversas asserções que lhes estão subjacentes. Sinalizamos, contudo, a importância da leitura das atas das reuniões dos diversos órgãos de governo societário (executivos e não executivos), no sentido de se identificarem possíveis deliberações que afetem as demonstrações financeiras, em particular a asserção da plenitude.

Reiteramos, neste domínio, a importância de o auditor compreender quem tem efetivamente poderes para representar a sociedade, em particular em atos relacionados com financiamentos e alterações societárias. A este propósito, relembramos a obrigatoriedade de se identificar o "*Beneficiário Efetivo*"[17] de cada sociedade, e as responsabilidades inerentes e daí decorrentes.

A importância relativa de cada saldo de conta, ou classe de transações, depende da materialidade definida para cada um desses grupos, no âmbito do planeamento dos trabalhos de auditoria (ISA 320). Contudo, as transações relacionadas com o financiamento podem assumir, em determinados contextos e circunstâncias, uma natureza residual, devendo o auditor avaliar a natureza e a profundidade dos procedimentos a adotar.

[17] O Regime Jurídico do Registo Central do Beneficiário Efetivo (Regime Jurídico do RCBE) foi aprovado pela Lei n.º 89/2017, de 21 de agosto. Esta lei procedeu à transposição para a ordem jurídica interna do capítulo III da Diretiva (UE) n.º 2015/849, do Parlamento Europeu e do Conselho, de 20 de maio de 2015, relativa à prevenção da utilização do sistema financeiro para efeitos de branqueamento de capitais ou de financiamento do terrorismo, e aprovou o Regime Jurídico do Registo Central do Beneficiário Efetivo (RCBE), previsto no artigo 34.º da Lei n.º 83/2017, de 18 de agosto. O RCBE tem como objetivo identificar todas as pessoas que controlam uma entidade, fundo ou entidade jurídica de outra natureza.

Capítulo 9
Aspetos Particulares em Auditoria

O exame de auditoria envolve, por vezes, temáticas bastante específicas cujo âmbito e amplitude devem ser devidamente circunstanciados. É nessa asserção que dedicamos este capítulo à identificação de exames de natureza específica e de procedimentos de auditoria que, por vezes pela sua transversalidade, optámos pela sua individualização. Assim especificamos neste âmbito a problemática dos ativos e passivos por impostos diferidos, o exame aos saldos iniciais, a auditoria ao reporte empresarial por segmentos, o exame à informação financeira prospetiva, os relatórios de garantia de fiabilidade sobre controlos numa empresa de serviços e sobre informação financeira pró-forma incluída em prospetos.

9.1. IMPOSTOS CORRENTES E IMPOSTOS DIFERIDOS

O resultado contabilístico é o resultado de um período contabilístico, se aplicável, antes da dedução do encargo com o imposto sobre o rendimento. Por outro lado, o resultado tributável é o lucro/ /perda desse período, apurado de acordo com as regras fixadas pelas autoridades tributárias e aduaneiras, sobre o qual poderão ser pagos ou recuperáveis impostos sobre esse rendimento. Resulta daqui a necessidade de, a partir do resultado contabilístico, apurar o resultado fiscal a fim de se determinar o imposto a entregar às autoridades tributárias ou então o montante de imposto que será recuperável nos períodos subsequentes.

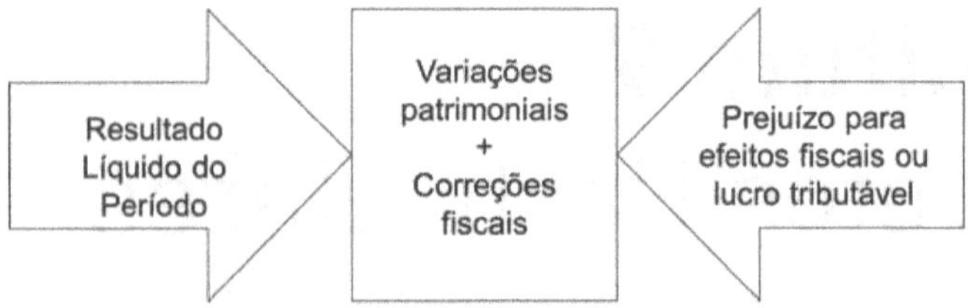

Figura 9.1. – Apuramento do resultado fiscal

Conforme evidenciado na figura anterior, são várias as correções a realizar decorrentes da aplicação dos diplomas fiscais. Assumem especial relevância as correções decorrentes da aplicação do disposto no CIRC e que detalharemos de seguida.

CORREÇÕES AO RESULTADO LÍQUIDO DO PERÍODO	Variações patrimoniais positivas não refletidas no resultado líquido do período (artigo 21.º) e quota-parte do subsídio respeitante a ativos não correntes, não depreciáveis/não amortizáveis (artigo 22.º n.º 1, al. b) a al. d))
	Variações patrimoniais positivas (regime transitório previsto no artigo 5.º, n.ºs 1, 5 e 6 do DL n.º 159/2009, de 13 de julho)
	Variações patrimoniais negativas não refletidas no resultado líquido do período (artigo 24.º)
	Variações patrimoniais negativas (regime transitório previsto no artigo 5.º, n.ºs 1, 5 e 6 do DL n.º 159/2009, de 13 de julho)
	Alteração do regime fiscal dos contratos de construção (correções positivas)
	Alteração do regime fiscal dos contratos de construção (correções negativas)
ACRÉSCIMOS AO RESULTADO LÍQUIDO DO PERÍODO	...
	Vendas e prestações de serviços com pagamento diferido: diferença entre a quantia nominal da contraprestação e o justo valor (artigo 18.º, n.º 5)
	Ajustamentos não dedutíveis decorrentes da aplicação do justo valor (artigo 18.º, n.º 9)
	Provisões não dedutíveis ou para além dos limites legais (artigo 19.º, n.º 4 e artigo 39.º) e perdas por imparidade fiscalmente não dedutíveis de ativos financeiros
	Despesas não documentadas (artigo 23.º, n.º1 al. b))
	Despesas ilícitas (artigo 23.º-A, n.º1 al. d))
	Encargos com o aluguer de viaturas sem condutor (artigo 23.º-A, n.º1 al. I))
	Encargos com combustíveis (artigo 23.º, n.º1 al. j))
	Juros e outras formas de remuneração de suprimentos e empréstimos feitos pelos sócios à sociedade (artigo 23.º-A, n.º1 al. m))
	Multas, coimas, juros compensatórios e demais encargos pela prática de infrações (artigo 23.º-A, n.º1, al. e))
	Perdas por imparidade em inventários além dos limites legais (artigo 28.º) e em créditos não fiscalmente dedutíveis ou para além dos limites legais (artigos 28.º-A a 28.º-C)
	Perdas por imparidade de ativos não correntes (artigo 31.º-B) e depreciações e amortizações (artigo 34.º, n.º 1), não aceites fiscalmente
	Menos-valias contabilísticas
	Donativos não previstos ou além dos limites legais (artigos 62.º e 65.º do EBF e Estatuto do Mecenato Científico)
	...

DEDUÇÕES AO RESULTADO LÍQUIDO DO PERÍODO	...
	Vendas e prestações de serviços com pagamento diferido: rédito de juros (artigo 18.º, n.º 2)
	Ajustamentos não tributáveis decorrentes da aplicação do justo valor (artigo 18.º, n.º 9)
	Depreciações e amortizações tributadas em períodos de tributação anteriores (artigo 20.º do DR 25/2009, de 14/09)
	Reversão de provisões tributadas (artigos 19.º, n.º 4 e 39.º, n.º 4)
	Mais-valias contabilísticas
	Correções relativas a instrumentos financeiros derivados (artigo 49.º)
	Benefícios fiscais
	...

As correções fiscais apresentadas não constituem uma lista exaustiva[1] mas sim a ilustração de algumas situações que não se encontram refletidas no resultado contabilístico ou, caso estejam, não são aceites para efeitos fiscais nos termos do CIRC.

Após terem sido efetuadas as correções fiscais nos termos da legislação aplicável, apurar-se-á o lucro tributável ou o prejuízo para efeitos fiscais. A partir daqui, proceder-se-á ao apuramento da matéria coletável, concorrendo para o efeito os prejuízos fiscais de anos anteriores que sejam dedutíveis, os prejuízos fiscais com transmissão autorizada, entre outras correções legalmente previstas. O cálculo do imposto é efetuado no Q.10 da Declaração Modelo 22 do IRC, onde serão igualmente consideradas as retenções na fonte, os pagamentos por conta (artigo 105.º CIRC), a Derrama[2] (incluindo a Derrama Estadual), as tributações autónomas, os juros compensatórios e os juros de mora.

O apuramento do resultado fiscal, além do objetivo de apurar os impostos sobre os rendimentos em sede de IRC, constitui um sistema de informação para o *stakeholder* Estado. Além de evidenciar o

---

[1] A este propósito deverá ser consultado o quadro 07 da declaração Mod. 22 (Declaração de Rendimentos), assim como consultar e analisar os diplomas fiscais onde se encontram previstos os ajustamentos a considerar.

[2] Trata-se de uma receita municipal que incide sobre o lucro tributável do exercício, antes da dedução de prejuízos fiscais reportáveis. A Derrama Estadual é devida pelas entidades que exerçam a título principal atividades de natureza comercial, industrial ou agrícola e pelas entidades não residentes com estabelecimento estável em Portugal.

apuramento do imposto a entregar ou a recuperar, nele é igualmente reportado um conjunto de informações acerca do sujeito passivo, complementando assim o seu perfil enquanto contribuinte ativo.

Impostos diferidos

A problemática dos impostos diferidos surge associada à convergência contabilística e fiscal em termos de relevação informativa. Procura relevar, em termos contabilísticos, transações que, originando tributação no período corrente, são dedutíveis em períodos futuros (ativos por impostos diferidos), bem como transações cuja tributação, por força do normativo fiscal, seja diferida para períodos futuros (passivos por impostos diferidos).

À relevação contabilística dos impostos diferidos parece prevalecer a substância em detrimento da forma, uma vez que se torna obrigatório, por força da aplicação daquele normativo, o reconhecimento das consequências fiscais de transações e outros acontecimentos, tal como acontece para as próprias transações e outros acontecimentos. Essa relevação contabilística é efetuada no capital próprio ou em resultados, consoante essas transações sejam também relevadas no capital próprio (*v.g.* excedentes de revalorização em ativos fixos tangíveis ou em ativos intangíveis, subsídios ao investimento, etc.) ou em resultados (*v.g.* provisões, imparidades e/ou depreciações/amortizações além dos limites fiscais, etc.).

De acordo com a NCRF 25/IAS 12, o registo de ativos por impostos diferidos resulta do reconhecimento de diferenças temporárias dedutíveis, do reporte de perdas fiscais não utilizadas (artigo 52.º do CIRC) e do reporte de créditos tributáveis não utilizados. Dão lugar ao reconhecimento de passivos por impostos diferidos as quantias de impostos pagáveis em períodos futuros com respeito a diferenças temporárias tributáveis[3]. Enquadram-se neste contexto os excedentes de revalorização de ativos fixos tangíveis (NCRF 7/IAS 16) e de ativos intangíveis (NCRF 6/IAS 38) que são reconhecidos no capital

---

[3] Diferenças temporárias de que resultam quantias tributáveis na determinação do lucro tributável (perda fiscal) de períodos futuros quando a quantia escriturada do ativo ou do passivo seja recuperada ou liquidada.

próprio, sendo a tributação associada a esse excedente diferida para o momento em que os elementos ou direitos que lhe deram origem sejam alienados, exercidos, extintos ou liquidados, com as exceções previstas na norma (*v.g.* mensuração de instrumentos financeiros ao justo valor através de resultados). A este propósito, estabelece o n.º 9 do artigo 18.º do CIRC que "*Os ajustamentos decorrentes da aplicação do justo valor não concorrem para a formação do lucro tributável, sendo imputados como rendimentos ou gastos do período de tributação em que os elementos ou direitos que lhes deram origem sejam alienados, exercidos, extintos ou liquidados,* exceto quando: a) Respeitem a instrumentos financeiros reconhecidos pelo justo valor através de resultados, desde que, quando se trate de instrumentos de capital próprio, tenham um preço formado num mercado regulamentado e o sujeito passivo não detenha, direta ou indiretamente, uma participação no capital igual ou superior a 5% do respetivo capital social; *(Redação da Declaração de Retificação n.º 18/2014 – 13/03).*"

Pode-se então afirmar que há lugar ao reconhecimento de impostos diferidos sempre que a base contabilística de um ativo/passivo difere da sua base fiscal. Essa divergência implicará o reconhecimento de ativos ou passivos por impostos diferidos sempre que estejamos perante diferenças temporárias dedutíveis ou perante diferenças temporárias tributáveis, respetivamente.

A temática dos impostos diferidos está hoje consagrada, a nível nacional, na NCRF 25 e na IAS 12, esta última de aplicação restrita a determinados tipos de sociedade em determinadas circunstâncias. Constituem objetivos daquelas normas prescrever o tratamento contabilístico dos impostos sobre o rendimento, nos casos em que existe recuperação futura da quantia escriturada, bem como no que respeita às transações e outros acontecimentos do período corrente e que a entidade tenha reconhecido. Genericamente, "*esta norma exige que uma entidade contabilize as consequências fiscais de transações e de outros acontecimentos da mesma forma que contabiliza as próprias transações e outros acontecimentos*" (§1 NCRF 25). Neste sentido, os efeitos fiscais das transações, ou outros acontecimentos reconhecidos nos resultados, são igualmente reconhecidos nos resultados. O mesmo acontece com as transações ou outros acontecimentos cujo reconhecimento tenha impacto no capital próprio, ou seja, os efeitos fiscais são reconhecidos nessa mesma massa patrimonial. Além destes efeitos, enquadram-se na norma os efeitos fiscais provenientes de perdas fiscais não usadas ou de créditos fiscais não usados.

O reconhecimento de passivos por impostos diferidos deve ocorrer sempre que existam diferenças temporárias tributáveis, exceto se essas diferenças resultarem do reconhecimento inicial do *Goodwill* ou de um ativo ou passivo que não seja uma transação relacionada com uma concentração de atividades empresariais e não afete, no momento dessa transação, nem o lucro contabilístico nem o lucro tributável. Nos casos em que as diferenças temporárias tributáveis estejam relacionadas com investimentos em subsidiárias, sucursais, associadas e interesses em empreendimentos conjuntos, há lugar a reconhecimento de passivos por impostos diferidos[4]. No caso particular do *Goodwill*, a NCRF 25 não permite o reconhecimento de impostos diferidos pois "*o* Goodwill *é mensurado como residual e o reconhecimento do passivo por impostos diferidos iria aumentar a quantia escriturada do* Goodwill" (§21 NCRF 25).

Com o objetivo de melhor se compreender a amplitude do normativo sobre impostos diferidos, apresentam-se na tabela seguinte alguns exemplos de transações que originam o reconhecimento de ativos ou passivos por impostos diferidos, independentemente do seu impacto se verificar no capital próprio ou na demonstração dos resultados.

Relativamente ao reconhecimento de ativos por impostos diferidos, importa referir que essa possibilidade está condicionada à existência de um lucro tributável relativamente ao qual a diferença temporária dedutível possa ser usada ou à disponibilidade de lucros tributáveis futuros contra os quais possam ser usadas as perdas fiscais não usadas e os créditos fiscais não usados. Estas asserções, de natureza probabilística, além de acentuarem a discricionariedade, incutem uma maior exigência a nível do relato financeiro em termos de divulgação dos pressupostos que as suportam.

---

[4] De acordo com o normativo contabilístico (IAS 12 / NCRF 25), são condições para esse reconhecimento: a) Que a empresa-mãe, o investidor ou o empreendedor seja capaz de controlar a tempestividade da reversão da diferença temporária e 2) que seja provável que a diferença temporária não se reverterá no futuro previsível.

As divulgações são, neste domínio, bastante amplas, mas, tal como o reconhecimento de alguns impostos diferidos, altamente vulneráveis a pressupostos probabilísticos. Advogamos a necessidade de se aplicarem modelos de previsão provenientes da teoria financeira, com um elevado poder preditivo, capazes de produzir pressupostos fiáveis que possam consolidar as diversas asserções de reconhecimento e divulgação.

O reconhecimento de impostos diferidos está dependente da observância de acontecimentos futuros, aos quais é intrínseca uma determinada probabilidade de ocorrência. Referimo-nos, regra geral, ao reconhecimento de ativos por impostos diferidos e à condição, *a priori*, de existirem diferenças tributáveis futuras ou lucros tributáveis suficientes que possam compensar aqueles ativos. A incerteza associada a qualquer contexto probabilístico remete-nos de imediato para os pressupostos que serviram de base à determinação do retorno potencial. Consideramos que a simples condição de estarmos num contexto de incerteza constitui um inibidor ao reconhecimento, levando a que as entidades, numa assunção de prudência, optem pelo seu não reconhecimento.

Ainda que os órgãos de fiscalização assumam um papel determinante na aferição desses pressupostos, entendemos que a volatilidade do contexto macroeconómico que atravessamos não é compatível com um grau de segurança razoável que permita consolidar o relato financeiro nesta matéria. Uma vez mais, é nossa convicção que o relato financeiro não se afigura pleno por dificuldades associadas à fiabilidade dos pressupostos, nos quais se baseia o reconhecimento dos impostos diferidos.

Conscientes da dualidade doutrinária sobre esta temática, evidenciaremos de seguida as principais questões que se podem colocar neste domínio. O nosso objetivo está em identificar os aspetos de convergência e de divergência entre as duas correntes doutrinárias, especificando o impacto do reconhecimento dos impostos diferidos ao nível da fiabilidade do relato financeiro.

Uma das questões que se pode colocar em torno desta problemática é a pertinência do reconhecimento dos ativos e passivos por impostos diferidos porquanto o próprio normativo admite inúmeras exceções e é altamente vulnerável aos juízos de valor por parte dos preparadores da informação financeira. Recorde-se, a este propósito, as exceções e as condições previstas nos parágrafos 25 e seguintes da NCRF 25, no que respeita ao reconhecimento de ativos por impostos diferidos. Esse reconhecimento está dependente da probabilidade de existirem lucros tributáveis futuros disponíveis contra os quais as diferenças temporárias dedutíveis possam ser utilizadas. A mesma regra é aplicável ao reporte de perdas fiscais não usadas e créditos por impostos não usados uma vez que, de acordo com o parágrafo 31 da NCRF 25, "*Um ativo por impostos diferidos deve ser reconhecido para o reporte de perdas fiscais não usadas e créditos tributáveis não usados até ao ponto em que seja provável que lucros tributáveis futuros estarão disponíveis contra os quais possam ser usados perdas fiscais não usadas e créditos tributáveis não usados.*" Assim sendo, ainda que reconheçamos a existência de alguma discricionariedade na avaliação probabilística destas ocorrências, não corroboramos que seja motivo substancial e determinante para que estes efeitos sejam excluídos do relato financeiro.

A pertinência do reconhecimento não pode estar consubstanciada na sua forma, mas sim na substância dos efeitos fiscais futuros decorrentes de transações correntes. Ainda que possamos reconhecer dificuldades intrínsecas à avaliação da probabilidade efetiva de ocorrerem determinados acontecimentos futuros (*v.g.* magnitude das diferenças tributárias futuras, continuidade de determinadas operações, entre outros), consideramos que o relato financeiro, em particular no âmbito da plenitude e compreensibilidade, apareceria distorcido caso se omitissem esses efeitos. Por isso, privilegiamos claramente a substância daqueles efeitos em detrimento da sua forma. Sublinhamos ainda que a determinação com fiabilidade dos efeitos contabilísticos é um denominador comum a todo o normativo contabilístico e não de aplicação restrita no âmbito da NCRF 25/IAS 12. Quer isto dizer que sempre que não for possível determinar com fiabilidade aqueles efeitos, os mesmos não devem ser integrados no relato financeiro tal como acontece nas mais diversas temáticas contabilísticas.

A omissão dos efeitos decorrentes do reconhecimento de impostos diferidos prejudicaria objetivamente a plenitude da informação financeira. Por exemplo, é compreensível que os investidores associem à divulgação de impostos diferidos relacionados com a revalorização de ativos fixos tangíveis e intangíveis a expectativa de a entidade continuar a investir em bens depreciáveis/amortizáveis. Privilegiamos uma abordagem integrada e completa, ainda que vulnerável aos pressupostos que servem de base à mensuração e à divulgação dos efeitos dos impostos diferidos.

A problemática da divulgação surge associada à característica da compreensibilidade da informação financeira. As reservas e questões que se colocam neste domínio são transversais a todo o normativo contabilístico. Ainda que o normativo contabilístico tenha deixado de, na maioria dos casos, enumerar, substancialmente, as divulgações a efetuar por parte dos preparadores da informação, cabe aos responsáveis pelo relato assegurar a compreensibilidade da informação. A amplitude e a clareza da divulgação contabilística ficaram altamente dependentes dos preparadores da informação financeira e do seu poder discricionário. Além de questionarmos esta opção, e até apontá-la como um retrocesso na qualidade da informação a incluir no relato empresarial, consideramos que o reconhecimento dos impostos diferidos poderá contribuir para incutir transparência nas divergências que se produzem entre o resultado contabilístico e o resultado fiscal. Atribuímos, neste contexto, um papel determinante aos órgãos de controlo interno e externo, em particular aos revisores oficiais de contas.

9.2. AUDITORIA AOS SALDOS DE ABERTURA

As responsabilidades do auditor que são inerentes aos saldos de abertura numa auditoria inicial estão previstas na ISA 510. Incluem-se, neste âmbito, não apenas os saldos das contas ou classes de transações, mas também os compromissos e contingências que possam existir e que careçam de adequada divulgação. Assim, compete ao auditor verificar se os saldos de abertura contêm distorções que afetem materialmente as demonstrações financeiras e se as políticas contabilísticas foram consistentemente aplicadas entre o período em análise e o período precedente. Caso contrário, há que averiguar se as alterações de políticas estão devidamente reconhecidas no relato empresarial, ou seja, avaliar se essas alterações foram adequadamente divulgadas de acordo com o referencial normativo que seja aplicável ao exame.

Por forma a cumprir aqueles objetivos, o auditor deve ler as demonstrações financeiras mais recentes, caso aplicável, incluindo o respetivo relatório do auditor antecessor (se existir), procurando a informação relevante relativamente aos saldos de abertura, incluindo as respetivas divulgações. Assim, deve implementar os seguintes procedimentos:

- Determinar se os saldos de fecho do período precedente foram corretamente transportados para o período corrente ou, nos casos aplicáveis, se foram reexpressos;
- Averiguar se os saldos de abertura refletem a aplicação de políticas contabilísticas adequadas e se as alterações foram efetuadas de acordo com o previsto na IAS 8/NCRF 4;
- Caso seja exequível, rever os papéis de trabalho do auditor precedente, avaliar a adequação e suficiência da prova produzida e implementar procedimentos adequados que permitam obter prova suficiente e apropriada para as asserções subjacentes aos saldos de abertura.

Caso o auditor não consiga obter prova suficiente e apropriada sobre os saldos de abertura, deverá expressar uma opinião com reservas por limitação de âmbito, ou então emitir uma escusa de opinião, nos termos da ISA 705. Se, por outro lado, concluir que existem distorções materialmente relevantes que não estão refletidas nas demonstrações financeiras, ou concluir que as políticas contabilísticas não foram consistentemente aplicadas (incluindo mensuração e/ou divulgação) em relação aos saldos de abertura, deverá emitir uma opinião com reservas por desacordo ou uma opinião adversa, situações igualmente enquadráveis no âmbito da ISA 705.

9.3. AUDITORIA AO RELATO POR SEGMENTOS

O relato por segmentos encontra-se previsto na IFRS 8, norma internacional de contabilidade que estipula que uma organização deve divulgar informações que permitam aos utilizadores das suas demonstrações financeiras avaliar a natureza e os efeitos financeiros decorrentes das atividades de negócio em que está envolvida, bem como a diversidade de ambientes económicos em que opera. Neste âmbito, pode ser considerado um segmento toda a componente de uma organização que cumpra os seguintes critérios:

- Desenvolva atividades de negócio, das quais fluam réditos e existam gastos/custos associados;
- Os resultados operacionais sejam regularmente revistos pelo principal responsável pela tomada de decisões operacionais da organização, no processo de tomada de decisões sobre imputação de recursos a cada segmento e da consequente avaliação do seu desempenho;
- Existência de informação financeira distinta que esteja disponível.

A existência de segmentos relatáveis pressupõe, no entanto, a observância de diversos critérios quantitativos, embora a entidade possa sempre proceder à divulgação de informação por segmentos a título voluntário. É neste contexto que consideramos que a importância da análise por segmentos assume uma maior relevância do ponto de vista da gestão interna, ou seja, enquanto a divulgação externa assenta em normativo contabilístico (e consequentemente, enquadrável nas divulgações obrigatórias), a utilidade da informação por segmentos a nível interno é inquestionável e insubstituível. Além de indispensável à gestão corrente e à monitorização da sustentabilidade económica e financeira, é necessária para efeitos de diversificação e diferenciação estratégicas.

Regra geral, o primeiro passo reside na identificação dos segmentos a relatar, tendo em conta que devem ser divulgadas informações separadas sobre cada segmento operacional que tenha sido identificado como tal ou então que resulte da agregação de dois ou mais segmentos. Além disso, há que aferir quais os segmentos que superam os patamares quantitativos previstos no normativo contabilístico, em particular a IFRS 8. Importa referir que a agregação de segmentos deve ter em conta a natureza dos produtos e/ou serviços transacionados no segmento, a natureza dos processos de produção, as metodologias de gestão utilizadas nesses segmentos e, nos casos aplicáveis, o ambiente regulador que os norteiam. Para melhor compreensão da temática, elencamos de forma estruturada os critérios quantitativos que a organização deve observar sobre um segmento operacional para que o mesmo se revele relatável. Assim, um segmento é relatável desde que cumpra pelo menos um dos seguintes critérios:

- O rédito do segmento, incluindo não só as vendas a clientes externos como também as eventuais transferências inter-segmentos, deve ser superior ou igual a 10% do rédito combinado, interno e externo, de todos os segmentos operacionais da organização.
- O lucro ou prejuízo do segmento deve ser igual ou superior a 10% do maior dos seguintes valores, em termos absolutos:
  - Os lucros combinados de todos os segmentos operacionais que não relatam prejuízos;
  - Os prejuízos combinados de todos os segmentos que relataram prejuízos.
- Os ativos do segmento devem ser superiores ou iguais a 10% dos ativos combinados de todos os segmentos operacionais.
- A informação relatada deve representar uma parte significativa do negócio, ou seja, o rédito externo total relatado pelos segmentos operacionais identificados deve representar uma percentagem igual ou superior a 75% do rédito da entidade. Caso o rédito externo relatado pelos segmentos operacionais represente uma percentagem inferior a 75% do rédito da entidade, devem ser identificados outros segmentos operacionais como segmentos relatáveis até que a percentagem mínima exigível esteja assegurada (mesmo que não se verifiquem os critérios específicos de materialidade do segmento).

É de referir que os segmentos que não ultrapassem o patamar quantitativo podem ser considerados relatáveis, caso os órgãos de governo societário da organização entendam que essa informação é útil para os utilizadores da informação. Porém, é também de apontar que a utilidade da informação pode ser reduzida nos casos em que são relatados segmentos operacionais em excesso[5], situação que poderia evidenciar uma excessiva dispersão e assimetria de informação.

Do ponto de vista da auditoria, deverá ser obtida prova suficiente e apropriada relativa à apresentação e divulgação de informação por segmentos, de acordo com o referencial contabilístico, através dos seguintes procedimentos (ISA 501):

- Tomando conhecimento dos métodos utilizados pela gerência na determinação da informação por segmentos, o que poderá ser alcançado por indagação;
- Avaliar a adequação dos métodos utilizados, em linha com o previsto no normativo contabilístico e nas necessidades específicas de relato empresarial;
- Testar a aplicabilidade dos métodos utilizados, incluindo as divulgações que são incluídas no relatório de gestão.

O exame efetuado pelo auditor deverá incidir sobre as demonstrações financeiras como um todo e não no âmbito de um exame específico aos segmentos relatáveis, situação que seria passível de enquadramento no âmbito da ISA 800. Assim, em linha com o previsto na IFRS 8, deve-se analisar, de forma integrada: 1. As vendas, transferências e encargos entre os segmentos e eliminação de quantias relacionadas com transações entre os mesmos; 2. As comparações com orçamentos e outros resultados esperados; 3. A imputação de ativos e custos entre segmentos; 4. Avaliação da consistência com períodos anteriores e adequação das divulgações necessárias.

9.4. AUDITORIA À INFORMAÇÃO FINANCEIRA PROSPETIVA

A auditoria à informação financeira prospetiva é um caso específico de um trabalho de auditoria de garantia de fiabilidade que não seja

---

[5] A IFRS 8 aponta, no seu parágrafo 19, para um máximo de dez segmentos. Contudo, do ponto de vista interno, consideramos que a organização deve possuir informação segmentada independentemente de quaisquer patamares quantitativos.

baseada em informação histórica. Previsto na ISAE 3400, este tipo de exame assenta sobre pressupostos acerca de acontecimentos futuros, pelo que se trata de um exame de base subjetiva. O julgamento profissional será, neste âmbito, potenciado, envolvendo na maior parte dos casos a combinação de previsões (baseada em pressupostos históricos e normalmente indicados pela gerência) e de projeções (pressupostos hipotéticos). Uma vez que este tipo de exame é baseado em pressupostos, é indispensável que o auditor obtenha um nível suficiente de conhecimento do negócio, situação que deve ser ponderada aquando da aceitação do trabalho.

Do ponto de vista de procedimentos, devem os mesmos garantir que o auditor obtenha prova suficiente e apropriada relativamente:

- Aos pressupostos subjacentes às melhores estimativas, assegurando que os mesmos são razoáveis, e no caso de estarmos perante uma projeção, se os pressupostos hipotéticos estão alinhados com a finalidade da informação prospetiva;
- À adequação da preparação da informação, em relação aos pressupostos de base;
- À apresentação e divulgação de todos os pressupostos, explicitando-se a natureza desses pressupostos: baseados na melhor estimativa ou de base hipotética;
- À consistência com as demonstrações financeiras históricas, em linha com os pressupostos contabilísticos previstos no normativo aplicável.

Tal como nos exames de base histórica, também neste contexto o auditor deve tomar em consideração alguns aspetos, quando determinar a natureza, a oportunidade e a extensão dos procedimentos de análise, nomeadamente: 1. Avaliar a probabilidade de existirem distorções materialmente relevantes; 2. Tomar em consideração o conhecimento adquirido durante a realização de quaisquer trabalhos anteriores; 3. Avaliar a competência da gerência, ou dos demais órgãos de governação, no que concerne à preparação de informação financeira prospetiva; 4. Avaliar a profundidade em que a informação financeira prospetiva é influenciada pelo julgamento da gerência;

5. Avaliar a adequação e credibilidade dos dados conexos com a informação prospetiva.

Do ponto de vista da estrutura do relatório a emitir, após obtenção da devida declaração do órgão de gestão, o mesmo segue uma estrutura similar aos relatórios a emitir para o exame à informação histórica, com as adaptações preconizadas nos parágrafos 27 a 32 da ISAE 3400.

Finalmente, importa referir que este tipo de exame tem, na sua génese, os mesmos princípios que os exames abordados ao longo dos diversos capítulos desta obra. Além dos requisitos éticos de base que são exigíveis ao profissional de auditoria, há que observar os princípios subjacentes à aceitação do trabalho, à avaliação da materialidade e dos riscos, ao planeamento dos trabalhos, à obtenção da prova, à potencial existência de acontecimentos subsequentes e à documentação que suporta as conclusões do auditor (ISAE 3000).

9.5. AUDITORIA AOS CONTROLOS EM EMPRESAS DE SERVIÇOS

As organizações de serviços são caracterizadas, entre outros aspetos, pela imaterialidade dos fluxos reais que desenvolvem e, consequentemente, pela dificuldade em garantir determinados controlos. É nesse contexto que a ISAE 3402 assume especial relevância, ao estipular os critérios mais adequados a observar, nomeadamente: 1. Descrição do sistema de controlo concebido e implementado pela entidade, o qual deve estar em funcionamento durante todo o período; 2. Identificação dos controlos concebidos e da sua aplicabilidade durante o período ou numa determinada data de referência; 3. Avaliação, nos casos previstos, da eficácia dos procedimentos na garantia razoável da fiabilidade relativamente aos objetivos fixados pela gerência.

Tal como enunciado no ponto anterior, também aqui devem ser observados os pressupostos e critérios já enumerados no âmbito de outros trabalhos. São, por isso, de considerar os seguintes aspetos: 1. Termos da aceitação e continuação dos trabalhos; 2. Avaliação dos critérios subjacentes aos procedimentos concebidos e implementados; 3. Materialidade e avaliação dos riscos inerente e de controlo; 4. Obtenção de prova suficiente e apropriada quanto à conceção, implementação e eventual eficácia dos controlos; 5. Tomada em consideração do trabalho dos auditores internos; 6. Obtenção de declarações escritas por parte da gerência; 7. Avaliação da existência de acontecimentos subsequentes; 8. Emissão de opinião, incluindo outras divulgações que sejam relevantes, oportunas e exigíveis.

9.6. AUDITORIA À INFORMAÇÃO FINANCEIRA PRÓ-FORMA CONTIDA EM PROSPETOS

Os desenvolvimentos ocorridos nos mercados de capitais ao longo das últimas décadas, incluindo o aumento da complexidade dos produtos financeiros transacionados, tem exigido maior intervenção na garantia da fiabilidade da informação que consta nos prospetos e que é difundida aos potenciais investidores. Referimo-nos por exemplo à informação sobre determinada emissão obrigacionista, sobre a venda de papel comercial de determinada entidade, sobre a venda de produtos financeiros estruturados, ou simplesmente sobre o processo de aumento de capital de determinada entidade. Vários são os casos, no âmbito nacional e internacional, em que se tem questionado a divulgação, ou omissão, de informação credível sobre aquele tipo de transações, alegando-se por vezes a clara manipulação do mercado, no qual se advoga a circulação de informação incompleta, ou mesmo falsa.

A ISAE 3420 vem balizar e estabelecer os critérios que devem nortear o exame à informação financeira pró-forma que consta nos prospetos, seja esse relato exigido por lei ou regulamento do mercado de valores mobiliários da jurisdição onde o prospeto vai ser emitido, seja pelo facto de tal relato ser uma prática geralmente aceite nessa jurisdição.

A preparação da informação financeira pró-forma a incluir em prospetos é responsabilidade do emitente, sendo responsabilidade do profissional de auditoria relatar sobre se essa informação foi preparada pela entidade responsável, de acordo com os critérios aplicáveis. Entende-se, neste contexto, que a compilação de informação financeira pró-forma envolve a recolha, classificação, sumarização e apresentação da referida informação, como se a transação ou acontecimento tivesse ocorrido em determinada data de relato. Contudo, esta informação não traduz qualquer posicionamento financeiro em determinada data, nem traduz o desempenho proveniente de quaisquer atividades. Este processo envolve, normalmente, de acordo com a ISAE 3420, três etapas distintas: 1. Identificação das fontes de informação financeira não ajustada a usar na compilação da informação e extração da informação financeira não ajustada dessas fontes; 2. Execução de ajustamentos à informação, em função dos objetivos específicos da mesma; 3. Apresentação da informação financeira pró-forma daí resultante, acompanhada das respetivas notas explicativas. Tal como já indicado nos pontos precedentes, este exame deve observar os demais critérios e princípios que são aplicáveis a outra natureza de exames.

Procurámos, ao longo deste capítulo, identificar temáticas específicas que, pela sua pertinência, singularidade e transversalidade, mereciam um destaque e algum desenvolvimento adicional. Porém, estamos conscientes de que não se trata de uma abordagem exaustiva, remetendo-se o leitor para o conteúdo de outras normas sobre trabalhos específicos, em particular os trabalhos de garantia da fiabilidade sobre declarações de gases com efeitos de estufa (ISAE 3410), trabalhos para executar procedimentos acordados com respeito a informação financeira (ISRS 4400) e trabalhos de compilação (ISRS 4410).

9.7. CONTINUIDADE (*GOING CONCERN*)

O pressuposto da continuidade, de acordo com os normativos contabilísticos em geral e com a ISA 570, determina que as demonstrações financeiras são preparadas presumindo que a entidade está em continuidade e manterá as suas atividades no futuro previsível. Assim, nos trabalhos de auditoria de finalidade geral é assumido que não existe qualquer intenção do órgão de gestão de liquidar a entidade ou cessar as operações. Regra geral, poder-se-á afirmar que a assunção deste pressuposto tem, na sua génese, a asserção de que a entidade será capaz de realizar os seus ativos e liquidar os seus passivos em condições normais da atividade.

A responsabilidade primária pela apreciação da capacidade pela observância do pressuposto da continuidade (incluindo eventuais divulgações), tal como definido na IAS 1/NCRF 1, ou na maioria dos normativos contabilísticos, cabe ao órgão de gestão. Contudo, ainda que esses normativos não contenham essa referência de forma expressa, competirá sempre ao órgão de gestão efetuar essa apreciação, porquanto se trata de um pressuposto de base à preparação do relato financeiro em geral.

Tal como referimos ao longo desta obra, a responsabilidade do auditor centra-se na obtenção de prova apropriada e suficiente acerca do uso do pressuposto da continuidade por parte do órgão de gestão na preparação e apresentação das demonstrações financeiras e concluir se existe alguma incerteza material acerca de a empresa prosseguir com a continuidade das suas operações. No entanto, é de referir que, de acordo com o ISA 200, nem sempre é possível avaliar e concluir sobre acontecimentos ou condições futuras. Nesse caso, ainda que não exista qualquer referência ao pressuposto da continuidade na opinião do auditor, ou em quaisquer relatórios similares, tal não significa a assunção de que esteja garantida a capacidade da entidade para prosseguir em continuidade.

A partir dos trabalhos de auditoria realizados, associados à comunicação com os encarregados da governação, o auditor deve avaliar e concluir se o uso do pressuposto da continuidade é apropriado nas circunstâncias, ou se existe alguma incerteza material. Se for este o caso, deve descrever de forma adequada os principais acontecimentos ou condições que possam colocar dúvidas significativas sobre a capacidade da entidade para prosseguir em continuidade de operações e quais os mecanismos definidos pelo órgão de gestão para lidar com os constrangimentos identificados. Complementarmente, deve ser aferido se existe uma clara divulgação de que existe uma incerteza material relacionada com acontecimentos ou condições que podem colocar dúvidas significativas sobre a capacidade de a entidade prosseguir em continuidade, estando em causa a realização dos seus ativos e/ou a liquidação dos seus passíveis em normais condições de atividade.

Os fatores que podem colocar em causa o pressuposto da continuidade são de natureza diversa (financeira *vs.* operacional; estrutural *vs.* conjuntural). Pela sua importância e pelo poder ilustrativo, elencamos de seguida alguns fatores identificados no parágrafo A3 da ISA 570.

- Principais rácios financeiros adversos;
- Fluxos de caixa operacionais negativos, indicados por demonstrações financeiras históricas ou prospetivas;
- Incapacidade de pagar aos credores nas datas de vencimento;
- Incapacidade de obter financiamento essencial para o desenvolvimento de novos produtos ou para outros investimentos essenciais;
- Intenção do órgão de gestão de liquidar a entidade ou de cessar operações;
- Perda de um grande mercado, de clientes principais, de importantes concessões, de licenças ou de fornecedores determinantes no negócio;
- Rutura de abastecimentos importantes;
- Incumprimento de exigências relacionadas com o capital ou de outras exigências estatutárias, tais como requisitos de solvência ou liquidez para as instituições financeiras;
- Processos legais regulatórios pendentes contra a entidade que possam resultar em reclamações que a entidade não é capaz de satisfazer;
- Alterações na legislação, regulamentação ou na política governamental que se espera que venham a afetar negativamente a entidade;
- Catástrofes não cobertas ou insuficientemente cobertas por seguros, quando ocorrem.

Acrescentamos a esta lista, pela sua oportunidade e poder ilustrativo, a situação a situação pandémica covid-19, oficialmente declarada no primeiro trimestre de 2020, bem como a situação de guerra entre a Rússia e a Ucrânia, com os claros impactos nas economias mundiais. A incerteza subjacente a estes novos contextos conjunturais adversos coloca dúvidas sobre a capacidade de muitas entidades para prosseguir com as suas operações, comprometendo claramente, em muitas entidades, o pressuposto da continuidade. No primeiro caso, ainda que a incerteza não tenha determinado de forma clara a não observância do pressuposto da continuidade das operações, a inclusão de uma ênfase nos relatórios de auditoria e na CLC foi uma realidade praticamente generalizada. Os avanços científicos verificados ao longo do tempo, nomeadamente os progressos ao nível médico e na investigação científica no domínio da vacinação para a pandemia covid-19, levaram a que, atualmente, as incertezas associadas à observância do pressuposto da continuidade estejam gradualmente a dissipar-se. Relativamente ao segundo caso referido, os impactos serão diversos e, em alguns casos, com efeitos muito significativos, nomeadamente entidades com grande exposição aos mercados dos países em conflito. Estaremos certamente, tanto por parte dos órgãos de gestão como por parte dos auditores, perante um contexto que requer contínua avaliação e apreciação sobre os potenciais efeitos no que respeita à garantia de que é observado, ou não, um dos pressupostos base inerente à preparação do relato financeiro de uma entidade.

Capítulo 10
Casos Práticos

CASO PRÁTICO N.º 1

Tendo por base a classificação do risco, de acordo com a ISA 315, identifique o principal risco associado a cada uma das situações descritas:

N.º	Descrição	Tipo de risco
1	A entidade auditada falha na descoberta atempada de fraude praticada pelo empregado pois as conciliações são feitas apenas no final do ano.	
2	No contexto da atividade desenvolvida, o numerário é mais suscetível ao furto do que os inventários.	
3	A confirmação de recebimentos por parte de um auditor falha na conclusão acerca de distorções materialmente relevantes.	
4	Os dispêndios financeiros ocorrem e são reconhecidos na contabilidade sem a devida aprovação.	
5	Não existe uma adequada segregação de funções ao nível do circuito da receita.	
6	Foram omissos diversos procedimentos analíticos substantivos, no âmbito da análise às demonstrações financeiras intercalares.	
7	Os recebimentos são suscetíveis de distorções devido à ausência de verificações periódicas e sistemáticas.	
8	Os rápidos avanços tecnológicos tornam a maior parte dos inventários obsoletos.	
9	Atendendo à sua natureza, existe uma grande suscetibilidade do cliente violar o acordo de pagamento anteriormente acordado.	
10	A empresa *Alfa, S.A.*, enquanto empresa auditada, encontra-se na situação de perda de mais de 50% do seu capital social.	

Resolução

N.º	Tipo de risco (ISA 315)
1	Risco de Distorção Material (Risco de Controlo)
2	Risco de Distorção Material (Risco Inerente)

N.º	Tipo de risco (ISA 315)
3	Risco de Deteção
4	Risco de Distorção Material (Risco de Controlo)
5	Risco de Distorção Material (Risco de Controlo)
6	Risco de Deteção
7	Risco de Distorção Material (Risco de Controlo)
8	Risco de Distorção Material (Risco Inerente)
9	Risco de Distorção Material (Risco Inerente)
10	Risco de Distorção Material (Risco Inerente[1])

CASO PRÁTICO N.º 2

Tendo por base a ISA 315, proceda ao preenchimento da seguinte tabela:

Situação	Descrição	Principais Asserções subjacentes às Demonstrações Financeiras
1	Durante o processo de auditoria, com referência a 31 de dezembro de N, um dos membros da equipa reuniu com o "Contabilista Certificado" para perceber quais as razões que determinaram a escolha dos métodos de mensuração subsequente dos ativos fixos tangíveis. Durante a conversa, com duração aproximada de 90 minutos, foi entregue ao auditor um extrato da ata de uma reunião da Comissão Executiva, na qual foram aprovadas as políticas contabilísticas a seguir para aquela tipologia de ativos.	
2	Na manhã do dia 7 de janeiro de N+1, dois auditores deslocaram-se às instalações da empresa para integrarem a equipa que realizaria nesse mesmo dia as contagens físicas aos diversos armazéns, com referência ao final do ano anterior. No final do dia, todos os participantes assinaram um documento que evidenciava tanto as quantidades efetivamente contadas como os valores dos inventários, de acordo com o custo que consta do programa de gestão e *stocks*.	
3	Com referência a 31 de dezembro de N, os auditores selecionaram, a partir do balancete analítico de clientes, uma amostra de 25 clientes c/c, tendo analisado de seguida as faturas que ainda se encontravam em dívida. Procederam ainda, numa base aleatória, à verificação da correta aplicação das taxas de IVA, bem como dos descontos concedidos na transação.	

[1] Associado, genericamente, ao "*Risco de Negócio*" ou ao "*Risco Financeiro*", independentemente da eficácia/eficiência dos procedimentos de controlo e/ou procedimentos substantivos.

Situação	Descrição	Principais Asserções subjacentes às Demonstrações Financeiras
4	Os auditores juniores dedicaram dois dias à leitura das atas da Comissão Executiva da Empresa X, tendo de seguida reunido com o administrador responsável pela área financeira para obter esclarecimentos adicionais. De seguida, verificaram se as transações relacionadas com o aumento de capital foram efetivamente registadas na data do relato.	

Resolução

Situação	Principais Asserções subjacentes às Demonstrações Financeiras
1	Rigor, Valorização e Imputação
2	Existência Rigor, Valorização e Imputação (Plenitude)[2]
3	Direitos e Obrigações Rigor, Valorização e Imputação Classificação (Corte)[3]
4	Rigor Classificação (Corte)[4] (Plenitude)[5]

[2] No pressuposto de que todos os inventários existentes nos armazéns foram passíveis de contagem.

[3] No pressuposto de que poderiam ser identificadas faturas que não estivessem registadas no período adequado.

[4] Associado ao reconhecimento do aumento de capital no período a que diz respeito. No que respeita à data de corte de operações ("*cut-off*"), a asserção associada refere-se a "Rigor, valorização e imputação".

[5] No pressuposto de que as atas não identificavam outras transações da mesma natureza e passíveis de serem reconhecidas ou divulgadas nas demonstrações financeiras.

CASO PRÁTICO N.º 3

Tendo por base a ISA 315, identifique as principais asserções subjacentes às demonstrações financeiras, para cada uma das situações indicadas:

Situação	Descrição	Principais Asserções subjacentes às Demonstrações Financeiras
1	Na 2.ª semana dos trabalhos de auditoria, a equipa de auditores esteve reunida com a equipa de advogados, com o objetivo de identificar as potenciais responsabilidades decorrentes dos eventuais processos judiciais em curso. Com base na prova obtida, concluíram que a conta de provisões se encontrava subavaliada em 400.000 euros, tendo de seguida reunido com o órgão de gestão para eventuais procedimentos em conformidade.	
2	Com base no balancete, com referência à data de 31.12.N, a equipa de auditores identificou as variações ocorridas entre os anos N-1 e N, tendo sinalizado aquelas que consideraram ser mais relevantes. Subsequentemente, confrontou a quantia escriturada dos ativos fixos tangíveis e intangíveis com o montante das depreciações e amortizações reconhecidas no período. Concluiu que, no período, apenas ocorreram duas aquisições de ativos fixos tangíveis, tendo verificado que os mesmos se encontravam em funcionamento no departamento de Design.	

Resolução

Situação	Principais Asserções subjacentes às Demonstrações Financeiras
1	Apresentação Rigor, Valorização e Imputação Plenitude
2	Valorização, Rigor e Imputação Existência

CASO PRÁTICO N.º 4

Tendo por base a ISA 500, identifique os métodos de recolha de prova de auditoria em cada uma das situações descritas:

N.º	Descrição	Método de recolha de prova
1	Durante a manhã do dia 3 de janeiro do ano N+1, foi feita a contagem física de inventários, com data de corte de operações a 31.12.N.	
2	Leitura dos contratos dos financiamentos obtidos celebrados durante o ano N.	
3	Confirmação do valor das depreciações reconhecidas durante o ano N nas demonstrações financeiras.	
4	Reunião com o diretor da produção para compreensão dos níveis de produção defeituosa registados durante o ano N.	
5	Envio de carta às entidades bancárias para levantamento dos saldos de conta e das responsabilidades assumidas junto da entidade bancária (*v. g.* instrumentos financeiros sob custódia, garantias bancárias ativas, etc.).	
6	Verificação da funcionalidade dos equipamentos industriais e confirmação da titularidade com os documentos de aquisição.	
7	Verificação da razoabilidade das depreciações reconhecidas durante o período com o valor bruto dos ativos fixos tangíveis e respetivas quantias escrituradas.	
8	Acompanhamento do circuito documental dos documentos de compra (Requisição→Entrega→Confirmação da Fatura→Reconhecimento Contabilístico).	
9	Reunião com os advogados da empresa para avaliação da razoabilidade das provisões a reconhecer nas demonstrações financeiras.	
10	Verificação da exatidão dos juros de financiamentos obtidos durante o período e confirmação da taxa de juro no respetivo contrato de empréstimo.	
11	Leitura das atas das reuniões do Conselho de Administração realizadas durante o ano N.	

Resolução

N.º	Método de recolha de prova
1	Observação
2	Inspeção
3	Recálculo
4	Indagação
5	Confirmações Externas
6	Inspeção
7	Procedimentos Analíticos
8	Reexecução
9	Indagação
10	Recálculo/Inspeção
11	Inspeção

CASO PRÁTICO N.º 5

Retome-se novamente as situações descritas no caso prático n.º 2. Identifique os métodos de recolha de prova subjacentes a cada uma dessas situações:

Situação	Descrição	Principais Métodos de Recolha de Prova
1	Durante o processo de auditoria, com referência a 31 de dezembro de N, um dos membros da equipa reuniu com o "Contabilista Certificado" para perceber quais as razões que determinaram a escolha dos métodos de mensuração subsequente dos ativos fixos tangíveis. Durante a conversa, com duração aproximada de 90 minutos, foi entregue ao auditor um extrato da ata de uma reunião da Comissão Executiva, na qual foram aprovadas as políticas contabilísticas a seguir para aquela tipologia de ativos.	
2	Na manhã do dia 7 de janeiro de N+1, dois auditores deslocaram-se às instalações da empresa para integrarem a equipa que realizaria nesse mesmo dia as contagens físicas aos diversos armazéns, com referência ao final do ano anterior. No final do dia, todos os participantes assinaram um documento que evidenciava tanto as quantidades efetivamente contadas como os valores dos inventários, de acordo com o custo que consta do programa de gestão e *stocks*.	
3	Com referência a 31 de dezembro de N, os auditores selecionaram, a partir do balancete analítico de clientes, uma amostra de 25 clientes c/c, tendo analisado de seguida as faturas que ainda se encontravam em dívida. Procederam ainda, numa base aleatória, à verificação da correta aplicação das taxas de IVA, bem como dos descontos concedidos na transação.	
4	Os auditores juniores dedicaram dois dias à leitura das atas da Comissão Executiva da Empresa X, tendo de seguida reunido com o administrador responsável pela área financeira para obter esclarecimentos adicionais. De seguida, verificaram se as transações relacionadas com o aumento de capital foram efetivamente registadas na data do relato.	

Resolução

Situação	Principais Métodos de Recolha de Prova
1	Indagação Inspeção
2	Observação
3	Inspeção Recálculo
4	Inspeção Indagação Recálculo

CASO PRÁTICO N.º 6

Retome-se agora as situações descritas no caso prático n.º 3. Em linha com o solicitado no caso anterior, identifique os principais métodos de recolha de prova subjacentes a cada uma das situações descritas.

Situação	Descrição	Principais Métodos de Recolha de Prova
1	Na 2.ª semana dos trabalhos de auditoria, a equipa de auditores esteve reunida com a equipa de advogados, com o objetivo de identificar as potenciais responsabilidades decorrentes dos eventuais processos judiciais em curso. Com base na prova obtida, concluíram que a conta de provisões se encontrava subavaliada em 400.000 euros, tendo de seguida reunido com o órgão de gestão para eventuais procedimentos em conformidade.	
2	Com base no balancete, com referência à data de 31.12.N, a equipa de auditores identificou as variações ocorridas entre os anos N-1 e N, tendo sinalizado aquelas que consideraram ser mais relevantes. Subsequentemente, confrontou a quantia escriturada dos ativos fixos tangíveis e intangíveis com o montante das depreciações e amortizações reconhecidas no período. Concluiu que, no período, apenas ocorreram duas aquisições de ativos fixos tangíveis, tendo verificado que os mesmos se encontravam em funcionamento no departamento de Design.	

Resolução

Situação	Principais Métodos de Recolha de Prova
1	Indagação Recálculo
2	Inspeção Procedimentos Analíticos

CASO PRÁTICO N.º 7

Determinado grupo empresarial foi constituído há duas décadas e opera nas áreas da produção e comercialização de produtos alimentares. O grupo assume uma grande importância na economia nacional, tendo sido distinguido pela importância que tem para o desenvolvimento da economia portuguesa.

O seu volume de negócios é superior a 1,5 mil milhões de euros, representando quase 1% do PIB nacional. O volume de exportações é de cerca de 1,2 mil milhões de euros. Mais de 90% das suas vendas têm como destino mais de 130 países nos cinco continentes.

Admita que foi contratado para efetuar a auditoria às contas do grupo, relativas ao ano N. No pressuposto de que as demonstrações financeiras apresentadas em anexo ainda são preliminares, e encontrando-se os auditores ainda na fase de planeamento do trabalho a realizar, pretende-se que avalie a materialidade dos saldos de contas e/ou classes de contas no âmbito do planeamento da auditoria. Solicita-se ainda que proceda à identificação de alguns procedimentos analíticos que possam permitir a identificação de áreas de risco sobre as quais incidirão outros procedimentos substantivos.

DEMONSTRAÇÃO CONSOLIDADA DA POSIÇÃO FINANCEIRA (em euros)

RUBRICAS	NOTAS	31/12/N	31/12/N-1
ATIVO			
Ativo não corrente			
Goodwill	15	376.756.383	376.756.383
Outros ativos intangíveis	16	3.416.269	3.350.257
Ativos fixos tangíveis	17	1.250.351.511	1.316.186.000
Ativos biológicos	18	113.969.423	111.339.306
Outros ativos financeiros	19	229.136	229.136
Ativos por impostos diferidos	26	23.418.573	30.726.594
		1.768.141.295	1.838.587.676
Ativo corrente			
Inventários	20	188.859.834	202.925.486
Valores a receber correntes	21	188.808.093	200.812.149
Estado e outros entes públicos	22	62.929.572	53.050.496
Caixa e equivalentes de caixa	29	499.552.853	524.293.683
		940.150.351	981.081.814
Total do ativo		2.708.291.646	2.819.669.491
CAPITAL PRÓPRIO E PASSIVO			
Capital próprio			
Capital	25	767.500.000	767.500.000
Ações próprias	25	(96.974.466)	(94.305.175)
Reservas de justo valor		(2.329.120)	213.354
Reserva legal		83.644.527	75.265.842
Reservas de conversão cambial		724.832	(1.296.817)

RUBRICAS	NOTAS	31/12/N	31/12/N-1
Resultados transitados		519.395.217	522.172.435
Resultado líquido do período		181.466.496	210.037.752
		1.453.427.686	1.479.587.391
Interesses não controlados	13	235.253	238.543
Total dos capitais próprios		1.453.662.939	1.479.825.935
Passivo			
Passivo não corrente			
Passivos por impostos diferidos	26	95.893.297	99.279.735
Provisões	28	41.148.805	49.317.391
Passivos remunerados	29	468.458.255	771.632.455
Outros passivos	29	38.551.650	46.259.136
		644.052.007	966.488.718
Passivo corrente			
Passivos remunerados	29	304.735.140	59.702.381
Valores a pagar correntes	30	211.924.917	201.052.536
Estado e outros entes públicos	22	93.916.644	112.599,923
		610.576.701	373.354.839
Total do Passivo		1.254.628.708	1.339.843.557
Total do capital próprio e do passivo		2.708.291.646	2.819.669.491

DEMONSTRAÇÃO CONSOLIDADA DOS RESULTADOS POR NATUREZAS (em euros)

RENDIMENTOS E GASTOS	NOTAS	N	N-1
Réditos	4		
Vendas		1.537.678.167	1.526.951.626
Prestações de Serviços		4.601.248	3.657.804
Outros Rendimentos e Ganhos Operacionais	5		
Ganhos na alienação de ativos não correntes		408.792	1.033.762
Outros rendimentos operacionais		30.650.502	17.786.057
Variações de justo valor nos ativos biológicos	18	2.630.117	2.283.381
Variação de justo valor nos investimentos financeiros	19		144.728
Gastos e Perdas	6		
Inventários Consumidos e Vendidos		(675.102.529)	(659.833.383)
Variação da Produção		(13.785.825)	876.942
Materiais e serviços consumidos		(423.025.068)	(415.261.449)
Gastos com o Pessoal		(120.562.976)	(114.247.516)
Outros Gastos e Perdas		(15.050.161)	(12.896.110)

RENDIMENTOS E GASTOS	NOTAS	N	N-1
Provisões Líquidas		1.336.655	(13.964.192)
Depreciações, amortizações e perdas por imparidade	8	(111.502.345)	(102.820.792)
Resultados Operacionais		**218.276.578**	**233.710.855**
Resultados Financeiros	10	(34.152.250)	(14.147.811)
Resultado antes de impostos		**184.124.328**	**219.563.044**
Imposto sobre o rendimento do período	11	(2.654.912)	(9.519.615)
Resultado Após Imposto		**181.469.416**	**210.043.429**
Interesses que não controlam	13	(2.920)	(5.677)
Resultado líquido do Período		**181.466.496**	**210.037.752**
Resultado por ação – Básico e Diluído (euros por ação)	12	**0,253**	**0,292**

DEMONSTRAÇÃO CONSOLIDADA DO OUTRO RENDIMENTO INTEGRAL (em euros)

RENDIMENTOS E GASTOS	N	N-1
Resultado líquido consolidado do período	181.469.417	210.043.429
Elementos passíveis de reversão na demonstração dos resultados:		
Justo valor de instrumentos financeiros derivados	(3.482.340)	195.599
Diferenças de conversão cambial	2.021.649	(2.435.017)
Impostos sobre os itens *supra* quando aplicável	939.866	(55.066)
	(520.826)	(2.294.485)
Elementos passíveis de reversão no capital próprio:		
Outras variações nos capitais próprios de empresas associadas	(570)	(11.916)
Ganhos e perdas atuariais	(3.412.731)	(1.980.450)
Impostos sobre os itens *supra* quando aplicável	(245.411)	(31.860)
	(3.658.712)	(2.024.226)
	(4.179.538)	(4.318.711)
Total dos rendimentos e gastos reconhecidos no período	177.289.879	205.724.718
Atribuível a:		
Acionistas do grupo empresarial	177.293.170	205.724.999
Interesses que não controlam	(3.291)	(281)
	177.289.879	205.724.718

DEMONSTRAÇÃO CONSOLIDADA DOS FLUXOS DE CAIXA (em euros)

RUBRICAS	NOTAS	N	N-1
Fluxos de caixa das atividades operacionais			
Recebimentos de clientes		1.622.642.874	1.616.418.708

RUBRICAS	NOTAS	N	N-1
Pagamentos a fornecedores		1.291.487.446	1.225.052.148
Pagamentos ao pessoal		100.403.251	103.804.758
Caixa gerada pelas operações		230.752.177	237.561.802
Pagamento/recebimento do imposto sobre o rendimento		(51.375.209)	(28.591.906)
Outros recebimentos/pagamentos		108.847.334	69.274.365
Fluxos de caixa das atividades operacionais (1)		**288.224.302**	**328.244.261**
Fluxos de caixa das atividades de investimento			
Recebimentos provenientes de:			
Investimentos financeiros			182.911
Ativos tangíveis			23.146
Juros e rendimentos similares		3.460.867	6.684.722
Dividendos			3.748
		3.460.867	**6.894.527**
Pagamentos respeitantes a:			
Investimentos financeiros	19		5.060.493
Ativos tangíveis		22.286.816	22.266.771
		22.286.816	**22.266.771**
Fluxos de caixa das atividades de investimento (2)		**(18.825.949)**	**(20.432.737)**
Fluxos de caixa das atividades de financiamento			
Recebimentos provenientes de:			
Empréstimos obtidos			365.000.000
Juros e gastos similares			
			365.000.000
Pagamentos respeitantes a:			
Empréstimos obtidos		59.702.381	244.400.025
Amortizações de contratos de locação financeira			
Juros e gastos similares		30.983.928	33.431.554
Aquisição de ações próprias	24	2.669.291	5.371.197
Dividendos e reservas distribuídas	14	200.783.584	201.364.493
		294.139.184	**484.567.269**
Fluxos de caixa das atividades de financiamento (3)		**(294.139.184)**	**(119.567.269)**
Variação de caixa e seus equivalentes (1+2+3)		**(24.740.830)**	**188.244.254**
Variação do perímetro de consolidação			**6.680.980**
Caixa e seus equivalentes no início do período		**524.293.683**	**329.368.449**
Caixa e seus equivalentes no fim do período	29	**499.552.853**	**524.293.683**

Resolução

A proposta de resolução para este caso assenta no conteúdo da ISA 520, uma vez que procura comparar a informação financeira da entidade dos anos N e N-1, bem como a identificação de relações entre os elementos da informação financeira que carecem de desenvolvimentos subsequentes ao nível dos testes de detalhe. Além disso, a assunção da materialidade enquadra-se nos termos por nós desenvolvidos no ponto 4.2., sem prejuízo do juízo profissional que seja exigível em cada etapa do trabalho substantivo.

- VERIFICAÇÃO DA CORRESPONDÊNCIA ENTRE AS DEMONSTRAÇÕES FINANCEIRAS

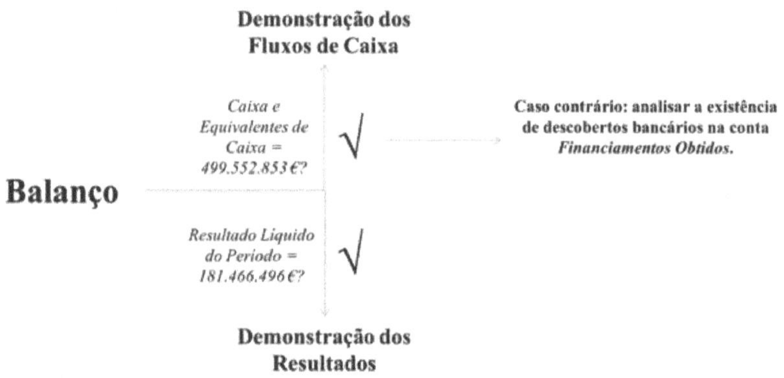

- ANÁLISE DAS PRINCIPAIS CATEGORIAS DE GASTOS (*ANÁLISE COMPARATIVA DE FLUTUAÇÕES*)

	N	N-1	Variação	Exemplos de intervalos de referência	Alerta
Resultado Antes de Impostos	184.124.328,00 €	219.563.044,00 €	**-16,14%**	3% a 10%	Análise aprofundada
Total do Ativo	2.708.291.646,00 €	2.819.669.491,00 €	**-3,95%**	0,25% a 2%	Analisar
Total de Rendimentos Operacionais	1.575.968.826,00 €	1.551.857.358,00 €	1,55%	0,5% a 5%	Analisar Resultados Financeiros
Total dos Gastos Operacionais	1.357.692.249,00 €	1.319.900.404,00 €	2,86%	0,5% a 5%	Analisar Resultados Financeiros
Total do Passivo	1.254.628.708,00 €	1.339.843.557,00 €	**-6,36%**	0,25% a 2%	Analisar Resultados Financeiros
Total do Capital Próprio	1.453.662.938,00 €	1.479.825.935,00 €	-1,77%	0,25% a 2%	Não materialmente relevante

- Análise das principais categorias de rendimentos (*análise comparativa de flutuações*)

	N	N-1	Variação	Alerta
CMVMC	675.102.529,00 €	659.833.383,00 €	2,31%	
Variação da Produção	-13.785.825,00 €	+876.942,00 €	**1.472,03%**	Cruzar com Balanço (Inventários)
Materiais e Serviços Consumidos	423.025.068,00 €	415.261.449,00 €	1,87%	
Gastos com o Pessoal	120.562.976,00 €	114.247.516,00 €	5,53%	
Outros Gastos e Perdas	15.050.161,00 €	12.896.110,00 €	**16,70%**	Detalhar a tipologia de gastos
Provisões Líquidas	1.336.655,00 €	13.964.192,00 €	**-90,43%**	Cruzar com DPF
Depreciações e Amortizações	111.502.345,00 €	102.820.792,00 €	8,44%	
Resultados Financeiros	-34.152.250,00 €	-14.147.811,00 €	**141,40%**	Cruzar com evolução RO/RAI

- Análise das principais rubricas da demonstração da posição financeira (*análise comparativa de flutuações*)

	N	N-1	Variação	Alerta
Ativos fixos tangíveis	1.250.351.511,00 €	1.316.186.000,00 €	-5,00%	Cruzar com valores da DR
Outros ativos intangíveis	3.416.269,00 €	3.350.257,00 €	1,97%	Cruzar com valores da DR
Inventários	188.859.834,00 €	202.925.486,00 €	**-6,93%**	Cruzar com valores da DR
Dívidas a receber	188.808.093,00 €	200.812.149,00 €	**-5,98%**	Imparidades?
Estado	62.929.572,00 €	53.050.496,00 €	**18,62%**	Qual a origem?
Caixa e equivalentes de caixa	499.552.853,00 €	524.293.683,00 €	-4,72%	Justificado na DFC
Reservas de justo valor	-2.329.120,00 €	213.354,00 €	**-1191,67%**	Imparidades em SFT e AI?
Provisões	41.148.805,00 €	49.317.391,00 €	**-16,56%**	Utilização ou reversão de provisões?
Passivos remunerados (Empréstimos)	773.193.395,00 €	831.334.836,00 €	**-6,99%**	Qual a razão para o aumento dos RF?
Valores a pagar correntes	211.924.917,00 €	201.052.536,00 €	5,41%	Aumento do PMP?
Estado	93.916.644,00 €	112.599.923,00 €	**-16,59%**	Tipo de imposto ou taxa?

- Análise de relações entre rubricas

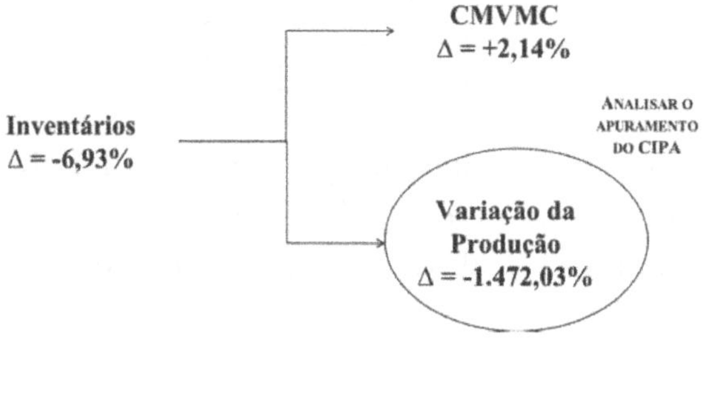

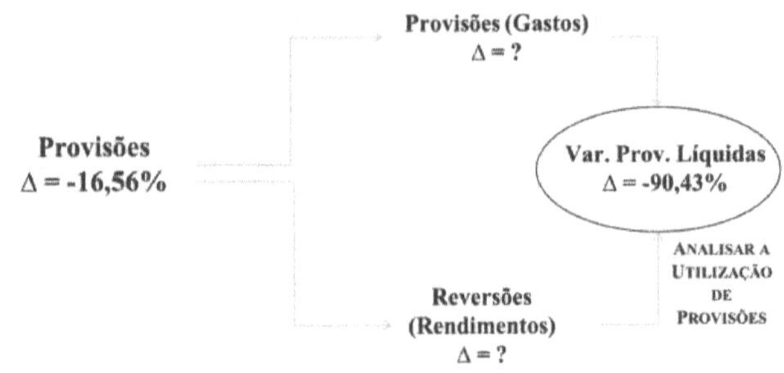

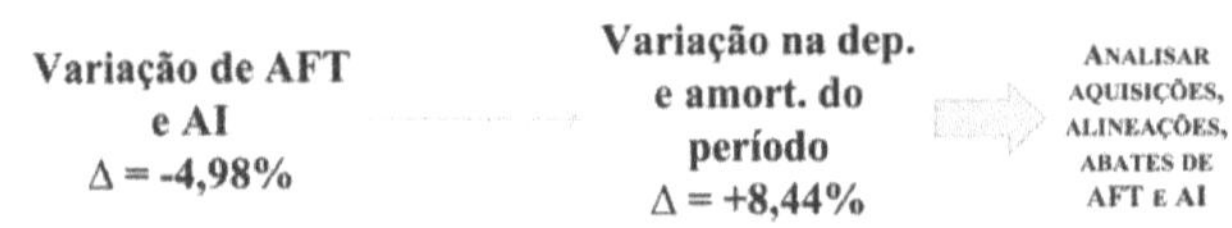

A análise preliminar, além dos exemplos de comparação informativa e de estudo de relações entre rubricas contabilísticas sugeridos, pode ainda ser complementada com a análise da evolução dos indicadores económico-financeiros, assim como a sua comparação com as médias do setor de atividade, nos casos em que esses dados se encontram disponíveis.

CASO PRÁTICO N.º 8

Considere o mapa seguinte, o qual evidencia, entre outros aspetos, a evolução da Margem Bruta (MB) da Empresa *Alfa, S.A.* ao longo dos últimos três anos.

Descrição	N-2	N-1	N
Vendas líquidas	30.000.000	45.000.000	70.000.000
Custo das vendas	22.500.000	36.250.000	60.000.000
Margem bruta	7.500.000	8.750.000	10.000.000
Quantidade vendida (un.)	1.500.000	2.500.000	4.000.000

Sabendo que o ano N é o 1.º ano em que a empresa foi objeto de auditoria às suas contas anuais, descreva de forma estruturada e integrada quais os procedimentos analíticos a implementar conducentes à certificação da margem bruta.

Resolução

Considerando:

- A evolução do preço unitário: Ano N-2 – 20 u.m.; Ano N-1 – 18 u.m.; Ano N – 17,5 um.;
- A evolução do custo das vendas unitário: Ano N-2 – 15 u.m.; Ano N-1 – 14,5 u.m.; Ano N – 15 um.;
- A evolução da Margem Bruta unitária: Ano N-2 – 5 u.m.; Ano N-1 – 3,5 u.m.; Ano N – 2,5 um.;

Poder-se-á concluir que a evolução decrescente da Margem Bruta é justificada fundamentalmente pela política de "*Pricing*", a qual pode ter na origem razões externas (*v.g.* concorrência) ou razões internas (alteração nas políticas de promoção comercial).

CASO PRÁTICO N.º 9

Considere o mapa seguinte, o qual evidencia a evolução da quantia escriturada dos *Ativos Fixos Tangíveis – Equipamento Básico* da Empresa *Delta, S.A.* ao longo dos últimos três períodos económicos (valores expressos em euros).

Descrição	N-2	N-1	N
Ativos Fixos Tangíveis – Equipamento Básico (Quantia Escriturada)	212.000.000	198.000.000	147.000.000

Sabendo que o ano N é o primeiro ano em que a empresa foi objeto de auditoria às suas contas anuais, descreva de forma estruturada e integrada quais os procedimentos analíticos a implementar conducentes à certificação da conta *Ativos Fixos Tangíveis – Equipamento Básico.*

Resolução

Os procedimentos analíticos consistem em avaliações da informação financeira através da análise de relacionamentos plausíveis entre dados, tanto de informação financeira como não financeira.

Sendo a quantia escriturada um valor líquido (após efeitos de depreciações e eventuais perdas por imparidade), apenas é possível aferir numa primeira análise que a quantia escriturada dos AFT – Equipamento Básico decreceu 6,6% entre N-2 e N-1 e 25,8% entre N-1 e N. Os decréscimos identificados anteriormente podem resultar de vários fatores, pelo que é preciso analisar, em cada ano, nas notas explicativas o seguinte:

- o Aumentos de valor resultantes de aquisições e/ou revalorizações;
- o Decréscimos resultantes de alienações e/ou abates;
- o Decréscimos resultados do reconhecimento de depreciações;
- o Decréscimos resultantes de eventuais perdas por imparidade;
- o Existência de eventuais reversões de depreciações e/ou imparidades.

Poderá ser ainda avaliada a política de investimentos da empresa em cada ano, a qual poderá justificar por si só a razoabilidade das flutuações existentes nas quantias escrituradas dos ativos fixos tangíveis em causa.

CASO PRÁTICO N.º 10

Considere o mapa seguinte, o qual evidencia, entre outros aspetos, a evolução do EBITDA, ao longo dos últimos 5 anos.

Descrição	N-4	N-3	N-2	N-1	N
EBITDA (em milhares de Euros)	4.320.000	4.100.000	3.400.000	2.800.000	2.500.000
% Volume de Negócios	27%	26%	21%	18%	16%

Sabendo que o ano N é o 1.º ano em que a empresa foi objeto de auditoria às suas contas anuais, descreva os principais procedimentos analíticos a implementar para que a equipa de auditores possa ter uma visão estruturada e integrada do trabalho a desenvolver.

Resolução

A evolução do EBITDA, tanto em termos absolutos (em unidades monetárias) como em termos relativos (% do volume de negócios), é decrescente ao longo do período considerado, o que pode indiciar que os fatores determinantes dessa evolução possam estar fundamentalmente associados à evolução dos gastos (crescimento de aproximadamente 12,4%) e não à evolução dos rendimentos (evolução moderadamente estável), facto que se comprova pelo quadro seguinte.

Descrição	N-4	N-3	N-2	N-1	N
EBITDA (em milhares de Euros)	4.320.000	4.100.000	3.400.000	2.800.000	2.500.000
Volume de Negócios	16.000.000	15.769.231	16.190.476	15.555.556	15.625.000
Gastos/Custos Operacionais	11.680.000	11.669.231	12.790.476	12.755.556	13.125.000

Complementarmente, e considerando que o EBITDA resulta globalmente do diferencial entre os réditos e os gastos de natureza operacional, excetuando as depreciações, as amortizações e as imparidades de ativos depreciáveis ou amortizáveis, há que analisar as seguintes rubricas da demonstração dos resultados:

- Evolução do custo unitário dos inventários vendidos e das matérias consumidas;
- Evolução dos gastos de natureza fixa ou semifixa, como sejam as rubricas de fornecimentos e serviços externos, de gastos com o pessoal, de provisões, de imparidades em ativos que não sejam depreciáveis ou amortizáveis e de outros gastos operacionais.

O que se acaba de enumerar deve resultar do julgamento profissional do auditor, baseado na implementação de procedimentos analíticos. Ao nível substantivo, tal não invalida a recolha de outros elementos de prova que possam corroborar esta avaliação, como sejam as indagações a realizar junto do órgão de gestão, bem como a evidência (prova) obtida através de outros métodos de recolha de prova.

CASO PRÁTICO N.º 11

Determinada empresa emitiu, durante o ano N (ano objeto da CLC), 9.842 faturas relativas à venda de mercadorias. No âmbito dos procedimentos substantivos de detalhe, os auditores pretendem selecionar uma amostra que, além de aferir as diversas asserções relativas ao reconhecimento do rédito, permita aferir o circuito de reconhecimento da receita.

Para efeitos de seleção dessa amostra, os auditores procuram um grau de fiabilidade de 95%, uma taxa de erro de 5% e uma precisão do teste de ± 3%. Qual a dimensão real da amostra a selecionar, tendo por base os pressupostos anteriormente enunciados?

Resolução

Considerando que estamos perante uma população infinita (*lato sensu*), a dimensão da amostra será obtida da seguinte forma:

$n1 = [Z^2 \times r \times (1-r)] \div p^2$, ou seja, $n1 = [1{,}96^2 \times 0{,}05 \times (1-0{,}05)] \div 0{,}03^2$

$n1 = 203$ faturas

Pelo que a dimensão ajustada da amostra será dada por

$$n2 = 203 \div [1 + (203 \div 9.842)],$$

o que equivale a uma dimensão real da amostra de 199 faturas.

CASO PRÁTICO N.º 12

Considere o Balanço provisório apresentado pela empresa identificada abaixo, para efeitos de auditoria às contas anuais do ano N (expresso em euros).

RUBRICAS	NOTAS	31.12.N
ATIVO		
Ativo não corrente		
Ativos fixos tangíveis		2.300.000
Propriedades de investimento		320.000
Ativos intangíveis		210.000
Investimentos financeiros		740.000
		3.570.000
Ativo corrente		
Inventários		420.000
Clientes		732.000

RUBRICAS	NOTAS	31.12.N
Outras contas a receber		100.000
Diferimentos		40.000
Caixa e depósitos bancários		98.000
		1.390.000
Total do ativo		4.960.000
CAPITAL PRÓPRIO E PASSIVO		
CAPITAL PRÓPRIO		
Capital subscrito		2.500.000
Reservas		370.000
Excedentes de revalorização		245.000
Resultados transitados		272.000
Resultado líquido do período		231.000
Total do capital próprio		3.618.000
PASSIVO		
PASSIVO NÃO CORRENTE		
Financiamentos obtidos		800.000
		800.000
PASSIVO CORRENTE		
Fornecedores		345.000
Estado e outros entes públicos		85.000
Outras contas a pagar		112.000
		542.000
Total do passivo		1.342.000
Total do capital próprio e do passivo		4.960.000

No decurso da auditoria realizada foi possível obter a seguinte informação, a qual está suportada por prova adequada e suficiente:

1. O Excedente de Revalorização refere-se à valorização subsequente de uma propriedade de investimento cujo justo valor foi fixado por peritos imobiliários em 320.000 euros. Este imóvel tinha sido adquirido há 25 anos por um preço de 150.000 euros, estando já depreciado em cerca de 50%. A empresa anulou a respetiva depreciação acumulada por contrapartida da conta de Propriedades de Investimento;

2. A empresa possui um Depósito à Ordem no Banco X, que apresenta um saldo credor no valor de 75.000 euros. O técnico de contabilidade optou por apresentar no balanço o líquido dos depósitos à ordem;
3. Os diferimentos referem-se a gastos com uma campanha publicitária que terminou no dia 31 de dezembro do ano N. A empresa considerou não haver lugar a qualquer regularização pois considera que os efeitos da referida campanha não se esgotam no ano N;
4. Encontra-se por registar a provisão para garantias a clientes, cuja estimativa mais fiável, confirmada pelos auditores, ascende a 80.000 euros;
5. A conta de Ativos Intangíveis integra um valor de 65.000 euros relativos a despesas de investigação sobre um novo método de conservação de peixe. Os estudos iniciados no início do ano N não se revelaram conclusivos. Contudo, a empresa pensa repetir os testes durante o 2.º semestre do ano N+1, acreditando que com inovações tecnológicas adicionais os resultados possam vir a ser diferentes.

Pretende-se que apresente os "*Saldos Auditados*", identificando todas as "*Reclassificações*" e "*Ajustamentos*"[6] que considere adequados.

Resolução

RUBRICAS	SALDOS EM 31.12.N	RECLASSIFICAÇÕES	AJUSTAMENTOS	SALDOS AUDITADOS EM 31.12.N
ATIVO				
Ativo não corrente				
Ativos fixos tangíveis	2.300.000			2.300.000
Propriedades de investimento	320.000			320.000

[6] Utilizamos na resolução deste exercício os termos "*Reclassificações*" e "*Ajustamentos*" para designar as regularizações a efetuar nas demonstrações financeiras. Estamos perante uma "*Reclassificação*" sempre que não existe alteração do valor do capital próprio (seja por via direta ou por via do Resultado Líquido do Período) e perante um "*Ajustamento*" no caso inverso.

RUBRICAS	SALDOS EM 31.12.N	RECLASSI-FICAÇÕES	AJUSTA-MENTOS	SALDOS AUDITADOS EM 31.12.N
Ativos intangíveis	210.000		-65.000	145.000
Investimentos financeiros	740.000			740.000
Ativo corrente				
Inventários	420.000			420.000
Clientes	732.000			732.000
Outras contas a receber	100.000			100.000
Diferimentos	40.000		-40.000	0
Caixa e depósitos bancários	98.000	75.000		173.000
Total do ativo	4.960.000	75.000	-105.000	4.930.000
CAPITAL PRÓPRIO E PASSIVO				
CAPITAL PRÓPRIO				
Capital realizado	2.500.000			2.500.000
Reservas	370.000			370.000
Excedentes de revalorização	245.000	-245.000		0
Resultados transitados	272.000			272.000
Resultado líquido do período	231.000	245.000	-40.000– -80.000– -65.000	291.000
Total do capital próprio	3.618.000	0	-185.000	3.433.000
PASSIVO				
Passivo não corrente				
Financiamentos obtidos	800.000	75.000		875.000
Provisões			80.000	80.000
Passivo corrente				
Fornecedores	345.000			345.000
Estado e outros entes públicos	85.000			85.000
Outras contas a pagar	112.000			112.000
Total do passivo	1.342.000	75.000	80.000	1.497.000
Total do capital próprio e do passivo	4.960.000	75.000	-105.000	4.930.000

O mapa de saldos auditados tem como objetivo identificar os impactos nas rubricas contabilísticas decorrentes de um conjunto de regularizações sinalizadas pelos auditores no âmbito dos procedimentos substantivos. No caso concreto, além da avaliação da materialidade da distorção ao nível de cada saldo de conta, há que tomar em consideração que a não regularização das situações identificadas traduz-se numa sobrevalorização do capital próprio em 185.000 euros (5,1%). De notar ainda que, apesar das reclassificações não terem impacto ao nível das demonstrações financeiras como um todo, as mesmas colocam em causa as asserções de "*Classificação*" e "*Apresentação*" (tal como abordado no Capítulo 2 no âmbito da ISA 315).

CASO PRÁTICO N.º 13

A Administração da empresa *Alfa, S.A.*, depois de fazer uma análise comparativa das demonstrações dos resultados dos últimos três períodos económicos (N-2, N-1, N), verificou que, ao contrário do que supunha, a margem bruta das vendas naquele período tem sido crescente, conforme se pode constatar pelos elementos abaixo indicados (valores em milhares de u.m.).

	N-2	N-1	N
Vendas líquidas	6.000.000	7.000.000	7.500.000
Custo das mercadorias vendidas	(4.000.000)	(4.300.000)	(4.500.000)
Margem bruta	2.000.000	2.700.000	3.000.000

A fim de clarificar a sua dúvida sobre a evolução da margem, solicitou uma auditoria para deteção de eventuais erros praticados. Na sequência desse trabalho, os auditores compilaram a seguinte informação:

1. Na valorização do inventário referente ao exercício de N-2, foi praticada uma omissão que implicou uma subvalorização dos inventários em 300.000 u.m.
2. Na valorização do inventário final de N-1, cometeu-se um erro aritmético (duplicação) que se traduziu numa sobrevalorização dos inventários desse período em 100.000 u.m.
3. No inventário físico de 31 de dezembro de N-1, foram incluídas diversas mercadorias, compradas e rececionadas no dia 30 de dezembro de N-1, no valor 250.000 u.m. A fatura do fornecedor, embora com data de 30 de dezembro de N−1, só

foi contabilizada em Compras e em Fornecedores pela empresa *Alfa, S.A.* em 6 de janeiro de N, tendo o correspondente pagamento ocorrido em 30 de janeiro de N.

4. No dia 29 de dezembro de N, foram vendidas, faturadas e contabilizadas pela empresa mercadorias no valor de venda de 348.000 u.m. A expedição para o cliente, a seu pedido, só foi feita no dia 3 de janeiro de N+1, mas, como as mercadorias não estavam devidamente identificadas no armazém, foram incluídas, por lapso, no inventário final realizado em 31 de dezembro de N. A margem bruta apurada nesta venda foi de 20% sobre o preço de custo.
5. No inventário físico de 31 de dezembro de N, foram incluídas diversas mercadorias que se encontravam consignadas pelo fornecedor, valorizadas por 150.000 u.m. Por outro lado, não foram consideradas mercadorias da empresa em poder de terceiros, no valor de 50.000 u.m.

Pretende-se que:

1. Identifique os registos contabilísticos de regularização que se mostrarem necessários para que o balanço e a demonstração dos resultados de N apresentem de forma verdadeira e apropriada a posição financeira da empresa *Alfa, S.A.*
2. Preencha o seguinte mapa comparativo da "*Margem Bruta*" e retire conclusões acerca das dúvidas da administração da empresa.

	N-2	%	N-1	%	N	%
Vendas líquidas	6.000.000	100,0	7.000.000	100,0	7.500.000	100,0
Custo das mercadorias vendidas (corrigido)						
Margem bruta auditada						
Margem apurada pela empresa	2.000.000	33,3	2.700.000	38,6	3.000.000	40,0

Resolução

1. Registos contabilísticos de regularização:

a) Considerando que CIVMC = Inventário inicial + Compras ± Reg. Inventários – Inventário final, a subvalorização do inventário final em N-2 implicou uma sobrevalorização do CIVMC em 300.000 u.m. Este facto implicou também uma subvalorização do inventário inicial de N-1.

b) A acrescer à subvalorização do inventário inicial em 300.000 u.m., verificou-se uma sobrevalorização do inventário final em 100.000 u.m. e o não registo de uma compra no valor de 250.000 u.m. Assim sendo, o CIVMC está subvalorizado em 650.000 u.m.

c) Registos a realizar em N:

N.º	R/A	Descrição	Débito	Crédito	Valor
1	R	Regularização do inventário inicial	Resultados Transitados / Correções Relativas a Exercícios Anteriores[7]	Custo dos Inventários Vendidos e das Matérias Consumidas[8]	100.000,00
2	A	Desreconhecimento da compra relativa a N-1	Resultados Transitados / Correções Relativas a Exercícios Anteriores[9]	Compras	250.000,00
	R		Compras	Mercadorias	250.000,00
	A		Mercadorias	Custo dos Inventários Vendidos e das Matérias Consumidas	250.000,00
3	A	Mercadorias incluídas por engano no inventário final	Custo dos Inventários Vendidos e das Matérias Consumidas	Mercadorias	290.000,00

[7] A rubrica contabilística a utilizar depende da materialidade do valor. Se materialmente relevante, deve ser utilizada a rubrica "Resultados Transitados" (ou equivalente), caso contrário utilizar-se-á a rubrica "Correções relativas a exercícios anteriores" (ou equivalente).

[8] Ou expressão equivalente como: "Custo das Mercadorias Vendidas e das Matérias Consumidas", "Custo das Vendas", entre outras.

[9] *Idem* nota anterior.

N.º	R/A	Descrição	Débito	Crédito	Valor
4	A	Mercadorias consignadas por fornecedor	Custo dos Inventários Vendidos e das Matérias Consumidas	Mercadorias	150.000,00
5	A	Mercadorias consignadas a terceiros	Mercadorias em Poder de Terceiros	Custo dos Inventários Vendidos e das Matérias Consumidas	50.000,00

2. Margem bruta auditada:

	N-2	%	N-1	%	N	%
Vendas líquidas	6.000.000	100,0	7.000.000	100,0	7.500.000	100,0
Custo das mercadorias vendidas (corrigido)	3.700.000	61,7	4.950.000	70,7	4.540.000	60,5
Margem bruta auditada	2.300.000	38,3	2.050.000	29,3	2.960.000	39,5
Margem apurada pela empresa	2.000.000	33,3	2.700.000	38,6	3.000.000	40,0

CASO PRÁTICO N.º 14

Considere o extrato do balancete da Empresa X, com referência a 1 de janeiro de N (valores expressos em euros).

N.º Conta	Descrição	Saldo Devedor	Saldo Credor
...			
43	Ativos Fixos Tangíveis		
432	Edifícios e Outras Construções	2.000.000	
4321	Edifício A	800.000	
4322	Edifício B	1.200.000	
...			
433	Equipamento Básico	1.000.000	
...			
438	Depreciações acumuladas		
43821	Edifício A		320.000
43822	Edifício B		360.000
4383	Equipamento Básico		500.000

N.º Conta	Descrição	Saldo Devedor	Saldo Credor
...			
211	Clientes C/C	700.000	
...			
29	Provisões		100.000
297	Para Garantias a Clientes		100.000
...	...		

Outras informações

1. Ambos os edifícios têm uma vida útil estimada de 50 anos, não tendo sido objeto até ao momento de qualquer revalorização. Os edifícios são depreciados pelo Método da Linha Reta.
2. O Equipamento Básico refere-se a um conjunto industrial integrado, reconhecido pelo Modelo do Custo, integrando as respetivas despesas de instalação e teste.

Sabe-se que durante o ano N, a empresa tomou, entre outras, as seguintes opções:

1. Revalorizar ambos os edifícios, com referência a 1 de janeiro de N, pelo *Método do Preço Corrente de Mercado.* Aferiu-se que o justo valor do Edifício A era de 700.000 euros, enquanto o justo valor do Edifício B foi fixado em 1.200.000 euros;
2. Revalorizar o equipamento básico, com referência a 1 de janeiro de N, pelo *Método do Custo de Reposição Depreciado.* Este equipamento tem uma via útil de 10 anos. Foi fixado um justo valor de 675.000 euros;
3. Não se encontram reconhecidas até ao momento quaisquer perdas por imparidade. Porém, foi possível aferir que a dívida do cliente T, no valor de 100.000 euros, já se encontra em mora há 8 meses. Porém, a empresa considerou prudente reconhecer uma imparidade total;
4. A empresa tem observado nos anos anteriores resultados pouco satisfatórios pelo que deliberou em assembleia geral realizar uma reestruturação durante os anos de N+1 a N+2. Contudo, reconheceu em N uma provisão para esse efeito no valor de 800.000 euros;

5. A empresa suportou, durante o ano N, multas diversas de natureza fiscal que ascenderam a 30.000 euros;
6. Foi atribuído à empresa, em dezembro de N, um subsídio no valor de 100.000 euros para financiar 50% de um novo equipamento industrial. Esse equipamento, a instalar na nova unidade fabril, será adquirido durante o 1.º trimestre de N+1.

Com base na informação disponível, pretende-se que identifique os impactos contabilísticos decorrentes dos registos realizados em N, incluindo o efeito do eventual reconhecimento de ativos e passivos por impostos diferidos, e enquadre cada situação no normativo contabilístico e fiscal apropriado.

Resolução

N.º	R/A	Descrição	Débito	Crédito	Valor
1.1.A	A	Revalorização do Edifício A	Ativos Fixos Tangíveis – Depreciações acumuladas	Ativos Fixos Tangíveis - Edifícios	320.000
			Ativos Fixos Tangíveis - Edifícios	Excedentes de Revalorização em AFT e AI	220.000
1.2.A	A	Reconhecimento do Passivo por Impostos Diferidos[10]	Excedentes de Revalorização em AFT e AI – Impostos Diferidos	Outras Contas a Pagar – Passivos por Impostos Diferidos	55.000
1.3.A	A	Depreciação anual do Edifício A	Gastos de Depreciação e Amortização	Ativos Fixos Tangíveis – Depreciações acumuladas	23.333
1.4.A	A	Regularização do Passivo por Impostos Diferidos	Outras Contas a Pagar – Passivos por Impostos Diferidos	Imposto sobre o Rendimento	1.833
1.5.A	R	Regularização do Passivo por Impostos Diferidos	Resultados Transitados	Excedentes de Revalorização em AFT e AI – Impostos Diferidos	1.833

[10] Taxa de IRC teórica de 25%.

N.º	R/A	Descrição	Débito	Crédito	Valor
1.6.A	R	Realização do excedente de revalorização	Excedentes de Revalorização em AFT e AI	Resultados Transitados	7.333
1.1.B	A	Revalorização do Edifício B	Ativos Fixos Tangíveis – Depreciações acumuladas	Ativos Fixos Tangíveis	360.000
			Ativos Fixos Tangíveis	Excedentes de Revalorização em AFT e AI	360.000
1.2.B	A	Reconhecimento do Passivo por Impostos Diferidos[11]	Excedentes de Revalorização em AFT e AI – Impostos Diferidos	Outras Contas a Pagar – Passivos por Impostos Diferidos	90.000
1.3.B	A	Depreciação anual do Edifício A	Gastos de Depreciação e Amortização	Ativos Fixos Tangíveis – Depreciações acumuladas	48.000
1.4.B	A	Regularização do Passivo por Impostos Diferidos	Outras Contas a Pagar – Passivos por Impostos Diferidos	Imposto sobre o Rendimento	3.600
1.5.B	R	Regularização do Passivo por Impostos Diferidos	Resultados Transitados	Excedentes de Revalorização em AFT e AI – Impostos Diferidos	3.600
1.6.B	R	Realização do excedente	Excedentes de Revalorização em AFT e AI	Resultados Transitados	14.400

1) Revalorização do Edifício A: Quantia Bruta = 800.000; Depreciação acumulada = 320.000; Justo Valor = 700.000; Excedente de revalorização = 220.000; Vida útil remanescente = 30 anos. Revalorização do Edifício B: Quantia Bruta = 1.200.000; Depreciação acumulada = 360.000; Justo Valor = 1.200.000; Excedente de revalorização = 360.000; Vida útil remanescente = 35 anos.

[11] Taxa de IRC teórica de 25%.

N.º	R/A	Descrição	Débito	Crédito	Valor
2.1.	A	Revalorização do equipamento industrial	Ativos Fixos Tangíveis	Excedentes de Revalorização em AFT e AI	350.000
			Excedentes de Revalorização em AFT e AI	Ativos Fixos Tangíveis – Depreciações acumuladas	175.000
2.2.	A	Reconhecimento do Passivo por Impostos Diferidos[12]	Excedentes de Revalorização em AFT e AI – Impostos Diferidos	Outras Contas a Pagar – Passivos por Impostos Diferidos	43.750
2.3.	A	Depreciação anual do Edifício A	Gastos de Depreciação e Amortização	Ativos Fixos Tangíveis – Depreciações acumuladas	135.000
2.4.	A	Regularização do Passivo por Impostos Diferidos	Outras Contas a Pagar – Passivos por Impostos Diferidos	Imposto sobre o Rendimento	8.750
2.5.	R	Regularização do Passivo por Impostos Diferidos	Resultados Transitados	Excedentes de Revalorização em AFT e AI – Impostos Diferidos	8.750
2.6.	R	Realização do excedente	Excedentes de Revalorização em AFT e AI	Resultados Transitados	35.000

2) Revalorização do equipamento industrial: Quantia bruta = 1.000.000; Depreciação acumulada = 500.000; Justo valor = 675.000; Excedente de revalorização = 175.000; Vida útil remanescente = 5 anos; Coeficiente de revalorização = 675.000/500.000 → c = 1,35.

N.º	R/A	Descrição	Débito	Crédito	Valor
3.1.	A	Reconhecimento de imparidade total	Perdas por Imparidade em Dívidas a Receber	Clientes – Perdas por Imparidade Acumuladas	100.000
3.2.	A	Reconhecimento de ativos por impostos diferidos	Outras Contas a Receber – Ativos por Impostos Diferidos	Imposto sobre o Rendimento	18.750

[12] Taxa de IRC teórica de 25%.

3) Perdas por imparidade efetuadas para lá dos limites previstos no CIRC. Origina Ativos por Impostos Diferidos sobre 75%.

N.º	R/A	Descrição	Débito	Crédito	Valor
4.1.	A	Provisão para reestruturações empresariais	Provisões do Período – Reestruturações	Provisões – Reestruturações	800.000
4.2.	A	Reconhecimento de ativos por impostos diferidos	Outras Contas a Receber – Ativos por Impostos Diferidos	Imposto sobre o Rendimento	200.000

4) As provisões para estruturações empresariais não são aceites para efeitos fiscais nos termos do CIRC. Originam Ativos por Impostos Diferidos.

5) As multas são, de acordo com o CIRC, encargos não dedutíveis, pelo que representam diferenças permanentes entre a base contabilística e a base fiscal. Nesse sentido, não originam ativos e passivos por impostos diferidos.

N.º	R/A	Descrição	Débito	Crédito	Valor
6.1.	A	Atribuição de subsídio ao investimento	Outras Contas a Receber – Outros	Outras Variações no Capital Próprio – Subsídios	100.000
6.2.	A	Reconhecimento de passivos por impostos diferidos	Outras Variações no Capital Próprio – Impostos Diferidos	Outras Contas a Pagar – Passivos por Impostos Diferidos	25.000

6) A regularizar numa base sistemática ao longo do período de vida útil do ativo subsidiado.

CASO PRÁTICO N.º 15

A empresa *ACStar, S.A.* foi constituída em N-8 e dedica-se à comercialização de bens alimentares selecionados que são distribuídos exclusivamente em lojas "Gourmet". Está a ser auditada pela 1.ª vez, tendo os auditores realizado, em tempo oportuno, os testes de controlo para avaliação do seu sistema de controlo interno. Durante o processo de auditoria, com referência a 31 de dezembro de N, o auditor documentou nos papéis de trabalho as considerações expressas abaixo, bem como um extrato do Balancete (valores expressos em euros) que serviu de base ao início dos trabalhos.

CONTA	DESCRIÇÃO	SALDO DEVEDOR	SALDO CREDOR
111	Caixa – Serviços Centrais	2.500	
121	Depósitos à Ordem – Banco Popular	120.000	
122	Depósitos à Ordem – CGD		75.000
...			
2111	Clientes – Clientes Gerais	435.000	
2511	Financiamentos obtidos – Empréstimos bancários		300.000
...			
32	Mercadorias	520.000	
...			
431	Ativos Fixos Tangíveis – Terrenos	600.000	
433	Ativos Fixos Tangíveis – Equipamento básico	700.000	
438	Ativos Fixos Tangíveis – Depreciações acumuladas		390.000
...			
511	Capital – Realizado		2.000.000*
521	Ações próprias – VN	150.000	
522	Ações próprias – Descontos e Prémios	45.000	
...			
589	Excedentes de revalorização em Ativos Fixos Tangíveis e Intangíveis		300.000

* Representado por 1.000.000 de ações.

Notas do auditor:

1. O tesoureiro da empresa informou que existe uma quebra de "CAIXA" no valor de 800 euros que já fora detetada no início do ano, mas que ainda não foi possível apurar a sua origem. É sua expectativa que a mesma possa ser corrigida durante o 1.º trimestre de N+1.
2. Encontra-se por registar uma fatura de um fornecedor alemão, emitida em 23 de dezembro de N, no valor de 100.000 euros. Como as mercadorias se encontravam numa zona isolada de refrigeração especial, esses inventários não foram incluídos na

contagem física realizada, com referência à data de corte das operações.

3. A conta "Ativos Fixos Tangíveis – Terrenos" inclui a revalorização de um dos seus terrenos, realizada em julho de N. Este ativo tinha, antes dessa revalorização, uma quantia escriturada de 100.000 euros. Esta foi a única revalorização realizada pela empresa desde a mudança do normativo contabilístico. O justo valor subjacente a esta operação foi de 300.000 euros.
4. Encontra-se ainda por registar a transação de alienação de 40% das ações próprias, realizada na tarde do dia 31 de dezembro de N através do Banco Popular (o preço de alienação foi de 2,2 euros/ação). Sabe-se que a transação de aquisição cumpriu todos os requisitos legais previstos.
5. Encontra-se também por registar a amortização anual de 50.000 euros (bem como os respetivos juros) relativa ao financiamento bancário que a empresa tem junto do Banco Popular. A taxa de juro anual efetiva fixada para este financiamento é de 9,5%.
6. Os gastos de publicidade incluem um valor de 60.000 euros correspondente à campanha publicitária PÁSCOA/N+1. A fatura da agência de publicidade foi paga no final de dezembro de N, embora a campanha televisiva só se inicie em final de março de N+1.
7. A conta "Ativos Fixos Tangíveis – Equipamento Básico" inclui uma máquina industrial (adquirida por 50.000 euros e já depreciada em 50%) para a qual já existe um acordo de compra e venda. Estima-se que este ativo venha a ser alienado, em abril de N+1, pelo preço de 20.000 euros.
8. A provisão para processos judiciais em curso, constituída em N-1, revelou-se agora excessiva em 70.000 euros. Apesar do valor estimado ter sido confirmado pelo advogado, o diretor financeiro considera que, por motivos de prudência, não deve efetuar qualquer regularização contabilística.
9. Foi reconhecido, na rubrica de clientes e na rubrica de vendas, o valor de 100.000 euros, relativo à venda de mercadorias realizada no dia 31 de dezembro de N e a pagar em duas prestações

semestrais (em 30/06/N+1 e 31/12/N+1) de 50.000 euros cada. A taxa de juro semestral efetiva desta operação é de 2,5%.

Pretende-se que indique as regularizações contabilísticas necessárias para que a equipa possa apurar os saldos auditados.

Resolução

N.º	R/A	Descrição	Débito	Crédito	Valor
0	R	Regularização de descoberto bancário	Depósitos à Ordem	Financiamentos Obtidos – Descobertos Bancários	75.000
1	R	Regularização de quebra de caixa	Pessoal – Outros	Caixa	800
2.1.	R	Contabilização de fatura de fornecedor	Compras	Fornecedores	100.000
2.2.	R	Regularização de inventário	Mercadorias	Compras	100.000
2.3.	A	Regularização de inventário	Custo das Mercadorias Vendidas e das Matérias Consumidas	Mercadorias	100.000
2.4.	A	Correção de inventário final	Mercadorias	Custo das Mercadorias Vendidas e das Matérias Consumidas	100.000
3	A	Correção do excedente de revalorização	Excedentes de Revalorização em Ativos Fixos Tangíveis e Intangíveis	Ativos Fixos Tangíveis	100.000
4.1.	A	Alienação de 40% das ações próprias	Depósitos à Ordem		66.000
				Ações Próprias – Valor Nominal	60.000
				Ações próprias – Descontos e Prémios	6.000
4.2.	R	Regularização da perda	Outras Variações no Capital Próprio	Ações próprias – Descontos e Prémios	12.000
4.3.	R	Regularização da reserva livre	Reservas – Reservas Indisponíveis	Reservas – Reservas Livres	78.000

N.º	R/A	Descrição	Débito	Crédito	Valor
5	A	Amortização de empréstimo bancário e juros	Financiamentos Obtidos – Empréstimos Bancários		50.000
			Gastos de Financiamento – Juros Suportados		28.500
				Depósitos à Ordem	78.500
6	A	Diferimento dos gastos de publicidade	Diferimentos – Gastos a Reconhecer	Fornecimentos e Serviços Externos	60.000
7.1.	A	Perdas por imparidade em ativos fixos tangíveis	Perdas por Imparidade – em AFT	Ativos Fixos Tangíveis – Perdas por Imparidade Acumuladas	5.000
7.2.	R	Transferência para ativos não correntes detidos para venda	Ativos Não Correntes Detidos para Venda		20.000
				Ativos Fixos Tangíveis – Equipamento Básico	50.000
			Ativos Fixos Tangíveis – Depreciações Acumuladas		25.000
			Ativos Fixos Tangíveis – Perdas por Imparidade Acumuladas		5.000
8	A	Reversão de provisão	Provisões	Reversões – de Provisões	70.000
9	A	Regularização do rédito das vendas	Vendas	Diferimentos – Rendimentos a Reconhecer	3.629,79

CASO PRÁTICO N.º 16

Considere, por hipótese, as demonstrações financeiras provisórias da companhia aérea *Air TransEurope, S.A.*, relativas ao período findo em 31 de dezembro de N. Dos papéis de trabalho, foi possível compilar as seguintes informações:

1. A rubrica *Prestações de Serviços* inclui diversas faturas no valor total de 150.000 euros, emitidas na última semana de dezembro, relativas a passagens aéreas que decorrerão durante o 1.º trimestre de N+1. Contactado o diretor financeiro, o mesmo informou que, de acordo com a norma que prevê o reconhecimento do rédito, não existe qualquer correção contabilística a efetuar.
2. A referida companhia aérea adquiriu diversas matérias-primas (refeições, bebidas, etc.) para fornecer durante os seus voos. Porém, foi possível apurar que as refeições mencionadas na fatura do fornecedor F1 (emitida em 31 de dezembro de N pelo valor de 85.000 euros e registada na contabilidade nessa mesma data) apenas foram entregues na empresa no dia 7 de janeiro de N+1. O procedimento de contagem física de armazém não detetou quaisquer divergências entre os registos contabilísticos e os inventários efetivamente existentes em armazém.
3. A empresa possui uma participação de 45% numa empresa que presta serviços de assistência em terra. Sabe-se que o valor da referida participação é efetuado pelo Método da Equivalência Patrimonial (MEP). Os auditores apuraram que, com referência ao final de N, a empresa participada comunicou que obtivera um lucro de 100.000 euros. Efetuadas as devidas indagações junto da empresa participante, a mesma informou não existirem quaisquer correções contabilísticas a efetuar decorrente de tal comunicação.
4. A rubrica *Juros Suportados* inclui o valor de 35.000 euros, correspondente à totalidade da 8.ª prestação de um financiamento bancário. Analisado o respetivo mapa de financiamento, foi possível apurar que apenas 65% daquele valor se refere a juros suportados com o respetivo financiamento.
5. A companhia aérea desenvolveu internamente, durante o mês de janeiro de N, um *software* para gestão de bilhetes emitidos e ainda não utilizados, com identificação do respetivo período de

caducidade. O desenvolvimento de tal *software* teve associado dispêndios de 250.000 euros, os quais se encontram reconhecidos na rubrica *Programas de Computador*. Contudo, os testes de fiabilidade conduzidos pela auditoria informática no final de N não foram satisfatórios pelo que foi sugerida a imediata cessação da sua utilização.

6. Os auditores procederam à contagem de Caixa, na manhã do dia 6 de janeiro de N+1, embora com referência à data de corte de operações. Foi apurada uma divergência positiva, relativamente ao valor contabilístico, de 312 euros. O tesoureiro informou que essa diferença já existe desde março de N e que provavelmente a sua origem está na duplicação contabilística de alguma saída de caixa.

Pretende-se que apresente um Diário no qual evidencie as regularizações contabilísticas necessárias para que a equipa de auditores possa apurar os saldos auditados. Deve elaborar uma nota explicativa sucinta para cada um dos pontos apresentados.

Resolução

N.º	R/A	Descrição	Débito	Crédito	Valor
1	A	Correção do rédito do período	Prestações de Serviços	Outras Contas a Receber – Rendimentos a Reconhecer	150.000
2.1.	A	Regularização de inventário em trânsito	Matérias-primas	Custo dos Inventários Vendidos e das Matérias Consumidas	85.000
2.2.	R	Transferência de contas	Fornecedores C/C	Fornecedores – Faturas em receção e conferência	85.000
3	A	Ajustamento decorrente da aplicação do MEP	Investimentos Financeiros	Rendimentos em Subsidiárias, Associadas e Empreendimentos Conjuntos	45.000
4	A	Regularização do capital	Financiamentos Obtidos	Gastos de Financiamento	12.250

N.º	R/A	Descrição	Débito	Crédito	Valor
5	A	Abate de *software*	Gastos em Investimentos Não Financeiros	Ativos Intangíveis – Propriedade Industrial	250.000
6	A	Reconhecimento de sobra de caixa	Caixa	Outros Rendimentos e Ganhos	312

Notas explicativas:

1. O rédito relativo a prestações de serviços, tal como previsto no normativo contabilístico, deve ser imputado ao período em que os serviços sejam efetivamente prestados (pressuposto do acréscimo).
2. Assumindo que a fatura foi devidamente registada em "Compras", o apuramento do Custo dos Inventários Vendidos e das Matérias Consumidas no final do ano determinou a sua sobreavaliação, situação que provocou uma subvalorização do Resultado Líquido do Período. Os inventários em trânsito devem ser relevados em conta própria, em cumprimento do pressuposto do acréscimo (Estrutura Conceptual).
3. O Método da Equivalência Patrimonial é um método de reconhecimento contabilístico pelo qual o valor do investimento é ajustado em função das variações ocorridas no capital próprio da empresa participada (investida). Os resultados do investidor incluem a parte que lhe corresponde nos resultados da investida.
4. Apenas os juros incluídos na prestação são gastos do período (pressuposto do acréscimo), sendo o remanescente reconhecido no passivo como capital. A liquidação da prestação determina, em quaisquer circunstâncias, a redução do valor em dívida relativa à parcela de capital ou então relativa à totalidade da prestação no caso do financiamento estar registado pelo custo amortizado.
5. O *software* deixou de observar os critérios subjacentes ao reconhecimento de ativos, nomeadamente a existência de benefícios económicos futuros que fluam para a entidade. Nesse sentido, e uma vez que não é conhecida a existência de amortizações acumuladas, o mesmo deverá ser desreconhecido pela sua quantia bruta.
6. A sobra detetada em Caixa requer que as demonstrações financeiras sejam ajustadas em conformidade, independentemente da

materialidade do ajustamento. O conteúdo das demonstrações financeiras deve refletir a realidade económico-financeira da entidade. Além disso, o conteúdo funcional da função "Tesoureiro" não contempla, regra geral, situações de sobras de caixa, apenas situações de insuficiência.

CASO PRÁTICO N.º 17

Considere o extrato do balancete provisório da Empresa X, com referência a 31 de dezembro de N (valores expressos em euros).

N.º Conta	Descrição	Saldo Devedor	Saldo Credor
...			
123	Depósitos à Ordem – Moeda Estrangeira	56.500[a)]	
...			
4321	Edifício A	400.000	
4381	Edifício A – Depreciações acumuladas		160.000
42	Propriedades de investimento		
421	Edifício B	230.000	
...			

[a)] Depósito de 50.000 Francos Suíços, realizado no CREDIT SUISSE.

Notas incluídas nos papéis de trabalho dos auditores:

1. Após o registo das depreciações do período para os ativos elegíveis, a empresa procedeu ao ajustamento das quantias escrituradas dos seus edifícios, em função dos modelos baseados no justo valor, modelos que tem vindo a adotar na valorização subsequente. Ambos os edifícios foram adquiridos em N-7, entrando de imediato em funcionamento na sua função atual. Apurou-se que o justo valor do Edifício A é atualmente de 600.000 euros enquanto o Edifício B foi avaliado em 420.000 euros. Nos casos aplicáveis, a empresa adota o método do custo de reposição depreciado na reexpressão do valor dos seus ativos.
2. Foi possível apurar que a conversão cambial, na data de referência das demonstrações financeiras, deve refletir as seguintes taxas de câmbio: 1 Euro = 0,85 Francos Suíços; 1 Euro = 1,15 $USD.

3. A empresa possui um equipamento industrial que já não se encontra em funcionamento e para o qual já existe um contrato promessa de compra e venda. O referido ativo, adquirido por 30.000 euros, já se encontra depreciado em 75%. O valor de venda previsto no referido contrato promessa de compra e venda é de 5.000 euros, prevendo-se que a transação venha a ocorrer durante o primeiro semestre de N+1.
4. Foi possível apurar que a quantia escriturada das dívidas a receber de clientes se encontra sobreavaliada em 210.000 euros. Porém, indagado o diretor financeiro sobre o assunto, o mesmo referiu que existem boas expectativas de que as dificuldades financeiras daqueles clientes se possam reverter no decorrer de N+1.
5. Estava por registar a estimativa para férias e subsídio de férias (e respetivos encargos sociais), a pagar em N+1. Sabe-se que a massa salarial bruta mensal é de 300.000 euros, sobre a qual recaem os seguintes encargos: Taxa de IRS média (21%); TSU: 11% por conta do trabalhador e 23,75% por conta da entidade patronal.
6. Durante a auditoria às contas de N foi detetado que, no decorrer de N-1, fora cometido um erro considerado materialmente relevante no saldo da rubrica *Fornecimentos e Serviços Externos*. A materialidade desse erro ascendeu a 900.000 euros. O diretor financeiro considera não haver qualquer registo a fazer pois o ano de N-1 já se encontra contabilisticamente encerrado.

Pretende-se que apresente um Diário no qual evidencie as regularizações contabilísticas necessárias para que a equipa de auditores possa apurar os saldos auditados. Deve elaborar uma nota explicativa sucinta para cada um dos pontos apresentados.

Resolução

N.º	R/A	Descrição	Débito	Crédito	Valor
1.1.	A	Revalorização do Edifício A	Ativos Fixos Tangíveis (AFT)	Excedentes de Revalorização e AFT e AI	600.000,00
1.2.	A	Revalorização do Edifício A	Excedentes de Revalorização e AFT e AI	AFT – Depreciações Acumuladas	240.000,00

N.º	R/A	Descrição	Débito	Crédito	Valor
1.3.	A	Valorização do Edifício B	Propriedades de Investimento	Ganhos por aumentos de justo valor – Em PI	190.000,00
2	A	Diferença de câmbio	Depósitos à Ordem	Rendimentos e Ganhos nos Restantes Investimentos Financeiros	2.323,53
3.1.	A	Imparidade em Ativos Fixos Tangíveis	Perdas por Imparidade em AFT	AFT – Perdas Imparidade Acumuladas	2.500,00
3.2.	R	Transferência para Ativos Não Correntes Detidos para Venda	AFT – Depreciações Acumuladas		22.500,00
			AFT – Perdas Imparidade Acumuladas		2.500,00
				AFT – Equipamento Básico	30.000,00
			Ativos Não Correntes Detidos para Venda		5.000,00
4	A	Imparidade em dívidas a receber	Perdas por Imparidade em Dívidas a Receber	Clientes – Perdas por Imparidade Acumuladas	210.000,00
5	A	Estimativa para férias e subsídio de férias, a pagar em N+1	Gastos com o Pessoal		600.000,00
			Gastos com o Pessoal – Encargos sobre Remunerações		142.500,00
				Devedores e Credores por Acréscimos de Gastos	742.500,00
6	A	Correção de erro de períodos anteriores	Fornecedores / Caixa / Depósitos à Ordem / Outras Contas a Receber /...[13]	Resultados Transitados	900.000,00

[13] Depende do efeito subsequente da transação e da sua situação atual em termos de balanço.

Notas explicativas:

1. O Edifício A está classificado como um Ativo Fixo Tangível, aplicando-se o previsto na al. a) do parágrafo 35 da NCRF 7 (IAS 16) para efeitos de revalorização. Assim: Quantia Bruta = 400.000; Depreciação Acumulada = 160.000; Justo Valor = 600.000; Excedente de Revalorização (ER) = 360.000 → C = 2,5. A realização do ER será efetuada a partir de N+1, nos termos do parágrafo 41 da NCRF7 (IAS 16). O Edifício B é classificado como Propriedade de Investimento pelo que as flutuações de justo valor têm impacto direto nos resultados, nos termos dos parágrafos 34 e seguintes da NCRF 11.
2. Um Ativo Financeiro (neste caso dinheiro) deve ser mensurado inicialmente pelo seu justo valor, com os respetivos ajustamentos de justo valor subsequentes na demonstração dos resultados (parágrafo 11 da NCRF 27).
3. Os ativos fixos tangíveis não afetos à exploração e que cumpram os requisitos previstos no parágrafo 6 da NCRF 8 devem ser reclassificados para "Ativos Não Correntes Detidos para Venda" e divulgados no Ativo Corrente do Balanço/Demonstração da Posição Financeira.
4. Nos termos da NCRF 12 (IAS 36), sempre que a quantia escriturada das dívidas a receber é superior ao seu valor recuperável, deverá ser reconhecida uma perda por imparidade.
5. De acordo com a Estrutura Conceptual do SNC ou das IFRS, um dos pressupostos subjacentes às demonstrações financeiras é a periodização económica, pelo que deverá ser imputada ao ano N a estimativa para férias e subsídio de férias a pagar no ano seguinte.
6. As correções relativas a períodos anteriores devem ser corrigidas por contrapartida de "Resultados Transitados" quando materialmente relevantes. Caso contrário, devem ser ajustadas diretamente na demonstração dos resultados na conta apropriada (Correções relativas a períodos anteriores).

CASO PRÁTICO N.º 18

Considere, por hipótese, as demonstrações financeiras provisórias da sociedade *DynamicShow, S.A.*, sociedade promotora de eventos musicais, relativas ao período findo em 31 de dezembro de N. Dos papéis de trabalho, foi possível compilar as seguintes informações:

1. Encontra-se por registar na contabilidade a incobrabilidade de 70% da dívida do cliente C_{43}, decretada em finais de dezembro de N por um tribunal cível de Lisboa. Sabe-se que para a dívida deste cliente, no valor de 180.000 euros, a sociedade *DynamicShow, S.A.* já tinha reconhecido em N-1 uma imparidade total. Relativamente ao valor recuperado, foi entregue à empresa um cheque da Caixa Geral de Depósitos no valor correspondente.
2. Encontrava-se por registar a alienação de 40% das 80.000 ações próprias detidas em carteira, pelo preço de venda unitário de 1,75 euros. Sabe-se que as ações têm um valor nominal unitário de 1 euro e que desta transação resultou um ganho de 0,50 euros/ação.
3. Por lapso do departamento de contabilidade, não se encontra refletida na contabilidade da empresa a aquisição realizada em janeiro de N, por 600.000 euros, de 40% da sociedade *Acordes do Norte, S.A.*, cujo capital próprio totalizava, na data da aquisição, 1.000.000 euros.
4. A rubrica *Prestações de Serviços* inclui o valor de 150.000 euros correspondentes a bilhetes vendidos durante o 4.º trimestre de N para o concerto da fadista Mariza, a realizar no Coliseu dos Recreios, em Lisboa, no dia 19 de março de N+1. Efetuadas indagações ao diretor financeiro da *DynamicShow, S.A.*, o mesmo argumentou que os preparativos do referido concerto tiveram início durante o 4.º trimestre de N, sendo este valor uma forma de compensar os gastos já incorridos.
5. A empresa possui uma participação de 35% numa empresa que presta serviços de assistência técnica aos concertos realizados em Portugal. O valor da referida participação é reconhecido pelo *Método da Equivalência Patrimonial* (MEP). Os auditores apuraram que a empresa participada comunicou que efetuara no final de N, e após reconhecimento das depreciações correspondentes, revalorizações dos seus ativos fixos tangíveis no valor de

500.000 euros. Efetuadas as devidas indagações junto da direção financeira da sociedade *DynamicShow, S.A.*, foram os auditores informados que essa transação apenas tem impacto na empresa participada e não nas contas da *DynamicShow, S.A.*

6. A rubrica *Fornecimentos e Serviços Externos* inclui o valor de 30.000 euros relativos a um seguro de responsabilidade civil das instalações da empresa, correspondente à anuidade com início no dia 1 de junho de N. Uma vez que o pagamento fora realizado em maio desse mesmo ano, considera a direção financeira não existir qualquer inconsistência normativa.
7. A empresa encontrava-se a construir instalações para guardar os equipamentos técnicos de apoio aos espetáculos musicais de que é promotor. Os dispêndios do edifício (vida útil estimada de 20 anos), que totalizam 100.000 euros, ainda se encontram classificados como investimentos em curso, apesar de o edifício já estar ocupado e em funcionamento desde o início de dezembro do ano N.
8. Apurou-se que a quantia escriturada das provisões para processos judiciais em curso se encontra sobreavaliada em 140.000 euros. Uma vez que durante o ano N não foi efetuado qualquer reforço de provisão, a empresa considera que não são exigíveis quaisquer correções.

Pretende-se que apresente um Diário no qual evidencie as regularizações contabilísticas necessárias para que a equipa de auditores possa apurar os saldos auditados. Deve elaborar uma nota explicativa sucinta, com o respetivo enquadramento normativo, para cada um dos pontos apresentados.

Resolução

N.º	R/A	Descrição	Débito	Crédito	Valor
1.1.	R	Incobrabilidade de dívida	Depósitos à Ordem		54.000,00
			Perdas por Imparidade Acumuladas		126.000,00
				Clientes C/C	180.000,00

N.º	R/A	Descrição	Débito	Crédito	Valor
1.2.	A	Reversão da imparidade em excesso	Perdas por Imparidade Acumuladas – em Dívidas a Receber	Reversões – Perdas por Imparidade	54.000,00
2.1.	A	Alienação de ações próprias	Depósitos à Ordem		56.000,00
				Ações Próprias – Valor Nominal	32.000,00
				Ações Próprias – Descontos e Prémios	24.000,00
2.2.	R	Disponibilização da reserva	Outras Reservas – Reservas Indisponíveis	Outras Reservas – Reservas Livres	40.000,00
2.3.	R	Regularização do ganho na alienação de ações próprias	Ações Próprias – Descontos e Prémios	Outras Variações no Capital próprio	16.000,00
3.1.	R	Aquisição de participação em associada	Investimentos Financeiros – em Associadas		400.000,00
			Ativos Intangíveis – *Goodwill*		200.000,00
				Depósitos à Ordem	600.000,00
3.2.	A	Amortização do *Goodwill*	Gastos de Depreciação e Amortização – Ativos Intangíveis	Ativos Intangíveis – Amortizações Acumuladas	20.000,00
4	A	Regularização de rédito imputado ao período económico	Prestações de Serviços	Diferimentos – Rendimentos a Reconhecer	150.000,00
5	A	Ajustamento de variação patrimonial positiva em empresa associada	Investimentos Financeiros – em Associadas	Ajustamentos em Ativos Financeiros – Método a Equivalência Patrimonial	175.000,00
6	A	Especialização de gastos do período	Diferimentos – Gastos a Reconhecer	Fornecimentos e Serviços Externos – Seguros	12.500,00

N.º	R/A	Descrição	Débito	Crédito	Valor
7.1.	R	Transferência para Ativos Fixos Tangíveis (Conclusão Obra)	Ativos Fixos Tangíveis – Edifícios	Investimentos em curso – AFT	100.000,00
7.2.	A	Depreciação Edifício	Gastos de Depreciação e Amortização – AFT	Depreciações Acumuladas – AFT	416,67
8	A	Reversão de provisões	Provisões – Processos Judiciais em Curso	Outros Rendimentos e Ganhos – Reversões Provisões	140.000,00

Notas explicativas:

1. Tendo sido previamente reconhecida uma imparidade total para a dívida a receber de clientes, haverá lugar a reversão da mesma na parte correspondente à parcela recuperada, nos termos da NCRF 12/IAS 36.
2. A aquisição de instrumentos de capital próprio da própria entidade encontra-se prevista no parágrafo 8 da NCRF 27/IAS 39, traduzindo-se numa redução do capital próprio e uma vez observados todos os requisitos legais. O desreconhecimento desses instrumentos deve ser igualmente efetuado no capital próprio, traduzindo-se exclusivamente em variações patrimoniais, sem afetar o resultado líquido do período.
3. O reconhecimento de investimentos financeiros enquadra-se no âmbito da NCRF 14 e é efetuado pelo Método da Compra. O eventual *Goodwill* emergente da diferença entre o valor de aquisição e a parcela correspondente nos capitais próprios da participada deverá ser amortizado nos termos do previsto no parágrafo 46 da NCRF 14.
4. De acordo com a Estrutura Conceptual do SNC/IFRS, um dos pressupostos subjacentes à elaboração das demonstrações financeiras é o "Regime do Acréscimo". Nesse sentido, os gastos e os rendimentos têm de ser reconhecidos no período a que respeitam, independentemente do momento do seu pagamento ou recebimento.

5. Nos termos da NCRF 13/IFRS 3, os investimentos em empresas associadas são valorizados subsequentemente pelo Método da Equivalência Patrimonial, o qual se traduz no ajustamento da quantia escriturada do investimento financeiro, em função das variações ocorridas no capital próprio da empresa participada.
6. De acordo com a Estrutura Conceptual do SNC/IFRS, um dos pressupostos subjacentes à elaboração das demonstrações financeiras é o "Regime do Acréscimo". Nesse sentido, os gastos e os rendimentos têm de ser reconhecidos no período a que respeitam, independentemente do momento do seu pagamento ou recebimento.
7. Nos termos da NCRF 7/IAS 16, os Ativos Fixos Tangíveis devem ser depreciados a partir do momento em que estão em funcionamento, tendo por base o pressuposto da especialização económica. Uma vez terminada a obra, a mesma tem de ser transferida para AFT a fim de poder ser reconhecida a respetiva depreciação.
8. O uso e reconhecimento de provisões deve ser efetuado tendo por base os dispêndios relativos à finalidade para a qual a mesma foi criada. Nos termos do parágrafo 58 da NCRF 21/IAS 40, a estimativa deve ser ajustada tendo por base a probabilidade de exfluxos de recursos que incorporem benefícios económicos futuros.

CASO PRÁTICO N.º 19

Para cada uma das seguintes situações, identificadas durante o processo de auditoria às demonstrações financeiras do ano findo em 31.12.N, pretende-se que proponha as eventuais *Reclassificações(R)/Ajustamentos (A)* que considere adequadas, por forma a que se possam apurar com fiabilidade os Saldos Auditados.

1. Encontrava-se registada na contabilidade uma fatura de um fornecedor (Data da fatura: 04/01/N+1, com prazo de pagamento de 60 dias), no valor de 200.000 euros, relativa à aquisição de mercadorias. Apurou-se que as referidas mercadorias deram entrada no armazém da empresa no dia 5 de janeiro de N+1, mas por lapso, as mesmas foram consideradas na contagem física

realizada no dia 6 de janeiro de N+1, embora com data de corte de operações a 31.12.N.

2. Encontra-se por registar um crédito no valor de 180.000 euros já declarado incobrável, em dezembro de N. A empresa reconhecera em N-2 uma imparidade correspondente a 25%, tendo-a reforçado para 75% em N-1.
3. A empresa adquiriu, no final de dezembro de N, dez viagens (incluindo alojamento) para os seus responsáveis comerciais, no âmbito de uma feira internacional a realizar em Munique, de 10 a 15 de junho de N+1. Os gastos reconhecidos no período económico corrente ascendem a 15.000 euros, tendo a empresa efetuado o pagamento através de transferência bancária.
4. A empresa tem negociado com o Banco X, um descoberto bancário no valor máximo de 250.000 euros. Na data do corte de operações, o mesmo estava utilizado em 60%, sendo a conta de depósitos à ordem relevada no ativo corrente, pelo montante líquido dos três depósitos à ordem que possui em instituições bancárias.
5. Encontrava-se por registar a mensuração subsequente (*Modelo do Justo Valor*) de uma Propriedade de Investimento adquirida em N-8 por 100.000 euros e cuja última quantia escriturada conhecida é de 135.000 euros. Sabe-se que, no final de N, o justo valor do referido ativo é de 280.000 euros.

Resolução

N.º	R/A	Descrição	Débito	Crédito	Valor
1	R	Regularização de fatura de fornecedor	Fornecedores – C/C	Inventários – Mercadorias	200.000

N.º	R/A	Descrição	Débito	Crédito	Valor
2	A	Reconhecimento de Crédito incobrável e utilização de imparidade	Outros Gastos – Créditos Incobráveis		45.000
			Clientes – Perdas por Imparidade Acumuladas		135.000
				Clientes – C/C	180.000

N.º	R/A	Descrição	Débito	Crédito	Valor
3	A	Especialização do período económico	Diferimentos – Gastos a reconhecer	Fornecimentos e Serviços Externos	15.000

N.º	R/A	Descrição	Débito	Crédito	Valor
4	R	Reconhecimento contabilístico de descoberto bancário	Depósitos à Ordem	Financiamentos Obtidos – Descobertos Bancários	150.000

N.º	R/A	Descrição	Débito	Crédito	Valor
5	A	Mensuração subsequente de propriedade de investimento	Propriedades de Investimento	Ganhos por Flutuações de Justo Valor	145.000

CASO PRÁTICO N.º 20

Para cada uma das seguintes situações, identificadas durante o processo de auditoria às demonstrações financeiras do ano N, pretende-se que proponha as eventuais *Reclassificações(R)/Ajustamentos(A)* que considere adequadas, por forma a que se possam apurar com fiabilidade os Saldos Auditados.

1. A empresa tem negociado com o Banco X, um descoberto bancário no valor máximo de 400.000 euros. Na data do corte de operações, o mesmo estava utilizado em 50%, sendo a conta de depósitos à ordem relevada no ativo corrente pelo montante líquido dos três depósitos à ordem que possui em instituições bancárias.
2. Foi adjudicado à empresa auditada um contrato de construção (período de realização de três anos), no valor global de 9.000.000 euros. Sabe-se que no final do 1.º ano (N), a % de acabamento da obra era de 40%. Porém, encontra-se por registar a 1.ª fatura, emitida em finais de dezembro de N, no valor de 4.950.000 euros e cujo prazo de pagamento é de 30 dias. Contudo, encontra-se registado um adiantamento de 500.000 euros por conta desta empreitada, efetuado pelo adquirente da obra em meados do ano N.

Resolução

N.º	R/A	Descrição	Débito	Crédito	Valor
1	R	Transferência de contas	Depósitos à Ordem	Financiamentos Obtidos – Descobertos Bancários	200.000
2.1.	A	1.ª Fatura de contrato de construção	Clientes C/C		4.950.000
				Outras contas a receber – Devedores por Acréscimos de Rendimentos[13]	3.600.000
				Rendimentos a Reconhecer	1.350.000
2.2.	R	Regularização de adiantamento	Clientes – Adiantamentos de Clientes	Clientes C/C	500.000

CASO PRÁTICO N.º 21

Considere o extrato do balancete da Empresa X, com referência a 31 de dezembro do ano N. A empresa adota o Sistema de Normalização Contabilística (SNC) na preparação das suas demonstrações financeiras. Sabe-se ainda que o seu capital se encontra representado por 1.000.000 de ações ordinárias de valor nominal 1€.

N.º Conta	Descrição	Saldo Devedor	Saldo Credor
...			
5111	Capital realizado		1.000.000 €
521	Ações próprias – VN	80.000 €	
522	Ações próprios – D/P	28.000 €	
551	Reservas legais		250.000 €
5521	Reservas estatutárias		100.000 €
5522	Reservas livres		10.000 €
5523	Reservas indisponíveis		108.000 €
...	...		

[14] No pressuposto de que já se encontrava reconhecido o rendimento imputável ao 1.º ano da obra.

Durante o trabalho de auditoria, foi possível apurar o seguinte:

1. Encontrava-se por registar a alienação, por 1,5 euros/cada, de metade das ações próprias. Esta transação ocorrera no dia 31 de dezembro do ano N, pouco antes da sessão da bolsa ter encerrado.
2. Encontrava-se também por registar um subsídio ao investimento, destinado a financiar 50% de uma central elétrica que entrara em funcionamento no início de dezembro do ano N. Esta central elétrica foi construída pela empresa à qual foi atribuída uma vida útil de 20 anos. A referida central elétrica encontra-se evidenciada no balanço da seguinte forma:

N.º Conta	Descrição	Saldo Devedor	Saldo Credor
...	---		
453	Ativos fixos tangíveis em curso	360.000 €	
...	...		

Notas adicionais que fazem parte dos papéis de trabalho dos auditores:

a) A empresa não considera pertinente, por tal facto afetar significativamente o resultado líquido do período, registar a previsão para férias e subsídio de férias relativa ao ano N e a pagar em N+1. De acordo com os mapas de pessoal, as remunerações mensais ascendem a 350.000 euros, sobre as quais incidem encargos sociais por conta da entidade de 23,75%.
b) A empresa tem em carteira 100.000 ações da Empresa B, adquiridas no início de dezembro por 1€/cada. Sabe-se que a cotação destas ações era, à data do balanço, de 1,25€ por ação. Apesar de a empresa adotar o modelo do justo valor, o responsável da contabilidade entende que não deve reconhecer quaisquer ganhos potenciais pois estaria a contrariar o atributo da prudência.

Pretende-se que analise de forma crítica as situações e identifique os registos contabilísticos a propor à empresa para que seja cumprida a estrutura de relato que lhe é aplicável.

Resolução

N.º	R/A	Descrição	Débito	Crédito	Valor
1.1.	A	Alienação de ações próprias	Depósitos à Ordem		60.000
				Ações e Quotas Próprias – VN	40.000
				Ações e Quotas Próprias – D/P	20.000
1.2.	R	Disponibilização da reserva livre	Outras Reservas – Reservas Indisponíveis	Outras Reservas – Reservas Livres	54.000
1.3.	R	Regularização do ganho na alienação	Ações e Quotas Próprias – D/P	Outras Variações no Capital Próprio – Outros	6.000

N.º	R/A	Descrição	Débito	Crédito	Valor
2.1.	A	Atribuição de subsídio ao investimento	Outras Contas a Receber	Outras Variações no Capital Próprio	180.000
2.2.	R	Transferência do investimento em curso	Ativos Fixos Tangíveis – Equipamento Básico	Ativos Fixos Tangíveis em Curso	360.000
2.3.	A	Depreciação do período	Gastos de Depreciação e Amortização	Ativos Fixos Tangíveis – Depreciações Acumuladas	1.500
2.4.	A	Imputação de subsídio ao investimento	Outras Variações no Capital Próprio	Outros Rendimentos e Ganhos – Imputação de Subsídios ao Investimento	750

N.º	R/A	Descrição	Débito	Crédito	Valor
3	A	Estimativa para férias, subsídio de férias e encargos sociais	Gastos com o Pessoal – Remunerações		700.000
			Gastos com o Pessoal – Encargos sobre Remunerações		166.250
				Outras Contas a Pagar – Credores por Acréscimos de Gastos	866.250

N.º	R/A	Descrição	Débito	Crédito	Valor
4	A	Ajustamento de instrumentos financeiros ao justo valor	Outros Instrumentos Financeiros – Ativos Detidos para Negociação	Ganhos por Flutuações de Justo Valor – Instrumentos Financeiros	25.000

CASO PRÁTICO N.º 22

Considere, hipoteticamente, as demonstrações financeiras da sociedade *SECTRANS, S.A.* e admita que as mesmas ainda são preliminares. Dos papéis de trabalho, foi possível compilar as seguintes informações:

1. A rubrica *Fornecedores C/C* inclui uma fatura no valor de 19.000 euros (emitida pelo fornecedor em 30 de dezembro do ano N), cujas mercadorias deram entrada em armazém no dia 31 de dezembro do ano N. Porém, por erro do departamento de contabilidade, a fatura foi registada por 91.000 euros. Além disso, por se encontrarem no átrio da empresa, as mercadorias não foram consideradas na contagem física de armazém realizada com referência à data de corte de operações.
2. A rubrica *Provisões para Matérias Ambientais* inclui o valor de 150.000 euros relativo a uma estimativa para dispêndios relacionados com danos ambientais. Contudo, os auditores puderam apurar que o dispêndio com eventuais danos ambientais é muito pouco provável, não descartando, ainda assim, essa possibilidade.
3. Encontra-se por registar a revalorização de um edifício, realizada no início do ano N. Não tendo havido durante o ano N quaisquer registos relacionados com este edifício, o mesmo encontra-se ainda reconhecido pelo modelo do custo, cuja quantia escriturada é de 150.000 euros (já depreciado em 60%; período de vida útil: 20 anos; Ano de aquisição: N-11). Os peritos imobiliários fixaram em 180.000 euros o preço de mercado para o referido ativo.
4. Os auditores detetaram a existência de 80.000 euros na rubrica *Fornecimentos e Serviços Externos – Serviços Diversos* sem qualquer suporte documental. Efetuadas as devidas indagações junto do diretor financeiro, o mesmo não encontrou explicação para o

facto, informando que a empresa implementará o procedimento fiscal adequado.

5. A rubrica *Gastos a Reconhecer* inclui o valor de 15.000 euros relativos a dois meses de caução entregue pela empresa ao proprietário do imóvel arrendado onde está instalado o "Armazém N.º 2" da região de Lisboa. O departamento de contabilidade considera que esta é a conta mais indicada pois no final do contrato aquele valor será certamente um gasto para a *SECTRANS, S.A.*
6. Em janeiro de N+1 foi possível apurar que o *Cliente TT* entrara em processo de falência. O saldo corrente com a empresa *SECTRANS, S.A.* é de 100.000 euros, não tendo sido reconhecida até ao momento qualquer imparidade.

Pretende-se que apresente um Diário no qual evidencie as regularizações contabilísticas necessárias para que a equipa de auditores possa apurar os saldos auditados. Deve elaborar uma nota explicativa sucinta para cada um dos pontos apresentados.

Resolução

N.º	R/A	Descrição	Débito	Crédito	Valor
1.1.	A	Regularização do efeito da fatura de compra	Fornecedores – Contas Gerais	Custo das Vendas	72.000
1.2.	A	Regularização da contagem física dos inventários	Mercadorias	Custo das Vendas	19.000
2	A	Reversão de provisão	Provisões para Matérias Ambientais	Reversões – De Provisões	150.000
3.1.	A	Revalorização de AFT	Ativos Fixos Tangíveis – Equipamento Básico	Excedentes de Revalorização em Ativos Fixos Tangíveis e Intangíveis	75.000
			Excedentes de Revalorização em Ativos Fixos Tangíveis e Intangíveis	Ativos Fixos Tangíveis – Equipamento Básico	45.000
3.2.	A	Depreciação do AFT	Gastos de Depreciação e Amortização	Ativos Fixos Tangíveis – Depreciações Acumuladas	22.500

N.º	R/A	Descrição	Débito	Crédito	Valor
3.3.	R	Realização do excedente	Excedentes de Revalorização em Ativos Fixos Tangíveis e Intangíveis	Resultados Transitados	3.750
5	R	Transferência de contas	Outras contas a receber	Gastos a Reconhecer	15.000
6	A	Imparidade em dívidas a receber	Perdas por Imparidade do Período	Clientes – Perdas por Imparidade Acumuladas	100.000

Notas explicativas:

1. A temática da valorização dos inventários encontra-se prevista na NCRF 18/IAS 2. No caso concreto, o registo de uma compra por um valor superior implicou a sobrevalorização do CIVMC. Por outro lado, a não inclusão das mercadorias na contagem física de armazém implicou igualmente a sobreavaliação do CIMVC pelo que esta conta carece de uma regularização de 91.000 euros.
2. De acordo com o descrito, a existência de um possível dispêndio futuro é apenas possível, não havendo evidência de estarmos perante uma obrigação presente. Assim sendo, de acordo com o parágrafo 12 da NCRF 21/IAS 40, estamos perante um Passivo Contingente, o qual não carece de reconhecimento contabilístico no balanço, mas apenas de divulgação na correspondente nota do anexo. Neste âmbito, deverá ser eliminado o respetivo registo.
3. A temática da revalorização de ativos fixos tangíveis está prevista na NCRF 7/IAS 16. No caso concreto, está por reconhecer a revalorização de um ativo cuja quantia escriturada é de 150.000 euros e cujo excedente de revalorização é de 30.000 euros (180.000 – 150.000). O coeficiente de revalorização é de 1,2 (180.000/150.000). A vida útil remanescente é de oito anos. A quantia bruta do ativo é de 375.000 euros e a depreciação acumulada é de 225.000 euros. Poderá optar pela

anulação das depreciações acumuladas, tal como previsto no respetivo normativo.

4. As despesas não documentadas têm enquadramento no CIRC pelo que, caso a empresa proceda ao tratamento fiscal adequado (incluindo os efeitos na estimativa de imposto a pagar), tal não deve originar uma correção contabilística. Contudo, é questionável, do ponto de vista de gestão e a nível de controlo interno e contabilístico, a existência de situações desta natureza.
5. Uma caução entregue a terceiros traduz-se numa dívida a receber, não implicando, *a priori*, tratar-se de um gasto no final do contrato de arrendamento. Assim sendo, não estamos perante um gasto diferido, mas sim perante uma dívida a receber.
6. Trata-se de uma imparidade em dívidas a receber, nos termos da NCRF 12/IAS 36, ou seja, uma imparidade é o excedente da quantia escriturada (100.000 euros) da dívida a receber, em relação à sua quantia recuperável (no caso concreto de valor nulo).

CASO PRÁTICO N.º 23

Considere as demonstrações financeiras do *Grupo Sol & Mar, S.A.*, preparadas de acordo com o Sistema de Normalização Contabilística (SNC). Admita que as mesmas ainda são preliminares, ou seja, que os valores ainda são passíveis de serem reexpressos. Dos papéis de trabalho, foi possível compilar as seguintes informações:

1. A rubrica *Ativos intangíveis* inclui uma marca, reconhecida pela quantia escriturada de 1.000.000 euros. Devido à descontinuidade de um segmento de negócio, a empresa já celebrou um acordo de venda da referida marca, a qual ocorrerá, previsivelmente, em setembro do ano N+1. No entanto, o valor de venda já foi fixado em 800.000 euros.
2. A rubrica *Fornecedores e outras contas a pagar* inclui uma fatura no valor de 120.000 euros (emitida pelo fornecedor em 30 de dezembro do ano N), cujas mercadorias só deram entrada em armazém no dia 23 de janeiro de N. A empresa considera que o reconhecimento da respetiva compra se encontra correto pois

a fatura foi reconhecida no período contabilístico em que foi emitida. As mercadorias não foram consideradas na contagem física de armazém realizada com referência à data de corte de operações.

3. A rubrica *Fornecimentos e serviços externos* inclui 24.000 euros relativos à anuidade de diversos seguros de responsabilidade civil. A cobertura destes seguros iniciou-se no dia 1 de dezembro de N, tendo o respetivo recibo sido pago no início do mês.
4. Encontra-se por registar a revalorização de um edifício, realizada no início do ano N. Não tendo havido durante o ano N quaisquer registos relacionados com este edifício, o mesmo encontra-se ainda reconhecido pelo modelo do custo, cuja quantia escriturada é de 150.000 euros (depreciado em 50%; período de vida útil: 20 anos). Os peritos imobiliários fixaram em 450.000 euros o preço de mercado do referido ativo. Este edifício será cedido para arrendamento a partir do 2.º semestre de N+1.
5. Encontra-se em curso um processo judicial decorrente de um acidente de trabalho. Os advogados consideram que existe uma grande probabilidade de a empresa vir a ser condenada a pagar uma indemnização no valor de 100.000 euros. Contudo, esta considera que não deve efetuar qualquer registo contabilístico pois não se trata de um gasto efetivo.
6. A empresa não registou a atribuição, em 30 de dezembro do ano N, de um subsídio para instalação de painéis solares numa das suas unidades hoteleiras. A atribuição do subsídio foi comunicada pela Secretaria de Estado da Energia e ascende a 90.000 euros. Estima-se que os painéis solares tenham uma vida útil de 12 anos.

Pretende-se que apresente um Diário no qual evidencie as regularizações contabilísticas necessárias para que a equipa de auditores possa apurar os saldos auditados. Nos casos que considere adequados, deve assumir, em nota explicativa, os pressupostos necessários à compreensão das suas opções.

Resolução

N.º	R/A	Descrição	Débito	Crédito	Valor
1.1.	A	Perda por imparidade em Ativos intangíveis	Perdas por Imparidade	Ativos Intangíveis – Imparidades Acumuladas	200.000,00
1.2.	R	Reclassificação para Ativos Não Correntes Detidos para Venda	Ativos Não Correntes Detidos Para Venda		800.000,00
			Ativos Intangíveis – Imparidades Acumuladas		200.000,00
				Ativos Intangíveis	1.000.000,00
2.1.	A	Mercadorias em trânsito	Mercadorias em Trânsito	Custo das Mercadorias Vendidas e das Matérias Consumidas	120.000,00
2.2.	R	Faturas em receção	Fornecedores – Contas Gerais	Fornecedores – Faturas em Receção e Conferência	120.000,00
3	A	Periodização económica dos seguros	Gastos a Reconhecer	Fornecimentos e Serviços Externos	22.000,00
4.1.	R	Revalorização de edifício	Ativos Fixos tangíveis – Edifícios – Depreciações Acumuladas	Ativos Fixos Tangíveis – Edifícios	150.000,00
			Ativos Fixos Tangíveis – Edifícios	Excedentes de Revalorização em AFT e AI	300.000,00
4.2.	A	Depreciação anual	Gastos de Depreciação e Amortização	Ativos Fixos Tangíveis – Depreciações Acumuladas	45.000,00
4.3.	R	Realização do excedente de revalorização	Excedentes de Revalorização em AFT e AI	Resultados Transitados	30.000,00
5	A	Provisão para processos judiciais em curso	Provisões do Período	Provisões – para Processos Judiciais em Curso	100.000,00

N.º	R/A	Descrição	Débito	Crédito	Valor
6.1.	A	Atribuição de subsídio ao investimento	Outras contas a receber	Outras Variações no Capital Próprio – Subsídios	90.000,00
6.2.	A	Imputação de subsídio ao investimento	Outras Variações no Capital Próprio – Subsídios	Outros Rendimentos e Ganhos – Imputação de Subsídios ao Investimento	7.500,00

Notas e cálculos:

Regularização N.º 4: Quantia Bruta = 300.000; Depreciações acumuladas = 150.000 → Quantia escriturada = 150.000; → Excedente de revalorização = 300.000. Admite-se igualmente a reexpressão proporcional da quantia escriturada. Coeficiente de revalorização = 3.

Regularização N.º 6: Trata-se da atribuição do subsídio e não do seu recebimento. Nada é referido que o AFT já esteja disponível para uso pelo que a imputação sistemática a gastos é opcional.

CASO PRÁTICO N.º 24

Para cada uma das questões seguintes, indique a resposta correta ou a mais correta.

1. Qual das seguintes atribuições não se enquadra nas funções do auditor?
   A. Implementar um adequado sistema de controlo interno e monitorizar a sua eficiência.
   B. Avaliar a fiabilidade das demonstrações financeiras.
   C. Obter evidências das asserções subjacentes às demonstrações financeiras.
   D. Nenhuma das anteriores.
2. Qual dos seguintes elementos não deve fazer parte do Dossier Permanente?
   A. Estatutos da empresa auditada.
   B. Legislação específica do setor de atividade.

C. Declaração do órgão de gestão.
D. Nenhuma das anteriores.

3. No processo de auditoria às contas anuais de determinada empresa, admita que, por erro, não foram consideradas na contagem física final de inventários mercadorias no valor de 200.000 euros. Em resultado de tal omissão, podemos afirmar que:
   A. O capital próprio encontra-se sobreavaliado em 200.000 euros.
   B. A margem bruta encontra-se sobreavaliada em 200.000 euros.
   C. O CIVMC encontra-se subavaliado em 200.000 euros.
   D. A margem bruta encontra-se subavaliada em 200.000 euros.
4. Considere as seguintes afirmações: $\mathbf{A_1}$ – *Quando o risco de distorção material é baixo, o risco de deteção é tendencialmente alto;* $\mathbf{A_2}$ – *A relevância da prova está geralmente associada à sua origem e à forma como foi obtida.*
   A. A_1 é verdadeira e A_2 é falsa.
   B. A_1 é falsa e A_2 é verdadeira.
   C. Ambas são verdadeiras.
   D. Ambas são falsas.
5. Por definição, o risco de auditoria traduz:
   A. A suscetibilidade de se emitir uma opinião desadequada.
   B. A suscetibilidade de não se corrigirem as distorções detetadas.
   C. A suscetibilidade de se implementarem testes com pouca profundidade.
   D. Nenhuma das anteriores.
6. Qual dos seguintes aspetos não faz parte, regra geral, de um Plano de Auditoria:
   A. Conhecimento do sistema contabilístico.
   B. Avaliação do grau em que são utilizadas tecnologias de informação.
   C. Avaliação da dispersão geográfica da entidade auditada.
   D. Nenhuma das anteriores.
7. Considere as seguintes afirmações: $\mathbf{A_1}$ – *A deteção de acontecimentos subsequentes é sempre uma responsabilidade do revisor/auditor;*

A_2 – *Nos casos em que a empresa auditada perdeu mais de metade do seu capital social, o revisor não deve modificar o seu relatório.*

A. A_1 é verdadeira e A_2 é falsa.
B. A_1 é falsa e A_2 é verdadeira.
C. Ambas são verdadeiras.
D. Ambas são falsas.

8. Considere as seguintes afirmações: **A_1** – *A nível substantivo, e no âmbito da realização de um exame a 100%, o risco de deteção é nulo;* **A_2** – *A deteção de fraude no âmbito da auditoria às contas anuais pode ser fator não modificativo da opinião.*
   A. A_1 é verdadeira e A_2 é falsa.
   B. A_1 é falsa e A_2 é verdadeira.
   C. Ambas são verdadeiras.
   D. Ambas são falsas.
9. Dos elementos de prova identificados de seguida, indique qual deles apresenta maior fiabilidade relativa:
   A. Certidão narrativa obtida eletronicamente junto da Conservatória do Registo Comercial.
   B. Indagações efetuadas diretamente pelo auditor junto do regulador do setor.
   C. Faturas de venda e prestação de serviços emitidas pela empresa auditada.
   D. Atas do conselho de administração remetidas ao auditor por via eletrónica.
10. A não constituição de uma provisão no período económico implica:
    A. Uma sobreavaliação do capital próprio.
    B. Uma sobreavaliação do ativo.
    C. Uma subavaliação do capital próprio.
    D. Nenhuma das anteriores.
11. Poderão não ser consideradas Entidades de Interesse Público (EIP):
    A. As entidades reguladas pelo Banco de Portugal (BdP).
    B. As sociedades gestoras de participações sociais.
    C. As empresas de seguros e resseguros.
    D. Nenhuma das anteriores.

12. Entre o Revisor Oficial de Contas (ROC) e o órgão de fiscalização da entidade auditada existe:
    A. Dever de elaboração de relatórios.
    B. Dever de comunicação.
    C. Dever de subordinação.
    D. Nenhuma das anteriores.
13. Constitui incompatibilidade ao exercício da função de Revisor Oficial de Contas (ROC) sempre que:
    A. Quaisquer parentes tenham participação no capital social da empresa auditada.
    B. Tenha exercido, no último ano, cargo no órgão de administração em empresa associada da entidade auditada.
    C. O ROC preste outros serviços remunerados, embora não atentatórios da sua independência.
    D. Nenhuma das anteriores.
14. Qual a principal asserção subjacente à contagem física de inventários, com referência à data de corte de operações?
    A. Direitos e obrigações.
    B. Rigor, valorização e imputação.
    C. Existência.
    D. Classificação.
15. Considere as seguintes afirmações: $\mathbf{A_1}$ – *A materialidade pode ser determinada pelas finalidades do exame a realizar*; $\mathbf{A_2}$ – *Os testes de detalhes a um saldo de conta influenciam o risco de distorção material.*
    A. A_1 é verdadeira e A_2 é falsa.
    B. A_1 é falsa e A_2 é verdadeira.
    C. Ambas são verdadeiras.
    D. Ambas são falsas.
16. Qual das seguintes expressões não é uma componente do Controlo Interno?
    A. Ambiente de controlo.
    B. Atividades de controlo.
    C. Avaliação do risco de distorção material.
    D. Monitorização dos controlos.
17. O não reconhecimento de uma imparidade no período económico a que se refere a auditoria às contas anuais implica:

A. Uma subavaliação do passivo.
B. Uma subavaliação do capital próprio.
C. Uma sobreavaliação do passivo.
D. Nenhuma das anteriores.

18. Considere as seguintes afirmações: $\mathbf{A_1}$ – *A ausência de resposta a um pedido de confirmação negativa proporciona mais prova de auditoria persuasiva do que uma resposta negativa a um pedido de confirmação positiva;* $\mathbf{A_2}$ – *A comparação de informação entre o período económico atual e o período económico anterior é um exemplo da aplicação de procedimentos analíticos.*
    A. A_1 é verdadeira e A_2 é falsa.
    B. A_1 é falsa e A_2 é verdadeira.
    C. Ambas são verdadeiras.
    D. Ambas são falsas.
19. No âmbito do trabalho de auditoria às contas anuais, o auditor identificou as transações reconhecidas na conta *Ativos Fixos Tangíveis*, procedendo de seguida à análise da documentação de suporte a essas transações. No âmbito deste procedimento, executou o seguinte procedimento de recolha de prova:
    A. Inspeção.
    B. Observação.
    C. Reexecução.
    D. Classificação.
20. Durante o processo de auditoria ao *Hotel Tropical*, foi detetada a aquisição de uma planta exótica tropical no valor de 20.000 euros. Nas contas da empresa, a referida planta deve estar classificada como:
    A. Ativos fixos tangíveis.
    B. Ativos biológicos.
    C. Ativos intangíveis.
    D. Gastos do período.
21. Considere as seguintes afirmações: $\mathbf{A_1}$ – *Qualquer tipo de fraude tem de ser comunicada aos encarregados da governação;* $\mathbf{A_2}$ – *Apenas a fraude comprovada deve ser comunicada pelo auditor aos encarregados da governação ou às entidades judiciárias competentes.*
    A. A_1 é verdadeira e A_2 é falsa.

B. A_1 é falsa e A_2 é verdadeira.
C. Ambas são verdadeiras.
D. Ambas são falsas.

22. Qual dos seguintes aspetos não influencia o nível de materialidade para determinado saldo de conta ou classe de transações?
    A. Risco de distorção material.
    B. Julgamento profissional do auditor.
    C. Estrutura de capital e forma de financiamento da empresa.
    D. Nenhuma das anteriores.
23. Qual das seguintes transações, ainda não refletidas na contabilidade, traduziria um ajustamento às contas anuais?
    A. Recebimento de suprimentos por parte dos sócios da empresa.
    B. Utilização parcial de provisão para processos judiciais em curso.
    C. Caução entregue ao senhorio por arrendamento urbano.
    D. Nenhuma das anteriores.
24. No âmbito da auditoria às contas anuais de determinada empresa, os auditores dedicaram um dia à verificação da funcionalidade dos equipamentos informáticos do laboratório. Neste âmbito, os auditores realizaram o seguinte procedimento de recolha de prova:
    A. Indagação.
    B. Inspeção.
    C. Reexecução.
    D. Nenhuma das anteriores.
25. Admita que, no âmbito da auditoria às contas anuais, os auditores detetaram que a fatura N.7642, no valor de 28.000 euros e relativa à aquisição de matérias-primas, foi reconhecida na contabilidade por 82.000 euros. Nesse sentido, podemos afirmar que:
    A. A margem bruta das vendas estava subavaliada em 54.000 euros.
    B. A margem bruta das vendas estava sobreavaliada em 54.000 euros.
    C. A distorção decorrente da transação descrita não influencia a margem bruta das vendas.

D. A distorção decorrente da transação descrita apenas influencia a Demonstração da Posição Financeira (Balanço).

26. Considere as seguintes afirmações: $\mathbf{A_1}$ – *O conceito de materialidade aplica-se tanto ao planeamento como à execução de uma auditoria;* $\mathbf{A_2}$ – *As indagações à gerência também são um procedimento de avaliação do risco de deteção material.*
    A. A_1 é verdadeira e A_2 é falsa.
    B. A_1 é falsa e A_2 é verdadeira.
    C. Ambas são verdadeiras.
    D. Ambas são falsas.
27. Qual das seguintes transações, ainda não refletidas na contabilidade, implicaria uma reclassificação às contas anuais.
    A. Aquisição de ações próprias pelo valor nominal das ações.
    B. Atribuição de dividendos aos acionistas.
    C. Atribuição de subsídio reembolsável ao investimento.
    D. Nenhuma das anteriores.
28. Qual das seguintes afirmações não é verdadeira no que concerne à obrigatoriedade de sujeição a revisão oficial de contas?
    A. Quaisquer entidades reguladas pelo Código das Sociedades Comerciais.
    B. Qualquer entidade classificada como Entidade de Interesse Público.
    C. Quaisquer sociedades anónimas, independentemente da sua estrutura.
    D. Nenhuma das anteriores.
29. Considere as seguintes afirmações: $\mathbf{A_1}$ – *Só os factos já qualificados como crime devem ser comunicados ao Ministério Público;* $\mathbf{A_2}$ – *Um revisor só pode exercer funções de revisão a uma Entidade de Interesse Público se exercer a sua atividade em regime de dedicação exclusiva.*
    A. A_1 é verdadeira e A_2 é falsa.
    B. A_1 é falsa e A_2 é verdadeira.
    C. Ambas são verdadeiras.
    D. Ambas são falsas.
30. Qual dos seguintes elementos obtidos no âmbito de uma auditoria não deve integrar o Dossier Permanente?
    A. Cartas confirmatórias da circularização realizada a clientes.

B. Alterações efetuadas aos estatutos da sociedade.
C. Carta de compromisso.
D. Nenhuma das anteriores.

31. Qual das seguintes transações, ainda não refletidas na contabilidade, traduziria uma reclassificação às contas anuais?
    A. Atribuição de subsídio para aquisição de equipamento industrial.
    B. Reconhecimento de quebra de caixa detetada durante contagem física periódica.
    C. Aquisição de participação financeira em sociedade com reconhecimento de *Negative Goodwill*.
    D. Nenhuma das anteriores.
32. No âmbito da auditoria às contas anuais de determinada empresa, os auditores procederam à leitura das atas dos órgãos de governo societário, em particular as atas da comissão executiva. Neste âmbito, qual a principal asserção subjacente às demonstrações financeiras associada a tal procedimento?
    A. Existência.
    B. Direitos e obrigações.
    C. Plenitude.
    D. Rigor, valorização e imputação.
33. Admita que, no âmbito da auditoria às contas anuais, os auditores detetaram que a fatura N.7642, no valor de 90.000 euros (emitida em 30.12.N) e relativa à aquisição de matérias-primas, foi reconhecida na contabilidade em 31 de dezembro do ano N. Contudo, apurou-se que as referidas matérias-primas só deram entrada em armazém no dia 23 de janeiro de N+1, após a contagem física realizada pelos auditores (realizada no dia 7 de janeiro de N+1). Nesse sentido, podemos afirmar que:
    A. O resultado operacional estava subavaliado em 90.000 euros.
    B. A resultado operacional estava sobreavaliado em 90.000 euros.
    C. A distorção decorrente da transação descrita não influencia o resultado operacional.

D. A distorção decorrente da transação descrita apenas influencia a Demonstração da Posição Financeira (Balanço).

34. Considere as seguintes afirmações: $\mathbf{A_1}$ – *O dever de segredo profissional abrange também, ainda que nos termos protocolados, a informação considerada pertinente solicitada pela Direção Geral de Finanças* (v. g. *Autoridade Tributária e Aduaneira*); $\mathbf{A_2}$ – *Nas Entidades de Interesse Público (EIP), o relatório adicional a entregar ao órgão de fiscalização é, nos termos da lei, e sempre que solicitado, entregue à autoridade de supervisão.*
   A. A_1 é verdadeira e A_2 é falsa.
   B. A_1 é falsa e A_2 é verdadeira.
   C. Ambas são verdadeiras.
   D. Ambas são falsas.

35. A todo o momento, existe cessação do dever de conservação do arquivo de auditoria sempre que:
   A. Exista substituição do revisor oficial de contas.
   B. Existam processos contraordenacionais em curso.
   C. Exista cessação da atividade do revisor oficial de contas.
   D. Nenhuma das anteriores.

36. Qual das seguintes afirmações é verdadeira no que concerne à obrigatoriedade de sujeição a revisão oficial de contas?
   A. Quaisquer entidades reguladas pelo Código das Sociedades Comerciais.
   B. Todas as sociedades por quotas, independentemente da sua estrutura societária.
   C. Quaisquer sociedades anónimas, independentemente da sua estrutura societária.
   D. Nenhuma das anteriores.

37. Considere as seguintes afirmações: $\mathbf{A_1}$ – *Mesmo os factos não qualificados como crime são passíveis de serem comunicados ao Ministério Público*; $\mathbf{A_2}$ – *A declaração do órgão de gestão é, ainda que circunstanciada temporalmente, uma forma de limitar a responsabilidade do revisor oficial de contas.*
   A. A_1 é verdadeira e A_2 é falsa.
   B. A_1 é falsa e A_2 é verdadeira.
   C. Ambas são verdadeiras.
   D. Ambas são falsas.

38. Sempre que as demonstrações financeiras estejam materialmente distorcidas, embora existam dúvidas quanto à sua profundidade, o revisor oficial de contas deve:
    A. Emitir uma opinião com reservas.
    B. Emitir uma opinião adversa.
    C. Emitir uma escusa de opinião.
    D. Ponderar a quebra do compromisso.
39. Considere as seguintes afirmações: $\mathbf{A}_1$ – *A fiabilidade da prova é influenciada pela sua origem, mas não pela sua natureza*; $\mathbf{A}_2$ – *Sempre que seja impossível validar, através de prova apropriada e suficiente, a existência de fraude, o revisor oficial de contas deve assumir uma impossibilidade de opinião ou então emitir uma opinião com reservas por limitação de âmbito.*
    A. A_1 é verdadeira e A_2 é falsa.
    B. A_1 é falsa e A_2 é verdadeira.
    C. Ambas são verdadeiras.
    D. Ambas são falsas.
40. Qual das seguintes transações, ainda não refletidas na contabilidade, tem subjacente um ajustamento às contas anuais?
    A. Afetação de inventários da empresa ao regime de consignação.
    B. Pagamento de dividendos cuja atribuição já fora deliberada na assembleia geral de aprovação das contas anuais.
    C. Utilização de provisão para garantias a clientes, constituída nos termos da regulamentação da União Europeia (UE).
    D. Nenhuma das anteriores.
41. Qual das seguintes atribuições não se enquadra nas funções do auditor?
    A. Implementar procedimentos conducentes à avaliação do risco de disfunção material.
    B. Avaliar a fiabilidade das demonstrações financeiras.
    C. Obter evidências das asserções subjacentes às demonstrações financeiras.
    D. Nenhuma das anteriores.

42. Qual das seguintes transações não reconhecidas na contabilidade não origina, no âmbito da auditoria, um ajustamento às contas anuais?
    A. Mensuração subsequente de um ativo intangível pelo modelo da revalorização.
    B. Mensuração subsequente de uma propriedade de investimento pelo modelo do justo valor.
    C. Reconhecimento de um subsídio ao investimento, de acordo com o Sistema de Normalização Contabilística (SNC).
    D. Nenhuma das anteriores.
43. Admita que o revisor, no âmbito da auditoria às demonstrações financeiras, encontrou distorções materialmente relevantes, embora não profundas. Perante essa evidência deve incluir na *Certificação Legal das Contas*:
    A. Ênfases.
    B. Reservas.
    C. Matérias Relevantes de Auditoria.
    D. Outras matérias.
44. Qual dos seguintes elementos não deve fazer parte do Dossier Permanente?
    A. Estatutos da empresa auditada.
    B. Legislação específica do setor de atividade.
    C. Declaração do órgão de gestão.
    D. Nenhuma das anteriores.
45. No processo de auditoria às contas anuais de determinada empresa, admita que, por erro, não foram consideradas na contagem física final de inventários mercadorias no valor de 200.000 euros. Em resultado de tal omissão, podemos afirmar que:
    A. O capital próprio encontra-se sobreavaliado em 200.000 euros.
    B. A margem bruta encontra-se sobreavaliada em 200.000 euros.
    C. O custo das vendas encontra-se subavaliado em 200.000 euros.
    D. A margem bruta encontra-se subavaliada em 200.000 euros.

46. Considere as seguintes afirmações: $\mathbf{A_1}$ – *Quando o risco de distorção material é baixo, o risco de deteção é tendencialmente alto;* $\mathbf{A_2}$ – *A relevância da prova está geralmente associada à sua origem e à forma como foi obtida.*
    A. A_1 é verdadeira e A_2 é falsa.
    B. A_1 é falsa e A_2 é verdadeira.
    C. Ambas são verdadeiras.
    D. Ambas são falsas.
47. Por definição, o risco de auditoria traduz:
    A. A suscetibilidade de não se incluírem determinados elementos na amostra.
    B. A suscetibilidade de não se corrigirem as distorções detetadas.
    C. A suscetibilidade de se implementarem testes com pouca profundidade.
    D. Nenhuma das anteriores.
48. No âmbito da auditoria às contas do ano N, os auditores detetaram que a empresa *Alfa, S.A.*, devido a erro, não registara no ano objeto de auditoria determinado gasto. Sabendo que o valor do gasto não imputado não é materialmente relevante, os auditores devem sugerir à empresa:
    A. Ajustar, no ano N+1, a rubrica de resultados transitados.
    B. Não efetuar qualquer registo contabilístico, dada a materialidade do erro.
    C. Compensar o gasto com um rendimento de igual montante.
    D. Imputar o gasto não imputado ao resultado líquido do período N+1.
49. Considere as seguintes afirmações, à luz do normativo de auditoria sobre Partes Relacionadas: $\mathbf{A_1}$ – *A existência de um acordo parassocial entre duas entidades não releva para efeitos de auditoria de uma delas, enquanto entidade que relata;* $\mathbf{A_2}$ – *Ser um membro próximo da família de um dos encarregados da governação pode indiciar a existência de controlo ou influência significativa.*
    A. A_1 é verdadeira e A_2 é falsa.
    B. A_1 é falsa e A_2 é verdadeira.
    C. Ambas são verdadeiras.
    D. Ambas são falsas.

50. Qual das seguintes situações, não refletidas na contabilidade, originaria uma reclassificação às contas anuais:
    A. Atribuição de subsídio à exploração, nos termos do SNC.
    B. Realização do excedente de revalorização em ativos fixos tangíveis.
    C. Reversão de provisão para processos judiciais em curso.
    D. Nenhuma das anteriores.

Resolução

N.º	Resposta	N.º	Resposta
1	A	26	C
2	C	27	C
3	D	28	A
4	A	29	B
5	A	30	A
6	D	31	B
7	B	32	C
8	B	33	A
9	A	34	B
10	A	35	D
11	B	36	C
12	B	37	C
13	B	38	A
14	C	39	B
15	A	40	D
16	C	41	D
17	D	42	D
18	B	43	B
19	A	44	C
20	A	45	D
21	D	46	A
22	C	47	D
23	D	48	D
24	B	49	B
25	A	50	B

CASO PRÁTICO N.º 25

Tome por base o descrito em cada uma das situações seguintes (S_1 a S_3). Relativamente a cada uma delas, indique os métodos de recolha de prova, as asserções subjacentes às demonstrações financeiras e o potencial impacto nas mesmas.

Situação 1 (S_1)

No dia 4 de janeiro do ano N+1, a equipa de auditores chegou às instalações da fábrica ao início da manhã, com o objetivo de desencadear os procedimentos de auditoria relacionados com os inventários. Tal como planeado dois meses antes, a equipa de auditores era constituída por dois auditores juniores e um auditor supervisor. Depois de uma reunião inicial com o diretor da fábrica e com o responsável financeiro da empresa, os auditores ficaram a perceber qual o circuito que iriam seguir na fábrica e como os inventários se encontravam organizados e etiquetados. No final desta reunião, foi entregue a cada um dos participantes uma listagem com indicação das referências de cada inventário, a indicação da sua valorização no programa de gestão de *stocks*, bem como um mapa contabilístico no qual se evidenciava que o valor total dos inventários, com referência a 31 de dezembro do ano N, ascendia a 856.765,90 u.m.

Depois de iniciada a contagem, os auditores puderam verificar que os inventários se encontravam devidamente acondicionados e etiquetados, embora observassem que existiam 50 lotes do Produto A cujo prazo de validade era bastante curto. De acordo com o mapa de suporte, estes lotes estavam valorizados em 187.500 u.m., mas os auditores estimaram que a sua quantia recuperável não ultrapassaria os 82.300 u.m. Depois de reportarem esta situação ao responsável financeiro, seguiram a contagem em direção à ala sul do armazém.

Após anotarem nos papéis de trabalho as evidências já recolhidas, os auditores identificaram na ala sul do armazém uma quantidade significativa de um produto, com a referência XK56F8T. De acordo com o responsável da fábrica, este produto, no valor de 91.300 u.m., tinha sido dado como consumido para efeitos contabilísticos, facto que foi confirmado pelo responsável financeiro da empresa. O responsável da fábrica alegou que efetivamente estava programado o consumo destas matérias-primas na produção nos dias 30 e 31 de dezembro do ano N, mas por razões de encerramento da fábrica, devido à pandemia covid-19, tal não acontecera. Reconheceu, no entanto, que a informação transmitida à contabilidade não estava correta e como tal os inventários não estavam devidamente valorizados.

Ao final da manhã, os auditores e os responsáveis da empresa assinaram os documentos que serviram de base à contagem, tendo regressado aos escritórios em Lisboa e inserido na aplicação de auditoria o procedimento de contagem e as conclusões obtidas.

Tópicos de resposta (S_1):

Métodos de Recolha de Prova	**Observação:** o auditor assiste à contagem física dos inventários.
	Indagação: 1. Reunião com o diretor da fábrica; 2. Esclarecimentos obtidos por parte do diretor financeiro.
	Inspeção: 1. Análise da listagem com instruções; 2. Análise de alguns inventários durante a contagem.
	Recálculo: validação das quantias escrituradas dos inventários.

Asserções Subjacentes às Demonstrações Financeiras	**Rigor, valorização e imputação:** avaliação da quantia recuperável dos inventários.
	Plenitude: identificação de inventários não registados contabilisticamente.
	Corte: consumo de inventários no período objeto da auditoria.

As situações descritas traduzem-se em:

1. Sobreavaliação do Resultado Líquido do Período e do ativo corrente, devido à insuficiência de imparidade para inventários, no valor de 105.200 u.m. Decorre desta situação uma sobreavaliação do Capital Próprio em igual montante. A regularização desta situação traduzir-se-ia num ajustamento às contas anuais.
2. Subavaliação do Resultado Líquido do Período, no montante de 91.300 u.m., devido à sobreavaliação do "Custo das Mercadorias Vendidas e Matérias Consumidas" (inventários existentes em armazém e dados como consumidos do ponto de vista contabilístico). Os Inventários encontram-se subavaliados em igual montante, situação idêntica e de igual impacto no valor contabilístico da empresa (Capital Próprio). A regularização desta situação traduzir-se-ia num ajustamento às contas anuais.

Situação 2 (S_2)

No dia 27 de janeiro do ano N+1, a equipa de auditores chegou aos escritórios do gabinete de advogados *LEGAL & ASSURANCE*, com o objetivo de recolher informação sobre os processos judiciais em curso, assim como outras contingências. Tal como planeado dois meses antes, a equipa de auditores era constituída por dois auditores juniores e por um auditor supervisor. Depois de uma reunião inicial com os advogados encarregados dos processos da empresa, os auditores ficaram a perceber qual a situação de cada processo e quais as diligências que se seguiriam nos meses seguintes. No final da reunião, foi entregue aos auditores um *dossier* com diversa documentação, na qual foi possível identificar o número judicial de cada ação, os montantes já liquidados no que respeita a honorários, assim como os potenciais dispêndios que são expectáveis até ao trânsito em julgado dos processos. De acordo com o balancete analítico fornecido aos auditores no início de janeiro do ano N+1, o valor total das provisões, com referência a 31 de dezembro do ano N, ascendia a 328.610 u.m.

Ao longo da conversa, os auditores puderam verificar que a estimativa de encargos associados ao Processo 032FC2017 fora revista em baixa, o que se traduziria numa redução do valor da provisão no montante de 185.000 u.m. Por outro lado, puderam apurar que, já durante o mês de janeiro de N+1, a ação intentada no ano N-2 contra o cliente JJ (783.M43.7) transitara em julgado, tendo a empresa recuperado 30% do valor em dívida, a qual ascendia a 270.000 u.m. A empresa reconhecera, em N-1, uma imparidade para dívidas a receber no montante correspondente a 50% do valor em dívida. Foi ainda abordada a situação dos processos judiciais intentados pela Autoridade Tributária e Aduaneira, tendo os auditores comentado, entre eles, a necessidade de aprofundar a nota explicativa sobre provisões e contingências.

Ao final da manhã, após regresso a Lisboa, os auditores inseriram na aplicação de auditoria os procedimentos realizados nas últimas horas.

Tópicos de resposta (S_2):

Métodos de Recolha de Prova	**Indagação:** associada à reunião com os advogados.
	Inspeção: documentação entregue e analisada pelos auditores.
	Recálculo: validação da suficiência das provisões.

Asserções Subjacentes às Demonstrações Financeiras	**Rigor, valorização e imputação:** avaliação da melhor estimativa para as provisões.
	Plenitude: identificação de eventuais processos judiciais não contemplados.
	Corte: imputação adequada do montante das provisões ao período contabilístico corrente.
	Apresentação: nota explicativa sobre provisões e contingências.

As situações descritas traduzem-se em:

1. Subavaliação do Resultado Líquido do Período e sobreavaliação do Passivo (Não Corrente), devido ao excesso de provisões para processos judiciais em curso, no valor de 185.000 u.m. Decorre desta situação uma subavaliação do Capital Próprio em igual montante. A regularização desta situação traduzir-se-ia num ajustamento às contas anuais.
2. Insuficiência da imparidade para dívidas a receber no montante de 54.000 u.m. (recuperação de 30% do valor total da dívida para a qual existia uma imparidade constituída de 50%). Este acontecimento subsequente determina que, na data do corte de operações, o Resultado Líquido do Período, o Ativo Corrente (Clientes) e o Capital Próprio estejam sobreavaliados em 54.000 u.m. A regularização desta situação traduzir-se-ia num ajustamento às contas anuais.
3. A nota explicativa sobre *Provisões e Contingências* poderá necessitar de revisão pois os litígios com a Autoridade Tributária e Aduaneira podem requerer divulgação enquanto passivos contingentes.

Situação 3 (S_3)

No dia 20 de janeiro do ano N+1, a equipa de auditores chegou às instalações da empresa ao início da manhã, com o objetivo de desencadear os procedimentos de auditoria relacionados com a contagem dos ativos fixos tangíveis. Tal como planeado dois meses antes, a equipa de auditores era constituída por dois auditores juniores e por um auditor supervisor. Depois de uma reunião inicial com o diretor financeiro, os auditores ficaram a perceber qual o circuito que iriam seguir na empresa e qual a localização dos ativos que iriam contar, assim como qual o processo de identificação e etiquetagem dos referidos ativos. No final da reunião, foi entregue a cada um dos participantes uma listagem com a indicação das referências de cada ativo fixo tangível, a indicação da sua valorização no programa de gestão de ativos fixos tangíveis e intangíveis. Foi igualmente fornecido um mapa contabilístico no qual se evidenciava que o valor total desta tipologia de ativos não correntes, com referência a 31 de dezembro do ano N, ascendia a 3.382.560 u.m.

Depois de iniciada a contagem pela equipa de contagem, os auditores puderam verificar que a generalidade dos ativos fixos tangíveis se encontrava em adequadas condições de funcionamento e devidamente etiquetada. Contudo, constataram que existiam diversos equipamentos informáticos que se encontravam danificados e que já não seria possível a sua recuperação. De acordo com o mapa de suporte, estes ativos tinham uma quantia escriturada de 103.000 u.m., tendo os auditores recomendado, atendendo ao seu estado de degradação, o seu abate contabilístico imediato. Depois de discutirem esta situação com o responsável financeiro, seguiram a contagem em direção ao andar superior do edifício sede da empresa.

Depois de anotarem nos papéis de trabalho as evidências já recolhidas, os auditores ainda identificaram, no piso superior, um equipamento com a referência XK56F888Z, cuja quantia escriturada ascendia a 56.500 u.m. De acordo com o diretor financeiro, já existe um acordo de venda deste ativo pelo valor de 38.000 u.m., transação que está prevista ocorrer em abril de N+1. Foi entregue aos auditores o contrato promessa de compra e venda, celebrado no dia 12 de dezembro do ano N.

Ao final da manhã, após regresso aos escritórios em Lisboa, os auditores inseriram na aplicação de auditoria os procedimentos realizados nas últimas horas.

Tópicos de resposta (S_3):

Métodos de Recolha de Prova	**Observação:** o auditor assiste à contagem dos ativos fixos tangíveis.
	Indagação: reunião com o diretor financeiro.
	Inspeção: 1. Análise da listagem com instruções de contagem; 2. Verificação física de alguns ativos para avaliação da sua funcionalidade.
	Recálculo: verificação das quantias escrituradas do ativo.

Asserções Subjacentes às Demonstrações Financeiras	**Existência:** visualização dos ativos fixos tangíveis.
	Rigor, valorização e imputação: avaliação da quantia escriturada e da quantia recuperável dos ativos, na data de corte de operações.
	Plenitude: identificação de ativos fixos tangíveis em armazém que potencialmente possam não estar reconhecidos contabilisticamente.
	Corte: imputação de gastos e rendimentos ao período, nomeadamente a perda associada ao abate.
	Classificação: reconhecimento dos ativos não correntes detidos para venda na respetiva conta e não na conta de ativos fixos tangíveis.
	Apresentação: relevação dos ativos não correntes detidos para venda no ativo corrente e não no ativo não corrente.

As situações descritas traduzem-se em:

1. Sobreavaliação do Resultado Líquido do Período, no montante de 103.000 u.m., por não reconhecimento de abate de ativo fixo tangível no mesmo montante. Neste âmbito, a rubrica de Ativos Fixos Tangíveis encontra-se sobreavaliada, tal como a rubrica de Capital Próprio. A regularização desta situação traduzir-se-ia num ajustamento às contas anuais.
2. Insuficiência da imparidade em ativos fixos tangíveis no montante de 18.500 u.m. Este facto determina que, na data do corte de operações, o Resultado Líquido do Período, o Ativo Não Corrente (Ativos Fixos Tangíveis) e o Capital Próprio estejam sobreavaliados em 18.500 u.m. A regularização desta situação

traduzir-se-ia num ajustamento às contas anuais. Porém, a transferência do ativo fixo tangível para ativos não correntes detidos para venda traduzir-se-ia numa reclassificação das contas anuais.

CASO PRÁTICO N.º 26

No dia 28 de janeiro do ano N+1, a equipa de auditores deslocou-se à sede da empresa *AlémTejo, S.A.* (doravante "sociedade auditada"), para iniciar o trabalho de campo, relativo às contas do período económico de N. Foram recebidos pelo presidente da Comissão Executiva (*CEO – Chief Executive Officier*) e pelo administrador com o pelouro da área financeira (*CFO – Chief Financial Officer*), reunião que já tinha sido remarcada três vezes, por indisponibilidades manifestadas pela entidade auditada. Havendo, finalmente, abertura da sociedade auditada para dar os esclarecimentos necessários ao início dos trabalhos conducentes à emissão da Certificação Legal das Contas, os auditores planeiam permanecer nas instalações da empresa por um período previsível de 1 mês. A CLC deverá ser emitida até meados do mês de março.

Apesar dos auditores terem solicitado, ainda na fase de planeamento da auditoria, as reconciliações bancárias das três instituições de crédito com que a sociedade auditada trabalha, as mesmas ainda não foram entregues, tendo o CFO informado que prevê a conclusão das mesmas até meadas do mês de fevereiro. Os auditores tomaram nota desta indicação. De seguida, instalaram-se na sua sala de trabalho, tendo iniciado os trabalhos pela área de meios financeiros líquidos. Neste âmbito, puderam verificar, nas demonstrações financeiras preliminares e no balancete analítico, que no ativo corrente (Caixa e equivalentes de caixa) figura um saldo de 712.453,67 u.m., embora o mesmo inclua um descoberto bancário no valor de 432.617,28 u.m. que a sociedade auditada mantém com o Banco B. Relativamente a este assunto, o CFO informou que, tratando-se de um financiamento de utilização flutuante, é previsível que o mesmo seja integralmente coberto na semana seguinte, devido a recebimentos programados.

Os dois auditores juniores que integram a equipa iniciaram a leitura das atas da comissão executiva, tendo detetado que, em setembro do ano N, houve referência expressa a um processo de investigação por parte da Autoridade da Concorrência, e que é muito provável que a sociedade auditada venha a incorrer numa coima que poderá ascender a 2 milhões de euros. Contudo, encontra-se igualmente plasmado na ata que não haverá lugar a qualquer impacto no relato financeiro, uma vez que o processo ainda está no início e que, previsivelmente, só em N+3 poderá ter algum desfecho vinculativo. Os auditores confrontaram o CFO com esta informação, o qual corroborou integralmente a decisão que se encontra plasmada na referida ata.

Logo a seguir ao almoço, o responsável pela equipa foi alertado para a existência de uma imparidade total em dívidas a receber, no valor de 1.000.000 u.m. e que fora constituída em N-2, relativa a uma dívida do cliente T. Este cliente pedira a insolvência em agosto de N-1. Contudo, foi possível apurar que, em assembleia geral de credores, a sociedade auditada iria recuperar 50% do valor total da dívida. Uma vez mais, o CFO indicou que o contexto ainda é muito incerto e que, apesar de haver garantia no recebimento daquele montante, não se revela oportuno efetuar quaisquer ajustamentos por motivos de prudência.

Tendo iniciado nesta data a fase de trabalho de campo, os auditores anotaram nos papéis de trabalho os sinais de alerta que as evidências proporcionaram, tendo documentado os potenciais impactos que as situações identificadas possam ter, tendo em conta os níveis de materialidade inerentes ao trabalho.

Com base na situação descrita, indique os métodos de recolha de prova, as asserções subjacentes às demonstrações financeiras e o potencial impacto nas mesmas.

Tópicos de resposta:

<table>
<tr><td rowspan="3">Métodos de Recolha de Prova</td><td>Indagação</td><td rowspan="3">JUSTIFICAÇÃO</td><td>Esclarecimentos prestados pelo CFO relativos à entrega das reconciliações bancárias; Esclarecimentos prestados pelo CFO sobre os financiamentos obtidos; Confirmação da informação, por parte do CFO, relativa à investigação em curso por parte da Autoridade da Concorrência; Informação sobre dívida a receber do cliente T e respetivo nível de imparidade.</td></tr>
<tr><td>Inspeção</td><td>Análise das demonstrações financeiras (incluindo balancete analítico); Leitura das atas da comissão executiva; Eventual documentação da Assembleia Geral de Credores.</td></tr>
<tr><td>Recálculo</td><td>Análise do nível de imparidade a manter para o cliente T.</td></tr>
</table>

<table>
<tr><td rowspan="5">Asserções Subjacentes às Demonstrações Financeiras</td><td>Classificação</td><td rowspan="5">J
U
S
T
I
F
I
C
A
Ç
Ã
O</td><td>Descoberto bancário classificado em "Depósitos à Ordem" e não em "Financiamentos Obtidos".</td></tr>
<tr><td>Apresentação</td><td>Descoberto bancário apresentado no "Ativo Corrente" ao invés de ser apresentado no "Passivo Corrente". Eventual distorção ao nível das contingências (processo de averiguação em curso).</td></tr>
<tr><td>Plenitude</td><td>Identificação, através da leitura das atas, de potenciais impactos contabilísticos não refletidos nas demonstrações financeiras (potencial provisão para contraordenações); Informação obtida pela Assembleia Geral de credores sobre a recuperabilidade da dívida do cliente T.</td></tr>
<tr><td>Rigor, valorização e imputação</td><td>Análise da suficiência das provisões e imparidades no período económico em análise.</td></tr>
<tr><td>Corte</td><td>Garantia de que as rubricas contabilísticas de provisões e imparidades refletem os efeitos dos gastos que são imputáveis ao período económico.</td></tr>
</table>

<table>
<tr><td></td><td></td><td>Sobreavaliação
(em u.m.)</td><td>Subavaliação
(em u.m.)</td><td>Justificação</td></tr>
<tr><td rowspan="6">Distorções no relato financeiro</td><td>Ativo Não Corrente</td><td>—</td><td>—</td><td>—</td></tr>
<tr><td>Ativo Corrente</td><td>—</td><td>A: 432.617,28
B: 500.000,00</td><td>A: Efeito da inclusão do efeito do descoberto bancário no Ativo Corrente; B: Efeito da sobreavaliação da imparidade para dívidas a receber.</td></tr>
<tr><td>Passivo Não Corrente</td><td>—</td><td>2.000.000,00</td><td>Efeito do potencial efeito da coima relacionada com a contraordenação.</td></tr>
<tr><td>Passivo Corrente</td><td>—</td><td>432.617,28</td><td>Efeito da não inclusão do efeito do descoberto bancário no Passivo Corrente.</td></tr>
<tr><td>Capital Próprio</td><td>A: 2.000.000,00</td><td>B: 500.000,00</td><td>A: Efeito do potencial efeito da coima relacionada com a contraordenação; B: Efeito da não reversão de 50% da imparidade.</td></tr>
<tr><td>Resultado Líquido do Período</td><td>A: 2.000.000,00</td><td>B: 500.000,00</td><td>A: Efeito do potencial efeito da coima relacionada com a contraordenação; B: Efeito da não reversão de 50% da imparidade.</td></tr>
</table>

Outros impactos e comentários	A sucessiva remarcação da reunião com o CEO e com o CFO, associada à potencial derrogação de controlos relacionados com a apresentação das reconciliações bancárias, podem representar indício de fraude nos termos da ISA 240.
	A nota relativa à rubrica *Provisões e contingências* poderá não estar completa, caso não existam divulgações adequadas e suficientes sobre o impacto da investigação em curso por parte da Autoridade da Concorrência.

CASO PRÁTICO N.º 27

A empresa *Beta, S.A.* foi constituída em N-7 e opera no ramo da tecnologia de precisão (desenvolvimento de soluções eletrónicas e comercialização de equipamentos eletrónicos de precisão). Nos últimos anos, fruto da acentuada evolução tecnológica, tem apresentado sinais de forte vulnerabilidade a essas alterações rápidas e consequente obsolescência dos seus produtos, apresentando também uma forte sensibilidade à variação verificada nas taxas de juro associadas aos seus financiamentos. A nível de controlo interno, têm sido visíveis traços de algum desgaste emocional, o que tem levado a que tenham existido algumas falhas do órgão de gestão em remediar em tempo oportuno deficiências significativas no sistema de controlo interno. Ainda assim, a empresa tem procurado responder de forma satisfatória aos seus clientes, tendo até havido um aumento dos seus resultados (de acordo com as demonstrações financeiras preliminares apresentadas aos auditores), acompanhados de alguma valorização das suas ações no mercado.

No início de janeiro do ano N+1, a equipa de auditores iniciou os trabalhos de campo de auditoria, conducentes à certificação legal das contas do ano anterior, com data de corte de operações a 31 de dezembro do ano N. Os trabalhos foram iniciados com uma reunião de todos os elementos da equipa de auditores, na qual se revisitaram os aspetos e os procedimentos já definidos na fase de planeamento da auditoria.

Dois auditores integraram a equipa de contagem de armazéns, tendo a respetiva contagem ocorrido na manhã do dia 10 de janeiro do ano N+1. Após terem recebido as instruções de contagem por parte do diretor da produção, e após esclarecimento de algumas questões prévias, dirigiram-se aos armazéns para efetivar a respetiva contagem. A generalidade dos equipamentos em armazém apresentava boas condições de etiquetagem e acondicionamento, embora tenham identificado que faziam parte da valorização do inventário fornecida pelo departamento de contabilidade equipamentos no valor de 1.000.000 u.m. que se encontravam em consignação por parte do fornecedor X. Ainda assim, o responsável pelos armazéns argumentou que, já no início do ano N+1, fora celebrado um contrato de compra e venda para esses equipamentos e que, daí a dois dias, se procederia à respetiva entrega. Devido à obsolescência técnica historicamente verificada neste setor, apurou-se que a quantia escriturada dos inventários estava sobreavaliada em cerca de 1.500.000 u.m.

A empresa possui um departamento de inovação, o qual integra atualmente 15 engenheiros que se dedicam ao *design* e desenvolvimento de novas soluções eletrónicas, as quais são analisadas e trabalhadas em conjunto com os principais fornecedores. A equipa de auditores apurou que, entre outubro e dezembro do ano N, foram gastos 5.100.000 u.m. relativos a trabalhos de pesquisa conducentes ao desenvolvimento de um protótipo (incluindo eventual patente), valor que foi registado em investimentos em curso (ativos intangíveis em curso), mas que, na opinião dos auditores, não existe evidência de que estejam reconhecidas as condições para a sua capitalização. A inexistência de benefícios económicos futuros, associada à fase em que o referido protótipo se encontra, coloca sérias dúvidas sobre o procedimento contabilístico seguido pela entidade.

Uma das grandes preocupações dos auditores, daí ter sido definida como uma *Matéria Relevante de Auditoria*, prende-se com o reconhecimento de ativos por impostos diferidos. No corrente ano, a empresa reconheceu ativos por impostos diferidos no valor de 15.000.000 u.m., fruto dos resultados negativos obtidos, mas cujo órgão de gestão considera serem recuperáveis, uma vez que existem boas expectativas do setor vir a observar uma forte e rápida recuperação. Os auditores não concordam com esta opinião, tendo manifestado a sua discordância na reunião havida com a comissão executiva no dia 17 de fevereiro do ano N+1. Os auditores têm argumentado que as perspetivas para o setor são de agravamento e que a empresa não possui uma estrutura organizacional, incluindo a disponibilidade de recursos, que permitam reverter o cenário de prejuízos significativos, pese embora ainda exista muito trabalho a realizar no âmbito da auditoria em curso.

Os auditores procederam ainda à leitura das atas do conselho de administração e da assembleia geral, tendo identificado que, na reunião do dia 16 de abril do ano N deste último órgão societário, foi sinalizada a intenção de a empresa se fundir com a empresa *Delta, S.A.*, previsivelmente durante o primeiro semestre de N+2. A este propósito, o presidente do conselho de administração informou os auditores que foi solicitada a um consultor externo a preparação de um plano de fusão, ainda que sem caráter vinculativo. Confrontados com esta situação, os órgãos de gestão consideram que este facto não tem qualquer relevância pois ainda está numa fase inicial e trata-se de uma mera intenção.

No âmbito da análise à rubrica contabilística de ativos fixos tangíveis, os auditores apenas sinalizaram a existência de um equipamento, cuja quantia escriturada ascende a 320.000 u.m., mas para o qual já existe um acordo de venda. Esta venda está prevista para junho do ano N+1, pelo valor de 200.000 u.m. O diretor financeiro referiu que, face à materialidade da transação, quaisquer registos contabilísticos adicionais só serão efetuados na data da alienação.

No final do mês de fevereiro do ano N+1, ainda que os trabalhos não tenham sido concluídos, os auditores já retiraram algumas conclusões, as quais serão tomadas em consideração no momento de expressar a opinião final. Assim, com base no anteriormente descrito, pede-se que, de forma clara, objetiva e justificada, preencha as tabelas seguintes.

Com base na situação descrita, indique os métodos de recolha de prova, as asserções subjacentes às demonstrações financeiras e o potencial impacto nas mesmas.

Tópicos de resposta:

<table>
<tr><td rowspan="4">Métodos de Recolha de Prova</td><td>Observação</td><td rowspan="4">JUSTIFICAÇÃO</td><td>Participação na contagem física dos inventários.</td></tr>
<tr><td>Inspeção</td><td>Verificação do estado de conservação e etiquetagem de alguns inventários.
Análise das instruções de contagem.
Leitura das atas do Conselho de Administração e Assembleia Geral.</td></tr>
<tr><td>Indagação</td><td>Esclarecimento de questões no âmbito das contagens de inventários.
Interações com os órgãos de gestão e outros responsáveis pela organização.</td></tr>
<tr><td>Recálculo</td><td>Verificação da valorização das diversas rúbricas contabilísticas.</td></tr>
</table>

<table>
<tr><td rowspan="7">Asserções Subjacentes às Demonstrações Financeiras</td><td>Existência</td><td rowspan="7">JUSTIFICAÇÃO</td><td>Contagem física de inventários.
Identificação dos Ativos Não Correntes Detidos para Venda (ANCDV).</td></tr>
<tr><td>Plenitude</td><td>Possibilidade de, durante a contagem, serem encontrados ativos que não estão refletidos na contabilidade.
Leitura das Atas do Conselho de Administração e da Assembleia Geral.</td></tr>
<tr><td>Rigor, valorização e imputação</td><td>Determinação e análise da valorização dos inventários, na data de corte de operações, incluindo ajustamento de imparidade.
Valorização dos investimentos em curso.
Valorização dos ANCDV.</td></tr>
<tr><td>Classificação</td><td>Reconhecimento dos dispêndios em Investimentos em Curso.
Reconhecimento de Ativos por Impostos diferidos no Ativo Não Corrente.
Reclassificação do Ativo Fixo Tangível para ANCDV.</td></tr>
<tr><td>Corte</td><td>Imparidade não reconhecida.
Custo das Vendas distorcido devido a stock em consignação.
Dispêndios de pesquisa não reconhecidos como gastos.</td></tr>
<tr><td>Apresentação</td><td>Nota explicativa sobre o não reconhecimento de Ativos por Impostos Diferidos.
Apresentação de ANCDV no Ativo Corrente.</td></tr>
</table>

		Sobreavaliação (*em u.m.*)	**Subavaliação** (*em u.m.*)	**Justificação**
Distorções no relato financeiro	**Ativo Não Corrente**	B. 5.100.000 C: 15.000.000 D: 320.000		B: Dispêndios não capitalizados incluídos nos investimentos em curso. C: Reconhecimento de Passivos por Impostos Diferidos, não estando reunidas as condições previstas, nomeadamente a existência de resultados tributáveis futuros ou diferenças temporárias tributáveis. D: Reconhecimento da transferência do Ativo Fixo Tangível (AFT) para Ativos Não Correntes Detidos para Venda (ANCDV).
	Ativo Corrente	A: 1.000.000 A: 1.500.000	D: 200.000	A: Inventários pertencentes a terceiros. A: Sobreavaliação da Quantia Escriturada dos inventários. D: Reconhecimento do ANCDV.
	Passivo Não Corrente			
	Passivo Corrente			
	Capital Próprio	A: 1.000.000 A: 1.500.000 B: 5.100.000 D: 120.000 C: 15.000.000		A: Inventários pertencentes a terceiros. A: Sobreavaliação da Quantia Escriturada dos inventários. B: Dispêndios não capitalizados incluídos nos investimentos em curso. D: Imparidade em AFT/ANCDV.
	Resultado Líquido do Período	A: 1.000.000 A: 1.500.000 B: 5.100.000 D: 120.000 C: 15.000.000		A: Inventários pertencentes a terceiros incluídos no inventário. A: Sobreavaliação da Quantia Escriturada dos inventários. B: Dispêndios de pesquisa não reconhecidos como gastos. D: Imparidade em AFT/ANCDV.

Outros impactos e comentários	A turbulência setorial, com o consequente impacto na obsolescência dos produtos, associada às falhas ao nível do controlo interno constituem sinais potenciadores de fraude, no âmbito da ISA 240.
	A temática dos Ativos por Impostos Diferidos requer a divulgação de uma nota explicativa sobre as razões de não reconhecimento dos mesmos, nomeadamente sobre a não observância das condições inerentes à existência de retorno futuro.
	A identificação da possibilidade de haver no futuro a possibilidade de uma fusão com outra entidade deve determinar a inclusão de uma ênfase, ou referência em secção específica, sobre a possibilidade de não observância do pressuposto da continuidade (*Going Concern*).

CASO PRÁTICO N.º 28

1. No âmbito de determinada auditoria, os auditores identificaram distorções materialmente relevante, mas não profundas. Além disso, sinalizaram uma incerteza fundamental, embora a matéria não seja modificativa da opinião. Neste contexto, deve ser emitida uma opinião:
   A. Não qualificada, com reservas e ênfases.
   B. Não qualificada, com reservas.
   C. Qualificada, com reservas e ênfases.
   D. Qualificada, com reservas.
2. Relativamente à emissão da Declaração do Órgão de Gestão, qual o circuito que considera mais correto?
   A. Aprovação das contas pelo Órgão de Administração → Emissão da Declaração do Órgão de Gestão → Emissão da Certificação Legal das Contas → Emissão do Parecer pelo Órgão de Fiscalização.
   B. Emissão da Declaração do Órgão de Gestão → Aprovação das contas pelo Órgão de Administração → Emissão da Certificação Legal das Contas → Emissão do Parecer pelo Órgão de Fiscalização.
   C. Aprovação das contas pelo Órgão de Administração → Emissão da Certificação Legal das Contas → Emissão da Declaração do Órgão de Gestão → Emissão do Parecer pelo Órgão de Fiscalização.
   D. Aprovação das contas pelo Órgão de Administração → Emissão da Declaração do Órgão de Gestão → Emissão do Parecer pelo Órgão de Fiscalização → Emissão da Certificação Legal das Contas.
3. Qual dos seguintes documentos deve integrar o Dossier (*Arquivo*) Corrente?
   A. Carta de compromisso.
   B. Estatutos da entidade auditada.
   C. Ata de aprovação do modelo de governo societário.
   D. Nenhuma das afirmações anteriores está correta.

4. Qual das seguintes transações, ainda não refletidas na contabilidade, origina um ajustamento às contas por parte do auditor?
   A. Utilização de provisão para matérias ambientais.
   B. Realização do excedente de revalorização de um ativo fixo tangível.
   C. Reconhecimento de um ativo fixo tangível doado à empresa, avaliado pelo justo valor.
   D. Nenhuma das afirmações anteriores está correta.
5. Qual dos seguintes aspetos não é obrigatório indicar na *Certificação Legal das Contas*?
   A. Local onde está estabelecido o Revisor Oficial de Contas.
   B. Declaração sobre eventuais incorreções no relatório de gestão.
   C. Declaração sobre se as contas apresentam uma imagem verdadeira e transparente, de acordo com a estrutura de relato.
   D. Nenhuma das afirmações anteriores está correta.
6. Qual das seguintes transações, se não for refletida na contabilidade, origina uma sobreavaliação do ativo?
   A. Reversão de provisão para processos judiciais em curso.
   B. Constituição de perda por imparidade em ativos fixos tangíveis.
   C. Reversão de perda por imparidade em dívidas a receber.
   D. Constituição de acréscimos de rendimentos.
7. Qual das seguintes afirmações é falsa?
   A. A deteção de fraude internamente detetada deve ser sempre comunicada aos encarregados da governação.
   B. As cartas de representação são um exemplo de documentação de auditoria.
   C. A política de assinaturas de uma empresa influencia a classificação do risco de distorção material.
   D. A circularização positiva é mais persuasiva do que a circularização negativa.
8. Qual das seguintes afirmações é falsa?
   A. Todas as instituições de crédito são Entidades de Interesse Público.

B. O ROC tem o dever de comunicar ao órgão de fiscalização a sua independência relativamente à entidade auditada.
C. A documentação de auditoria tem de ser guardada por um período mínimo de 5 anos.
D. Qualquer Revisor Oficial de Contas (ROC) legalmente inscrito na Ordem dos Revisores Oficiais de Contas pode auditar uma Entidade de Interesse Público.

9. Em qual das normas internacionais de auditoria se enquadra a emissão de uma opinião, por parte do auditor independente, no âmbito do relato às contas intercalares?
   A. ISA 700.
   B. ISA 710.
   C. ISA 720.
   D. Nenhuma das anteriores está correta.
10. Sempre que as demonstrações financeiras estejam materialmente distorcidas, e não existam dúvidas de que a distorção é profunda, o revisor oficial de contas deve:
   A. Emitir uma opinião com reservas.
   B. Emitir uma opinião adversa.
   C. Emitir uma escusa de opinião.
   D. Ponderar a quebra do compromisso.
11. O principal responsável pela deteção de acontecimentos subsequentes ocorridos entre a data de corte de operações e a data de emissão da certificação legal das contas é:
   A. O órgão de gestão da entidade auditada.
   B. O órgão de fiscalização da entidade auditada.
   C. O revisor oficial de contas.
   D. O presidente do conselho de administração da entidade auditada.
12. Das seguintes fontes de prova, qual aquela que pode proporcionar prova mais credível?
   A. Circularização de contas a receber.
   B. Indagações junto do departamento de auditoria interna.
   C. Implementação de procedimentos analíticos substantivos.
   D. Leitura da regulamentação específica do setor.

13. No processo de auditoria às contas anuais foi detetado que foram incluídas, na contagem física de armazém, mercadorias de terceiros que se encontravam em consignação. Decorrente deste facto, qual das seguintes afirmações é verdadeira?
   A. A margem bruta da empresa encontra-se subavaliada.
   B. O resultado líquido do período encontra-se sobreavaliado.
   C. O valor dos inventários encontra-se subavaliado.
   D. Nenhuma das afirmações anteriores está correta.
14. Qual a expressão que melhor traduz o conceito de risco de auditoria?
   A. Suscetibilidade de se emitir uma opinião não modificada, quando existam modificações materialmente relevantes.
   B. Suscetibilidade de se avaliar incorretamente o risco de distorção material, quando existem deficiências ao nível do sistema de controlo interno.
   C. Suscetibilidade de poder apresentar uma escusa de opinião, face à inconclusividade da prova.
   D. Suscetibilidade de haver quebra de compromisso, por factos imputáveis à entidade auditada.
15. Admita que, em determinadas circunstâncias, o auditor identifica como *Matéria Relevante de Auditoria*, e faz plasmar na sua CLC tal facto, o reconhecimento do rédito ao longo do período contabilístico. Qual das seguintes afirmações considera correta?
   A. Existe a possibilidade de a temática vir a modificar a opinião.
   B. O facto descrito refere-se à asserção de *Direitos e Obrigações.*
   C. A matéria descrita foi objeto de avaliação de risco de distorção material.
   D. Nenhuma das afirmações anteriores está correta.
16. Quando o saldo de "*Caixa e Equivalentes de Caixa*" apresentado na Demonstração dos Fluxos de Caixa é inferior ao saldo de "*Caixa e Depósitos Bancários*" apresentado na Demonstração da Posição Financeira, significa que:
   A. A empresa recorre a descobertos bancários ou equivalentes.
   B. A empresa tem equivalentes de caixa de natureza não corrente.

C. A demonstração dos fluxos de caixa está incorretamente apresentada.
D. Nenhuma das afirmações anteriores está correta.

17. Qual das seguintes condições não é indispensável para que seja assegurada a asserção de Direitos e Obrigações, relativa a um Ativo Fixo Tangível?
   A. Existência de benefícios económicos futuros.
   B. Titularidade.
   C. Estar associado a acontecimentos passados.
   D. Nenhuma das afirmações anteriores está correta.
18. Das seguintes afirmações, qual a correta ou a mais correta?
   A. A existência de fraude determina a modificação da opinião.
   B. A comunicação de fraude tem como condição a evidência corroborativa da sua existência.
   C. A derrogação de controlos pode ser um indício de fraude organizacional.
   D. A obtenção de vantagem não pecuniária, embora indevida, não constitui uma forma de fraude contra a entidade.
19. Qual das seguintes situações, ainda não refletidas na contabilidade, origina uma subavaliação do EBITDA?
   A. Imparidade em dívidas a receber de clientes.
   B. Constituição de provisão para processos judiciais em curso.
   C. Reversão de imparidade em ativos fixos tangíveis.
   D. Nenhuma das afirmações anteriores está correta.
20. Qual das seguintes situações não tem impacto no conteúdo da Certificação Legal de Contas a uma Entidade de Interesse Público?
   A. Opinião sobre a coerência do relatório de gestão com as contas objeto de certificação legal.
   B. Opinião sobre o modelo de governo societário adotado pela entidade auditada.
   C. Indicação sobre se as contas dão uma imagem verdadeira e apropriada, tendo em conta a estrutura de relato financeiro aplicável.
   D. Nenhuma das afirmações anteriores está correta.

21. Considere as seguintes afirmações: $\mathbf{A_1}$ – *Uma opinião com ênfases é uma opinião não qualificada*; $\mathbf{A_2}$ – *A não divulgação deliberada de factos que possam afetar as quantias reconhecidas nas demonstrações financeiras constitui um facto ilícito, no âmbito da norma de auditoria da fraude.*
    A. $\mathbf{A_1}$ é verdadeira e $\mathbf{A_2}$ é falsa.
    B. $\mathbf{A_1}$ é falsa e $\mathbf{A_2}$ é verdadeira.
    C. Ambas são verdadeiras.
    D. Ambas são falsas.
22. Qual dos seguintes serviços não está proibido a um revisor que, para a mesma entidade, emita a Certificação Legal das Contas?
    A. Serviços de processamento de salários.
    B. Serviços de apoio jurídico em processos de negociação.
    C. Cálculo de impostos diferidos e outros impostos diretos ou indiretos.
    D. Nenhuma das afirmações anteriores está correta.
23. Qual das seguintes transações, ainda não refletidas na contabilidade, origina uma reclassificação às contas anuais?
    A. Realização do excedente decorrente da revalorização de ativos fixos tangíveis.
    B. Correção de erro materialmente relevante, respeitante ao ano N-1.
    C. Anulação de estimativa para subsídio de férias, reconhecida no ano N-1.
    D. Nenhuma das afirmações anteriores está correta.
24. Qual das seguintes situações constitui um impedimento ao exercício da atividade por um revisor oficial de contas que exerça a atividade em regime de dedicação exclusiva?
    A. Auditar as contas de uma Entidade de Interesse Público.
    B. Auditar entidades do setor financeiro.
    C. Auditar entidades do setor empresarial do Estado.
    D. Nenhuma das afirmações anteriores está correta.
25. Qual das seguintes transações, se não for refletida na contabilidade, origina uma sobreavaliação do resultado operacional da empresa auditada?
    A. Reversão de provisão para reestruturações empresariais.
    B. Utilização de provisão para matérias ambientais.

C. Periodização económica dos juros de financiamento obtido junto do banco X.
D. Nenhuma das afirmações anteriores está correta.

26. Considere as seguintes afirmações: **A_1** – *Quando as demonstrações financeiras estão distorcidas de forma material e profunda, deve ser emitida uma opinião com reservas*; **A_2** – *A opinião emitida no âmbito de um trabalho de auditoria de revisão limitada deve ser emitida pela positiva.*
   A. **A_1** é verdadeira e **A_2** é falsa.
   B. **A_1** é falsa e **A_2** é verdadeira.
   C. Ambas são verdadeiras.
   D. Ambas são falsas.
27. Qual das seguintes atribuições não se enquadra nas funções do auditor?
   A. Obter evidências das asserções subjacentes às demonstrações financeiras.
   B. Implementar procedimentos conducentes à avaliação do risco de distorção material.
   C. Assegurar a manutenção de um adequado sistema de controlo interno.
   D. Nenhuma das afirmações anteriores está correta.
28. Considere as seguintes afirmações: **A_1** – *A data da declaração do órgão de gestão deve ser anterior à data da certificação legal das contas*; **A_2** – *A circularização é um caso particular de um procedimento analítico substantivo.*
   A. **A_1** é verdadeira e **A_2** é falsa.
   B. **A_1** é falsa e **A_2** é verdadeira.
   C. Ambas são verdadeiras.
   D. Ambas são falsas.
29. Qual a expressão que melhor traduz o conceito *Dossier de Auditoria*?
   A. Forma de armazenamento, em formato físico, que contém registos que incluem a documentação de auditoria de um trabalho específico.
   B. Forma de armazenamento, em formato físico ou outro, que contém registos que incluem a documentação de auditoria de um trabalho específico.

C. Repositório de informação, em formato físico ou eletrónico, que contém registos que incluem a documentação específica de determinada entidade auditada.
D. Uma ou mais pastas, que contêm os elementos de prova adequada e suficiente, sobre os registos contabilísticos de determinado período.

30. A não constituição de uma provisão no período económico implica:
    A. Uma sobreavaliação do passivo.
    B. Uma sobreavaliação do ativo.
    C. Uma subavaliação do capital próprio.
    D. Nenhuma das afirmações anteriores está correta.
31. A empresa A iniciou a sua atividade no ano N, sendo por esse motivo o primeiro ano em que é emitida a *Certificação Legal das Contas (CLC)*. Face à impossibilidade de as demonstrações financeiras apresentarem informação comparativa, qual a ação mais ajustada, por parte do Revisor Oficial de Contas?
    A. Qualificar a opinião, incluindo uma ênfase na CLC.
    B. Qualificar a opinião, incluindo uma reserva na CLC.
    C. Não qualificar a opinião, incluindo uma ênfase na CLC.
    D. Quebrar o compromisso com a entidade auditada.
32. Qual das seguintes transações, ainda não refletidas na contabilidade, origina um ajustamento às contas anuais?
    A. Realização do excedente decorrente da revalorização de ativos fixos tangíveis.
    B. Correção de erro materialmente relevante, respeitante ao ano N-1.
    C. Utilização de provisão para processos judiciais em curso.
    D. Nenhuma das afirmações anteriores está correta.
33. Considere as seguintes afirmações: $\mathbf{A_1}$ – *Os estatutos da sociedade devem integrar o arquivo permanente da auditoria*; $\mathbf{A_2}$ – *As atividades de controlo são um componente do controlo interno.*
    A. $\mathbf{A_1}$ é verdadeira e $\mathbf{A_2}$ é falsa.
    B. $\mathbf{A_1}$ é falsa e $\mathbf{A_2}$ é verdadeira.
    C. Ambas são verdadeiras.
    D. Ambas são falsas.

34. Qual dos seguintes registos contabilísticos, quando não refletido na contabilidade, provoca uma subavaliação do EBITDA?
    A. Correção da sobreavaliação da contagem física final de inventários.
    B. Constituição de imparidade em ativos intangíveis.
    C. Reconhecimento do ganho na alienação de ações próprias.
    D. Nenhuma das afirmações anteriores está correta.
35. Considere as seguintes afirmações: $\mathbf{A_1}$ – *Quando as demonstrações financeiras estão distorcidas de forma material e profunda, deve ser emitida uma opinião adversa*; $\mathbf{A_2}$ – *A opinião emitida no âmbito de um trabalho de auditoria de revisão limitada (p.e. contas intercalares) deve ser emitida pela positiva.*
    A. $\mathbf{A_1}$ é verdadeira e $\mathbf{A_2}$ é falsa.
    B. $\mathbf{A_1}$ é falsa e $\mathbf{A_2}$ é verdadeira.
    C. Ambas são verdadeiras.
    D. Ambas são falsas.
36. Qual das seguintes transações, se não for refletida na contabilidade, origina uma sobreavaliação do resultado operacional da empresa auditada?
    A. Reversão de provisão para reestruturações empresariais.
    B. Reconhecimento da variação negativa nos inventários de produção.
    C. Regularização de adiantamento de clientes com preço previamente fixado.
    D. Imputação sistemática de subsídio ao investimento.
37. Qual das seguintes afirmações é verdadeira no que concerne à obrigatoriedade de sujeição a revisão oficial de contas?
    A. Quaisquer entidades reguladas pelo Código das Sociedades Comerciais.
    B. Todas as sociedades por quotas, independentemente da sua estrutura societária.
    C. Quaisquer sociedades anónimas, independentemente da sua estrutura societária.
    D. Nenhuma das afirmações anteriores está correta.

38. Considere as seguintes afirmações: **A_1** – *A deteção de acontecimentos subsequentes é sempre uma responsabilidade do auditor;* **A_2** – *As alterações a estimativas contabilísticas, uma vez encerradas as contas, não podem ser efetuados de forma retrospetiva.*
    A. **A_1** é verdadeira e **A_2** é falsa.
    B. **A_1** é falsa e **A_2** é verdadeira.
    C. Ambas são verdadeiras.
    D. Ambas são falsas.
39. Qual a expressão que melhor traduz o conceito de opinião modificada?
    A. Opinião adversa, opinião com reservas ou uma escusa de opinião.
    B. Opinião adversa ou opinião com reservas.
    C. Opinião adversa, opinião com reservas ou opinião com ênfases.
    D. Opinião com reservas ou escusa de opinião.
40. A não constituição de uma imparidade no período económico objeto de auditoria implica:
    A. Uma subavaliação do capital próprio.
    B. Uma sobreavaliação do ativo.
    C. Uma sobreavaliação da margem bruta.
    D. Nenhuma das afirmações anteriores está correta.
41. A Certificação Legal das Contas da empresa A inclui duas reservas por limitação de âmbito e uma ênfase que traduz uma incerteza fundamental. Podemos afirmar que se trata de:
    A. Uma opinião não qualificada porque não apresenta distorções materialmente relevantes.
    B. Uma opinião não qualificada porque não apresenta distorções materialmente relevantes nem profundas.
    C. Uma opinião qualificada porque apresenta distorções materialmente relevantes, mas não profundas.
    D. Uma opinião qualificada porque apresenta distorções materialmente relevantes e profundas.
42. Nos termos da legislação em vigor, no que concerne à revisão legal das contas a uma Entidade de Interesse Público,

o mandato do revisor, incluindo renovações, não poderá exceder:

A. 3 anos.
B. 5 anos.
C. 8 anos.
D. Nenhuma das respostas anteriores está correta.

43. Qual a expressão que melhor justifica a não inclusão de Matérias Relevantes de Auditoria?
    A. Tratando-se de uma Entidade de Interesse Público, embora não obrigada à adoção das Normas Internacionais de Contabilidade e de Relato Financeiro, a inclusão de matérias relevantes de auditoria seria, em quaisquer circunstâncias, uma opção.
    B. Não se tratando de uma Entidade de Interesse Público, não existe qualquer legislação específica que determine a inclusão de uma descrição dos riscos de distorção material mais significativos identificados.
    C. Não se tratando de uma Entidade de Interesse Público, não é por isso obrigatório aplicar as Normas Internacionais de Contabilidade do IASB nem as Normas Internacionais de Revisão e Auditoria.
    D. Não existem matérias que, por incluírem riscos acrescidos, carecem de divulgações adicionais para que o relato financeiro atinja uma representação apropriada.
44. Qual das seguintes transações, ainda não refletidas na contabilidade, origina uma reclassificação às contas anuais de uma entidade?
    A. Reconhecimento de um subsídio à exploração, não reembolsável.
    B. Correção de erro não materialmente relevante, respeitante ao ano N-1.
    C. Utilização de provisão para reestruturações empresariais.
    D. Nenhuma das afirmações está correta.
45. Considere as seguintes afirmações: $\mathbf{A_1}$ – *Uma circularização realizada pela positiva é menos persuasiva do que um pedido de confirmação*

apresentado pela negativa; **A_2** *– A opinião emitida no âmbito de um trabalho de auditoria de revisão limitada (p.e. contas intercalares) não deve ser emitida pela positiva.*

A. **A_1** é verdadeira e **A_2** é falsa.
B. **A_1** é falsa e **A_2** é verdadeira.
C. Ambas são verdadeiras.
D. Ambas são falsas.

46. Qual das seguintes transações, se não for refletida na contabilidade, implica uma sobreavaliação do EBITDA da empresa auditada?
    A. Reforço da imparidade em ativos fixos tangíveis e intangíveis.
    B. Reconhecimento da depreciação dos ativos fixos tangíveis.
    C. Reconhecimento de perdas em atividades operacionais descontinuadas.
    D. Nenhuma das afirmações anteriores está correta.
47. Qual a expressão que melhor traduz o conceito de "Acontecimento subsequente"?
    A. Acontecimento que ocorre entre a data das demonstrações financeiras e a data de aprovação das contas em assembleia geral, ou qualquer facto que ocorra em data posterior.
    B. Acontecimento que ocorre entre a data das demonstrações financeiras e a data do relatório do auditor, ou qualquer facto que ocorra em data posterior.
    C. Acontecimento que ocorre entre a data das demonstrações financeiras e a data do relatório do auditor, ou qualquer facto que ocorra em data posterior a esta, que seja comunicado ao auditor pela entidade auditada.
    D. Acontecimento que ocorre entre a data das demonstrações financeiras e a data do relatório do auditor, ou qualquer facto que venha ao conhecimento do auditor e que tenha ocorrido em data posterior ao relatório por ele emitido.

48. Considere as seguintes afirmações: $\mathbf{A_1}$ – *Em caso de matéria modificativa, o título "Bases para a opinião" tem de ser emendado*; $\mathbf{A_2}$ – *Uma ênfase é uma matéria que é fundamental para a compreensão das demonstrações financeiras por parte dos utilizadores.*
   A. $\mathbf{A_1}$ é verdadeira e $\mathbf{A_2}$ é falsa.
   B. $\mathbf{A_1}$ é falsa e $\mathbf{A_2}$ é verdadeira.
   C. Ambas são verdadeiras.
   D. Ambas são falsas.
49. Qual das seguintes operações, não refletidas nas demonstrações financeiras, origina uma sobreavaliação do capital próprio?
   A. Imputação sistemática de subsídio ao investimento, no âmbito da aplicação do Sistema de Normalização Contabilística.
   B. Reversão de provisão para processos judiciais em curso.
   C. Reconhecimento de desconto financeiro obtido na compra de mercadorias.
   D. Nenhuma das afirmações anteriores está correta.
50. No âmbito da prestação de serviços de auditoria a uma Entidade de Interesse Público, qual o serviço distinto de auditoria que não é proibido nos termos da legislação em vigor?
   A. Serviços de assessoria fiscal relacionada com impostos indiretos.
   B. Serviços jurídicos de representação em nome da entidade auditada.
   C. Apoio na redefinição da estrutura da organização.
   D. Nenhuma das afirmações anteriores está correta.
51. Observe a seguinte tabela:

N.º	Identificação	Arquivo Corrente	Arquivo Permanente
1	Estatutos da sociedade auditada		X
2	Declaração do órgão de gestão		X
3	Circularização de fornecedores	X	
4	Organograma a sociedade auditada	X	

Relativamente à inclusão de cada elemento nos "dossiers" de auditoria, qual das seguintes afirmações é verdadeira?
   A. Todos os elementos estão corretamente arquivados.
   B. Nenhum dos elementos está corretamente arquivado.

C. Apenas estão corretamente arquivados os elementos 1 e 3.
D. Apenas o elemento 4 está incorretamente arquivado.

52. Considere as seguintes afirmações: $\mathbf{A_1}$ – *A segregação de funções é uma atividade de controlo*; $\mathbf{A_2}$ – *A comunicação de fraude deve estar assente em prova suficiente e apropriada.*
   A. $\mathbf{A_1}$ é verdadeira e $\mathbf{A_2}$ é falsa.
   B. $\mathbf{A_1}$ é falsa e $\mathbf{A_2}$ é verdadeira.
   C. Ambas são verdadeiras.
   D. Ambas são falsas.
53. Considere a seguinte tabela:

N.º	Identificação	Risco de Deteção	Risco de Distorção Material
1	Circularização de contas a receber (clientes)	X	
2	Lista com a identificação das entidades classificadas como partes relacionadas		X
3	Alterações legislativas do setor de atividade		X
4	Política de validação de numerário em caixa		X

   Relativamente à classificação do risco, qual das seguintes afirmações é verdadeira?
   A. Todos os elementos estão corretamente classificados.
   B. Nenhum dos elementos está corretamente classificado.
   C. Apenas estão corretamente classificados os elementos 1 e 3.
   D. Apenas o elemento 2 está incorretamente classificado.
54. Considere as seguintes afirmações: $\mathbf{A_1}$ – *A suficiência da prova é uma medida da sua qualidade*; $\mathbf{A_2}$ – *O risco de não amostragem está associado à suscetibilidade de se emitir uma opinião desadequada.*
   A. $\mathbf{A_1}$ é verdadeira e $\mathbf{A_2}$ é falsa.
   B. $\mathbf{A_1}$ é falsa e $\mathbf{A_2}$ é verdadeira.
   C. Ambas são verdadeiras.
   D. Ambas são falsas.
55. Qual dos seguintes aspetos não faz parte, regra geral, de um "Plano de Auditoria"?
   A. Conhecimento do Sistema de Controlo Interno.
   B. Avaliação do grau em que são utilizadas tecnologias de informação.

C. Avaliação da dispersão geográfica das operações da entidade auditada.
D. Nenhuma das afirmações anteriores está correta.

56. Qual das seguintes afirmações é verdadeira, no que concerne ao prazo de conservação dos papéis de trabalho de auditoria?
A. De 5 anos, em quaisquer circunstâncias, e independentemente da finalidade do exame.
B. De 5 a 10 anos, dependendo das circunstâncias e da finalidade do exame.
C. De 3 anos, não havendo qualquer prazo máximo pois depende de eventuais processos que estejam em curso.
D. Nenhuma das afirmações anteriores está correta.

57. Considere as seguintes afirmações: **A_1** – *Quando o risco de distorção material é alto, o risco de deteção é tendencialmente baixo*; **A_2** – *Os testes de detalhes a um saldo de conta influenciam o risco de distorção material.*
A. **A_1** é verdadeira e **A_2** é falsa.
B. **A_1** é falsa e **A_2** é verdadeira.
C. Ambas são verdadeiras.
D. Ambas são falsas.

58. Qual a palavra que melhor se associa ao conceito de "Risco de auditoria"?
A. Distorção.
B. Opinião.
C. Materialidade.
D. Independência.

59. Qual dos seguintes aspetos não deve ser considerado na conceção de um pedido de confirmação externa?
A. A forma e a apresentação do pedido de confirmação.
B. A capacidade da parte que confirma para confirmar ou prestar a informação solicitada.
C. A experiência anterior na auditoria ou em trabalhos similares.
D. Os constrangimentos temporais com que o exame às contas é executado.

60. Qual a expressão que melhor define o conceito de "Papéis de trabalho"?
    A. Registo do trabalho planeado, dos resultados previstos e obtidos e das conclusões a que os auditores chegaram.
    B. Registo do trabalho executado, dos resultados alcançados e da evidência das distorções encontradas, independentemente do seu nível de materialidade.
    C. Registo do trabalho executado, dos resultados obtidos e das conclusões a que os auditores efetivamente chegaram.
    D. Registo das asserções subjacentes ao relato financeiro, dos resultados obtidos e da avaliação global do risco de auditoria
61. Admita que, em determinado ano, o Revisor Oficial de Contas (ROC) emitiu, para a sociedade Ómega, S.A., uma opinião qualificada com reservas por limitação de âmbito. Podemos afirmar que esta opinião está suportada:
    A. Na existência de distorções materialmente relevantes, mas não profundas.
    B. Na inexistência de distorções materialmente relevantes nem profundas.
    C. Na existência de matérias relevantes de auditoria com risco acrescido.
    D. Na existência de prova adequada e suficiente que comprova as distorções materialmente relevantes identificadas.
62. Nos termos da legislação em vigor, no que concerne à revisão legal das contas a uma Entidade de Interesse Público (EIP), o mandato do revisor, incluindo eventuais renovações, não poderá exceder:
    A. 5 anos.
    B. 8 anos.
    C. 10 anos.
    D. Nenhuma das respostas anteriores está correta.

63. Qual das seguintes transações, ainda não refletidas na contabilidade, origina uma reclassificação das contas anuais de uma entidade?
    A. Reconhecimento de um subsídio ao investimento, não reembolsável, no âmbito do normativo nacional SNC (*Sistema de Normalização Contabilística*).
    B. Correção de erro materialmente relevante, respeitante ao ano N-1.
    C. Reconhecimento de ganho na alienação de ações próprias.
    D. Nenhuma das afirmações anteriores está correta.
64. Considere as seguintes afirmações: $\mathbf{A_1}$ – *A declaração do órgão de gestão é um elemento de prova que deve integrar o Dossier Permanente*; $\mathbf{A_2}$ – *No âmbito de uma Entidade de Interesse Público, quaisquer trabalhos realizados pelo Revisor Oficial de Contas, para lá da opinião de Certificação Legal de Contas, são proibidos.*
    A. $\mathbf{A_1}$ é verdadeira e $\mathbf{A_2}$ é falsa.
    B. $\mathbf{A_1}$ é falsa e $\mathbf{A_2}$ é verdadeira.
    C. Ambas são verdadeiras.
    D. Ambas são falsas.
65. Qual das seguintes transações, se não for refletida na contabilidade durante o ano objeto da auditoria, implica uma subavaliação do EBITDA da empresa auditada?
    A. Reforço da imparidade em dívidas a receber de clientes.
    B. Reversão de perda por imparidade em ativos fixos tangíveis.
    C. Reforço da provisão para processos judiciais em curso.
    D. Nenhuma das afirmações anteriores está correta.
66. Qual a expressão que melhor traduz o conceito de "Acontecimento subsequente"?
    A. Acontecimento que ocorre entre a data das demonstrações financeiras e a data de aprovação das contas em assembleia geral.
    B. Acontecimento que ocorre entre a data das demonstrações financeiras e a data do relatório do auditor, ou qualquer facto que ocorra em data posterior que seja do conhecimento da entidade auditada.

C. Acontecimento que ocorre entre a data das demonstrações financeiras e a data do relatório do auditor, ou qualquer facto que ocorra em data posterior a esta, que represente uma distorção materialmente relevante.
D. Nenhuma das afirmações anteriores se apresenta completa ou correta.

67. Considere as seguintes afirmações: $\mathbf{A_1}$ – *Os custos de financiamento nunca são incluídos no reconhecimento inicial de um ativo*; $\mathbf{A_2}$ – *Os aumentos de justo valor em ativos fixos tangíveis, por aplicação do modelo da revalorização, são reconhecidos, de forma direta, no capital próprio.*
A. $\mathbf{A_1}$ é verdadeira e $\mathbf{A_2}$ é falsa.
B. $\mathbf{A_1}$ é falsa e $\mathbf{A_2}$ é verdadeira.
C. Ambas são verdadeiras.
D. Ambas são falsas.

68. Observe a seguinte tabela:

N.º	Identificação	Arquivo Corrente	Arquivo Permanente
1	Estatutos da sociedade auditada	X	
2	Legislação do setor de atividade em que a entidade auditada se insere		X
3	Carta de compromisso (contrato entre a entidade auditora e a entidade auditada)	X	
4	Contrato com fornecedor, de natureza plurianual		X

Relativamente à inclusão de cada elemento nos arquivos de auditoria, qual das seguintes afirmações é verdadeira?
A. Todos os elementos estão corretamente arquivados.
B. Nenhum dos elementos está corretamente arquivado.
C. Apenas estão corretamente arquivados os elementos 2 e 4.
D. Apenas o elemento 1 está incorretamente arquivado.

69. Qual das seguintes afirmações é falsa, no que concerne à obrigatoriedade de sujeição a *Certificação Legal das Contas*?
A. Quaisquer entidades reguladas pelo *Código das Sociedades Comerciais*.
B. Qualquer entidade classificada como *Entidade de Interesse Público*.

C. Quaisquer sociedades anónimas, independentemente da sua estrutura.
D. Nenhuma das afirmações anteriores está correta.

70. Considere as seguintes afirmações: **A_1** – *A suficiência da prova é uma medida da sua quantidade*; **A_2** – *O risco de auditoria está associado à suscetibilidade de se emitir uma opinião desadequada.*
A. **A_1** é verdadeira e **A_2** é falsa.
B. **A_1** é falsa e **A_2** é verdadeira.
C. Ambas são verdadeiras.
D. Ambas são falsas.

71. Considere a seguinte tabela:

N.º	Identificação	Risco de Deteção	Risco de Distorção Material
1	Circularização de contas a pagar (fornecedores)	X	
2	Política de mitigação do risco de mercado e do risco de taxa de juro		X
3	Periodicidade das reuniões da Comissão Executiva e do Órgão de Fiscalização	X	

Relativamente à classificação do risco, qual das seguintes afirmações é verdadeira?
A. Todos os elementos estão corretamente classificados.
B. Nenhum dos elementos está corretamente classificado.
C. Apenas estão corretamente classificados os elementos 1 e 2.
D. Apenas o elemento 2 está corretamente classificado.

72. Considere as seguintes afirmações: **A_1** – *A materialidade de uma distorção está sempre assente na sua dimensão quantitativa*; **A_2** – *Os testes de detalhes a um saldo de conta influenciam o risco de deteção.*
A. **A_1** é verdadeira e **A_2** é falsa.
B. **A_1** é falsa e **A_2** é verdadeira.
C. Ambas são verdadeiras.
D. Ambas são falsas.

73. Qual das seguintes situações traduz uma situação indiciadora de risco de distorção material?
A. Alterações na cadeia de fornecimento da entidade auditada.
B. Transações significativas com partes relacionadas (*Third parties*).

C. Falta de pessoal com habilitações apropriadas ao nível da contabilidade e do relato financeiro.
D. Todas as situações anteriores estão associadas a risco de distorção material.

74. Qual a expressão que melhor traduz o conceito *Dossier de auditoria*?
A. Uma ou mais pastas, ou outras formas de armazenamento, que contém os registos que incluem a documentação de auditoria de um trabalho específico.
B. Uma ou mais pastas, em formato físico ou eletrónico, que contém os registos que incluem a documentação de auditoria de um trabalho específico.
C. Quaisquer formas de armazenamento, em formato físico ou eletrónico, que contém os elementos de prova que suportam os trabalhos realizados pelos auditores.
D. Nenhuma das afirmações anteriores está completa, nos termos das normas internacionais de auditoria.

75. Considere as seguintes afirmações: $\mathbf{A_1}$ – *O não reconhecimento de uma imparidade traduz-se numa sobreavaliação do capital próprio*; $\mathbf{A_2}$ – *O não reconhecimento de um ganho por flutuações de justo valor numa propriedade de investimento pode não representar qualquer distorção no relato financeiro.*
A. $\mathbf{A_1}$ é verdadeira e $\mathbf{A_2}$ é falsa.
B. $\mathbf{A_1}$ é falsa e $\mathbf{A_2}$ é verdadeira.
C. Ambas são verdadeiras.
D. Ambas são falsas.

Resolução:

N.º	Resposta	N.º	Resposta	N.º	Resposta
1	C	26	D	51	C
2	A	27	C	52	A
3	D	28	A	53	A
4	D	29	B	54	D
5	D	30	D	55	D
6	B	31	C	56	D
7	A	32	B	57	A
8	D	33	C	58	B
9	D	34	A	59	D
10	B	35	A	60	C
11	C	36	B	61	A
12	A	37	C	62	C
13	B	38	B	63	C
14	A	39	A	64	D
15	C	40	B	65	D
16	A	41	C	66	D
17	B	42	D	67	B
18	C	43	B	68	C
19	D	44	C	69	A
20	B	45	B	70	C
21	C	46	D	71	C
22	D	47	D	72	B
23	A	48	C	73	D
24	D	49	D	74	D
25	D	50	D	75	C

NOTAS FINAIS

A obra que agora se conclui, representa apenas mais um contributo na estruturação do pensamento de académicos e profissionais da auditoria, que, por necessidade profissional ou por simples interesse pessoal, elegem este domínio do saber como um campo temático a explorar. Foi a simbiose entre as vertentes académica e profissional que ditou a concretização de mais este desafio. A sensibilidade criada relativa à importância de as organizações elaborarem relatos financeiros transparentes, a montante dos quais a mitigação dos riscos deve ser uma conduta transversal, aliada a questões éticas e deontológicas de base, conduziu a que tivéssemos decidido percorrer este caminho. Não se trata de uma obra hermética nos seus domínios nem nos seus propósitos, mas tão somente o identificar de alguns pilares estruturantes da credibilidade da informação financeira e da importância que o controlo interno e o controlo externo independente podem assumir nas sociedades cada vez mais globalizadas, cuja transacionalidade é cada vez mais complexa e virtualizada.

Ao longo de dez capítulos, percorremos aqueles que considerámos serem os principais pilares da prática da auditoria financeira, enveredando, por isso mesmo, pelo caminho deveras estreito que é o da certificação da informação que integra o relatório de gestão em geral, e o relato financeiro em particular. De forma consciente, não integram esta obra temáticas que, pela sua especificidade e contexto, merecem desenvolvimentos particulares e profundos, atenta a riqueza e importância do seu impacto, muitas vezes de nível reputacional. Referimo-nos, por exemplo, a matérias relacionadas com a auditoria estratégica, com a auditoria ambiental, com a auditoria de sistemas de informação, com a auditoria operacional, entre outras. Ainda assim, estamos convictos de ter lançado as sementes para que o leitor fique sensibilizado para o quadro conceptual da auditoria financeira, para o seu normativo de base e para os seus consequentes impactos na teoria e na prática da atividade corrente do profissional de auditoria.

A mitigação dos riscos a nível dos conflitos de agência sempre foram e continuarão a ser um dos focos do controlo interno e do controlo externo independente. O emergir de conflitos de interesses potencialmente mais complexos, associado à necessidade de recuperação da credibilidade das empresas de auditoria em geral, exige do profissional da auditoria o cumprimento de padrões éticos exigentes, cujo ceticismo profissional e capacidade de julgamento se afirmam como valores estruturantes elementares. Independentemente das modificações que possam vir a ocorrer no âmbito e no enquadramento da profissão de auditor, cremos que os princípios éticos de base, associados à orientação para a transparência e para a mitigação dos riscos, assumirão sempre uma inegável transversalidade e atualidade.

O valor e a utilidade desta obra, ou de qualquer outra, só poderão ser verdadeiramente aferidos pelos seus reais destinatários. E tal só será alcançado, ainda que na maior parte das vezes de forma silenciosa, quando a informação constante da mesma se transformar em conhecimento, por processos dinâmicos de internalização. Espera-se que tanto o académico como o profissional da auditoria possam colocar em prática, e de forma sistemática, efetivos e sustentáveis processos de internalização.

As notas finais desta obra nunca ficariam completas sem uma referência expressa a todos os alunos das unidades curriculares de Auditoria que, ao longo dos últimos 20 anos, procuraram, em conjunto com o autor desta obra, iniciar ou aprofundar os seus conhecimentos neste domínio. Não poderiam ser excluídas desta referência todas as organizações onde já tivemos o privilégio de trabalhar nos domínios da auditoria, bem como todas aquelas onde, ainda hoje, continuamos a dar o nosso contributo efetivo, numa perspetiva dinâmica de criação de valor. Foi a estrita simbiose entre a academia e a prática da auditoria que determinou e continua a sustentar a motivação que ainda hoje se mantém e que verdadeiramente norteou a génese desta obra.

E porque a nossa crença sempre esteve, e seguramente continuará a estar, na contribuição dinâmica que esta temática tem para a edificação da nossa memória individual e coletiva, acreditamos que o ceticismo profissional e os princípios éticos, indispensáveis à atividade da auditoria, contribuirão para que possamos edificar uma sociedade fortemente alicerçada em padrões de transparência e de credibilidade, na qual os escândalos financeiros que têm abalado os mais diversos setores de atividade, independentemente da sua geografia, sejam apenas uma memória individual e coletiva, nela permanecendo como meros marcos históricos e sinónimo de aprendizagem.

BIBLIOGRAFIA CONSULTADA

ALMEIDA, B. J. (2019). *Manual de Auditoria Financeira: Uma análise integrada baseada no risco*, 3.ª Edição, Lisboa: Escolar Editora.

BEASLEY, M. S.; HOGAN, C. E.; ARENS, A. A. (2020). *Auditing and Assurance Services*, Global Edition, 17th Edition, England: Pearson.

CEREJEIRA, L. (1997). *Técnicas de Amostragem em Auditoria*, Lisboa: Instituto Português de Auditores Internos.

COSO - THE COMMITTEE OF SPONSORING ORGANIZATIONS OF THE TREADWAY COMMISSION (2013). "The 2013 COSO Framework & Sox Compliance", *Strategic Finance*, by J. Stephen McNally, Durham, pp. 1-8.

COSSERAT, G. W.; RODDA, N. (2009). *Modern Auditing*, 3rd Edition, West Sussex: John Wiley and Sons.

COSTA, C. B. (2017). *Auditoria Financeira: Teoria & Prática*, 11.ª Edição, Lisboa: Rei dos Livros.

COSTA, C. B.; ALVES, G. C. (2011). *Casos Práticos de Auditoria Financeira*, 6.ª Edição, Lisboa: Rei dos Livros.

DELOITTE LLP (2017). *iGAAP 2017 – A guide to IFRS reporting*, Volumes A, B, and C, London: Wolters Kluwer.

EILIFSEN, A.; MESSIER, W. F.; GLOVER, S. M.; PRAWITT, D. F. (2017). *Auditing and Assurance Services*, 3rd International Edition, Berkshire: McGraw-Hill Education.

IFAC – INTERNATIONAL FEDERATION OF ACCOUNTANTS (2018). *Manual das Normas Internacionais de Controlo da Qualidade, Auditoria, Revisão, Outros Trabalhos de Garantia de Fiabilidade e Serviços Relacionados*, Parte I, Tradução da Ordem dos Revisores Oficiais de Contas, Lisboa: OROC.

IFAC – International Federation of Accountants (2018). *Manual das Normas Internacionais de Controlo da Qualidade, Auditoria, Revisão, Outros Trabalhos de Garantia de Fiabilidade e Serviços Relacionados,* Parte II, Tradução da Ordem dos Revisores Oficiais de Contas, Lisboa: OROC.

IPCG – Instituto Português de Corporate Governance (2018). *Código de Governo Societário,* Lisboa: IPCG.

Johnstone, K. M.; Gramling, A. A.; Rittenberg, L. E. (2019). *Auditing: A Risk-Based Approach to conducting a Quality Audit*, Eleventh Edition, Boston: Cengage Learning.

Kaplan, R. S.; Norton, D. P. (1996). *The Balanced Scorecard: Translating Strategy Into Action,* Boston: Harvard Business School Press.

Lopes, I. T. (2013). *A Gestão do Capital Intelectual e dos Intangíveis na Era do Conhecimento,* Lisboa: Escolar Editora.

Lopes, I. T. (2021). *Contabilidade Financeira: Exercícios Resolvidos e Propostos,* 3.ª Edição, Coimbra: Edições Almedina.

Lopes, I. T. (2020). *Controlo de Gestão: Uma Visão Integrada do Desempenho Empresarial,* 2.ª Edição, Coimbra: Edições Actual Editora.

Martins, M. M.; Lopes, I. T. (2016). *Das Sociedades – Aspectos Formais e Contabilísticos,* Lisboa: Escolar Editora.

Morais, G.; Martins, I. (2007). *Auditoria Interna – Função e Processo,* 3.ª Edição, Lisboa: Áreas Editora.

Rodrigues, A. M. G. (2006). *O Goodwill nas Contas Consolidadas,* Coimbra: Coimbra Editora.